Fjodor M. Dostojewski
Die besten Geschichten

Fjodor M.
Dostojewski

Die besten Geschichten

Aus dem Russischen
von Alexander Eliasberg,
Karl Noetzel und Hermann Röhl

Anaconda

Die Deutsche Nationalbibliothek verzeichnet diese Publikation in der Deutschen Nationalbibliografie; detaillierte bibliografische Daten sind im Internet unter http://dnb.d-nb.de abrufbar.

Umschlagmotiv: Paul Gustav Fischer (1860–1934), »Snow scene with people« (um 1900), INTERFOTO/Mary Evans/Medici
Umschlaggestaltung: www.katjaholst.de
Satz und Layout: Andreas Paqué, www.paque.de
Printed in Czech Republic 2018
ISBN 978-3-7306-0608-7
www.anacondaverlag.de
info@anacondaverlag.de

Inhalt

Der ehrliche Dieb

Aus den Aufzeichnungen eines Unbekannten

Eines Morgens, als ich mich schon vollständig fertig gemacht hatte, um in den Dienst zu gehen, trat meine Köchin, Wäscherin und Haushälterin Agrafena zu mir ins Zimmer und begann zu meiner Verwunderung ein Gespräch mit mir.

Bisher war diese schlichte Frau so schweigsam gewesen, dass sie außer den paar Fragen täglich, was sie mir zum Mittag kochen solle, in sechs Jahren kaum ein Wort gesprochen hatte. Wenigstens hatte ich nicht mehr aus ihrem Mund gehört.

»Ich wollte Ihnen sagen, Herr«, begann sie unvermittelt: »Sie sollten doch die Kammer vermieten.«

»Was für eine Kammer?«

»Na, die neben der Küche. Sie wissen schon, welche.«

»Wozu?«

»Wozu? Na, wozu eben die Leute Untermieter nehmen. Sie wissen schon, wozu.«

»Aber wer wird sie mieten?«

»Wer sie mieten wird? Ein Untermieter wird sie mieten. Sie wissen schon, was für einer.«

»Aber, meine Beste, da kann man ja nicht einmal ein Bett hinstellen, es ist zu eng. Wer soll da wohnen?«

»Warum soll auch einer da wohnen? Er braucht ja nur einen Platz zum Schlafen zu haben, wohnen kann er am Fenster.«

»An welchem Fenster?«

»Sie wissen schon, an welchem. Wie sollten Sie das nicht wissen! An dem Fenster im Vorzimmer. Da kann er auf dem Fensterbrett sitzen und nähen oder sonst etwas tun. Auch auf einem Stuhl kann er sitzen. Er hat einen Stuhl, auch einen Tisch hat er, es ist alles da.«

»Was ist es denn für ein Mensch?«

»Ein braver Mensch, der schon viel in der Welt erlebt hat. Ich werde für seine Beköstigung sorgen. Für die Wohnung und das Essen werde ich nur drei Rubel monatlich nehmen.«

Nach langen Bemühungen brachte ich es endlich heraus, dass ein schon älterer Mann Agrafena dazu überredet oder wenigstens dazu geneigt gemacht hatte, ihn als Untermieter und Pensionär in die Kammer bei der Küche aufzunehmen. Was Agrafena sich einmal in den Kopf gesetzt hatte, das musste auch geschehen. Ich wusste, dass sie mir sonst keine Ruhe ließ. Wenn es vorkam, dass etwas nicht nach ihrem Wunsch war, dann wurde sie sofort nachdenklich und versank in eine tiefe Melancholie, und ein derartiger Zustand dauerte dann zwei oder drei Wochen. Während dieser Zeit verdarb sie das Essen, wusch die Wäsche nicht ordentlich, scheuerte den Fußboden nicht; kurz, es geschahen viele unangenehme Dinge. Ich hatte schon längst bemerkt, dass diese schweigsame Frauensperson für gewöhnlich nicht im Stande war, einen Entschluss zu fassen und bei einem eigenen Gedanken zu verharren, aber wenn sich einmal in ihrem schwachen Gehirn zufällig etwas herausgebildet hatte, was einem Gedanken, einem Vorhaben ähnlich war, dann durfte man ihr nicht an der Ausführung hinderlich sein; das hätte soviel bedeutet als sie für eine gewisse Zeit seelisch zu vernichten. Und daher erklärte ich, der ich meine eigene Ruhe über alles liebe, mich sogleich einverstanden.

»Hat er wenigstens irgendwelchen Ausweis, einen Pass oder dergleichen?«

»Und ob! Natürlich hat er. Er ist ein braver, erfahrener Mensch, drei Rubel hat er versprochen zu geben.«

Gleich am folgenden Tag erschien in meiner bescheidenen Junggesellenwohnung der neue Untermieter, aber ich war darüber nicht verdrießlich, sondern freute mich sogar im Stillen. Ich führe überhaupt ein zurückgezogenes Leben, ganz wie ein Einsiedler. Bekannte habe ich fast gar keine, ausgehen tue ich nur selten. Nach zehn Jahren eines derartigen Lebens bin ich natürlich an die Einsamkeit gewöhnt. Aber weitere zehn, fünfzehn oder vielleicht noch mehr Jahre dieser selben Einsamkeit, mit dieser selben Agrafena, in dieser selben Junggesellenwohnung, das ist allerdings eine wenig reizvolle Perspektive! Und daher war unter diesen Umständen ein neu hinzutretender friedlicher Mensch eine Wohltat des Himmels!

Agrafena hatte nicht gelogen: Mein Untermieter war wirklich ein erfahrener Mensch. Aus seinem Pass ging hervor, dass er ein verabschiedeter Soldat war, was mir, noch ehe ich den Pass gesehen hatte, bei dem ersten Blick aus seinem Gesicht klar geworden war. Das war leicht zu erkennen. Astafi Iwanowitsch, mein Untermieter, gehörte zu den Besseren seines Standes. Wir lebten uns gut miteinander ein. Aber das Beste war, dass Astafi Iwanowitsch es manchmal verstand, Geschichten zu erzählen, Ereignisse aus seinem eigenen Leben. Bei der stetigen Langeweile meines Daseins war ein solcher Erzähler geradezu ein Schatz. Einmal erzählte er mir eine derartige Geschichte. Sie machte auf mich einigen Eindruck. Der Anlass, bei dem er sie mir vortrug, war folgender.

Ich war einmal allein in der Wohnung: Sowohl Astafi als auch Agrafena waren in Geschäften ausgegangen. Plötzlich hörte ich vom zweiten Zimmer aus, dass jemand in die Wohnung hereinkam, und zwar, wie es mir schien, ein Fremder; ich ging hinaus: Richtig, im Vorzimmer stand ein fremder Mensch, ein Bursche von kleiner Statur, im bloßen Rock trotz der kalten herbstlichen Witterung.

»Was willst du?«

»Ich wollte zu dem Beamten Alexandrow; wohnt der hier?«

»So einer wohnt hier nicht; adieu!«

»Aber der Hausknecht hat mir doch gesagt, dass er hier wohnt«, erwiderte der Besucher, indem er sich vorsichtig zur Tür zurückzog.

»Mach, dass du fortkommst; mach, dass du fortkommst; marsch!«

Am andern Tag nach dem Mittagessen, als Astafi Iwanowitsch mir einen Rock anprobierte, den er für mich umarbeitete, trat wieder jemand in das Vorzimmer. Ich öffnete die Tür ein wenig.

Der Herr von gestern nahm vor meinen sehenden Augen mit größter Seelenruhe meinen schnurbesetzten Pelzrock vom Kleiderständer herab, nahm ihn unter den Arm und verließ eilig die Wohnung. Agrafena sah ihm die ganze Zeit über erstaunt mit offenem Mund zu und tat weiter nichts zur Verteidigung des Pelzrockes. Astafi Iwanowitsch rannte dem Gauner nach und kam nach zehn Minuten ganz atemlos mit leeren Händen wieder zurück. Der Mensch war spurlos verschwunden!

»Na, da haben wir Pech gehabt, Astafi Iwanowitsch. Nur gut, dass er uns noch den Mantel gelassen hat! Sonst hätte er uns vollständig aufs Trockne gesetzt, der Halunke!«

Aber auf Astafi Iwanowitsch hatte dieser Vorgang einen so gewaltigen Eindruck gemacht, dass ich bei seinem Anblick sogar den Diebstahl vergaß. Er konnte gar nicht wieder recht zu sich kommen. Alle Augenblicke warf er die Arbeit hin, mit der er beschäftigt war; alle

Augenblicke begann er von Neuem die Geschichte zu erzählen: Wie das alles geschehen sei, wie er dagestanden habe, wie vor seinen Augen, zwei Schritte von ihm entfernt, der Mensch den Pelzrock herabgenommen habe, und wie es gekommen sei, dass er ihn nicht habe ergreifen können. Dann setzte er sich wieder an die Arbeit; dann warf er wieder alles hin, und ich sah, wie er schließlich zu dem Hausknecht hinging, um es diesem zu erzählen und ihm Vorwürfe zu machen, dass er in dem seiner Aufsicht anvertrauten Haus so etwas geschehen lasse. Dann kam er zurück und begann Agrafena auszuschelten. Dann setzte er sich wieder an die Arbeit und murmelte noch lange vor sich hin: Wie das alles zugegangen sei, und wie er da gestanden habe und ich dort, und wie der Mensch vor unsern Augen, zwei Schritte von uns entfernt, den Pelzrock herabgenommen habe usw. Kurz, Astafi Iwanowitsch verstand sich zwar gut auf seine Arbeit, aber es lag in seinem Wesen eine große Umständlichkeit.

»Er hat mich und dich schön übertölpelt, Astafi Iwanowitsch!«, sagte ich am Abend zu ihm, als ich ihm eine Tasse Tee gab. Aus Langeweile wollte ich die Geschichte von dem gestohlenen Pelzrock noch einmal aus ihm herauslocken, die infolge der häufigen Wiederholung und der aufrichtigen Empfindung des Erzählers sehr komisch zu werden anfing.

»Ja, er hat uns übertölpelt, Herr! Selbst für einen, der nicht davon betroffen ist, ist die Sache empörend, und mich packt die Wut, obgleich das gestohlene Kleidungsstück nicht mir gehörte. Meiner Ansicht nach gibt es auf der Welt keine ekelhaftere Kreatur als einen Dieb. So einer stiehlt einem etwas weg, was man sich mit Mühe erworben, wofür man seinen Schweiß vergossen und seine Zeit aufgewandt hat. Pfui, so eine Gemeinheit! Ich mag gar nicht davon reden; der Ingrimm packt mich.

Ich wundere mich, Herr, dass es Ihnen um Ihr Eigentum so wenig leid ist.«

»Ja, das ist richtig, Astafi Iwanowitsch; man würde lieber wollen, dass ein Gegenstand verbrennt, aber ihn einem Dieb zu lassen, das empört einen, das mag man nicht.«

»Nein, wahrhaftig nicht! Freilich ist zwischen Dieb und Dieb ein Unterschied … Es ist mir einmal begegnet, Herr, dass ich auf einen ehrlichen Dieb stieß.«

»Wie meinst du das: Auf einen ehrlichen Dieb? Welcher Dieb ist denn ehrlich, Astafi Iwanowitsch?«

»Das ist schon wahr, Herr! Welcher Dieb ist ehrlich? Einen ehrlichen Dieb gibt es eigentlich nicht. Ich wollte auch nur sagen, dass ein Mensch ehrlich war und doch stahl. Er konnte einem ordentlich leidtun.«

»Wie hing denn das zusammen, Astafi Iwanowitsch?«

»Das war vor zwei Jahren, Herr. Es traf sich, dass ich damals fast ein ganzes Jahr lang ohne Stellung war, aber schon vorher, als ich noch eine Stellung hatte, war ich mit einem ganz heruntergekommenen Menschen bekannt geworden. Wir hatten uns in einer Speisewirtschaft kennengelernt. Er war ein Trunkenbold, ein Herumtreiber, ein Faulenzer; er hatte früher irgendwo ein Amt gehabt, war aber wegen seiner Trunksucht schon längst vom Dienst entfernt worden. So ein unwürdiges Subjekt! Sein Anzug war ganz unbeschreiblich! Manchmal fragte man sich, ob er auch wirklich unter dem Mantel ein Hemd auf dem Leib habe; alles Geld, das er in die Hände bekam, vertrank er. Aber ein Krakeeler war er nicht; er hatte einen friedlichen Charakter und war so freundlich und gutmütig; auch bat er einen nie, er schämte sich immer: Na, man sah ja selbst, dass der arme Kerl gern etwas getrunken hätte, und gab ihm etwas. Na, so waren wir also miteinander bekannt geworden, das heißt, er hängte sich an mich. Ich hatte nichts dagegen. Und was war er für ein Mensch! So anhänglich wie ein Hündchen: Wenn ich irgendwohin ging, ging er hinter mir her; und dabei hatten wir uns zum ersten Mal gesehen; so ein schlapper Kerl! Zuerst fragte ich mich, ob ich ihn die nächste Nacht bei mir schlafen lassen sollte – na, ich ließ ihn: Ich sah, sein Pass war in Ordnung, und in seinem Wesen war er ja doch erträglich! Dann, am andern Tag, ließ ich ihn ebenfalls bei mir übernachten; und auch am dritten kam er, saß den ganzen Tag am Fenster und blieb wieder über Nacht. ›Na‹, dachte ich, ›er hat sich an mich gehängt: Nun kann ich ihm zu essen und zu trinken geben und ihn auch noch bei mir übernachten lassen – ich bin selbst ein armer Kerl, und nun sitzt mir noch ein Kostgänger auf dem Hals.‹ Vorher aber war er, geradeso wie jetzt zu mir, immer zu einem Beamten hingegangen, hatte sich an den gehängt, und sie hatten immer zusammen getrunken; der aber hatte sich durch den Trunk zugrunde gerichtet und war infolge irgendwelches Kummers gestorben. Der anhängliche Mensch aber hieß Jemeljan Iljitsch. Ich überlegte und überlegte: ›Was soll ich mit ihm anfangen?‹ Ihn fortjagen – das zu tun schämte ich mich, und er tat mir leid: So ein jämmerlicher, heruntergekommener Mensch, dass Gott erbarm! Und dabei war er so schweigsam, bat um nichts und saß still da und sah einem nur wie ein Hund nach den Augen. Da konnte man so recht sehen, wie der Trunk den Menschen zugrunde richtet Ich dachte bei mir: ›Wie wär's, wenn ich zu ihm sagte, mach, dass du fortkommst, lieber Jemeljan; du hast bei mir nichts zu suchen; du bist an den Unrechten gekommen; ich werde selbst bald nichts mehr zu beißen und zu brechen haben; wie soll ich dich da auf meine Kosten unterhalten?‹ Ich saß und malte mir aus, was er wohl tun werde, wenn ich so zu ihm spräche. Na, und da sah ich es ordentlich vor mir, wie er mich lange ansehen würde, nachdem er meine Rede gehört hätte; wie er lange dasitzen würde, ohne ein Wort davon zu verstehen; wie er dann, wenn es ihm klar geworden wäre, vom Fenster aufstehen und sein Bündelchen nehmen würde (ich sehe es noch wie heute: ein kariertes, rotes, löcheriges Bündelchen, in das er Gott weiß was hineingebunden hatte, und das er überallhin mit sich schleppte); wie er seinen elenden Mantel zurechtschieben würde, sodass er warm hielte und anständig aussähe und die Löcher nicht zu sehen wären (denn er war ein feinfühliger Mensch!); wie er dann die Tür aufmachen und mit einem Tränchen im Auge auf die Treppe hinausgehen würde. Na, man darf doch einen Menschen nicht ganz untergehen lassen … er tat mir leid! Aber dann dachte ich auch wieder: ›Wie steht es mit mir selbst? Warte mal, mein lieber Jemeljan‹, überlegte ich bei mir, ›dein gutes Leben bei mir wird nicht mehr lange dauern: Ich werde bald umziehen; dann wirst du mich nicht finden.‹ Na, Herr, ich zog denn auch um; mein damaliger Herr, Alexander Filimonowitsch, sagte noch zu mir: ›Ich bin mit dir zufrieden gewesen, Astafi; wenn wir alle vom Land wieder zurückkommen, werde ich dich nicht vergessen und dich wieder nehmen.‹ Ich war nämlich bei ihm Hausmeister gewesen; er war ein guter Herr, starb aber noch in jenem selben Jahr. Na, als ich ihm bei seiner Abreise das Geleit gegeben hatte, da nahm ich mein Hab und Gut und das bisschen Geld, das ich hatte, und dachte, ich wollte mich ein Weilchen ausruhen; ich zog zu einer alten Frau und mietete ihr ein Kämmerchen ab. Sie hatte nur das eine Kämmerchen frei. Sie war irgendwo Kinderfrau gewesen und lebte nun für sich und bekam eine Pension. ›Na‹, dachte ich, ›dann lebe wohl, mein lieber Jemeljan; nun wirst du mich nicht finden!‹ Aber was meinen Sie, Herr? Als ich am Abend nach Hause kam (ich hatte einen Bekannten besucht), da war das Erste, was ich sah, Jemeljan, der auf meinem Kasten saß und sein kariertes Bündel neben sich liegen hatte; so saß er in seinem schlechten Mantel da und wartete auf mich. Aus Langeweile hatte er sich von der Alten noch ein geistliches Buch geben lassen; das hielt er verkehrt in der Hand. Also hatte er mich doch gefunden! Die Arme sanken mir am Leib herab. ›Na‹, dachte ich, ›da ist nun nichts zu machen; warum habe ich ihn nicht gleich anfangs weggejagt?‹ Ich fragte ihn also einfach: ›Hast du auch deinen Pass mitgebracht, Jemeljan?‹

Dann setzte ich mich hin, Herr, und begann darüber nachzudenken, ob so ein heimatloser Mensch mir wohl sehr zur Last fallen werde. Und das Resultat meines Nachdenkens war, es werde damit nicht allzu schlimm sein. ›Zu essen muss er etwas bekommen‹, dachte ich. ›Na, morgens ein Stückchen Brot, und damit es schmackhafter ist, muss ich ihm eine Zwiebel dazu kaufen. Und zu Mittag muss ich ihm wieder ein Stück Brot und eine Zwiebel geben, und zum Abendessen wieder eine Zwiebel mit Kwas, und ein Stückchen Brot, wenn er das noch haben möchte. Und wenn wir dann noch ab und zu eine Kohlsuppe haben, dann können wir uns beide völlig satt essen. Ich für meine Person bin kein starker Esser, und ein Trinker isst bekanntlich auch nur wenig: Der ist zufrieden, wenn er nur sein Schnäpschen hat. Aber mit seinem Trinken wird er mir Not machen‹, dachte ich, und da, Herr, kam mir ein anderer Gedanke in den Kopf und nahm mich ganz gefangen, dermaßen, dass, wenn Jemeljan jetzt weggegangen wäre, er mir ein großes Stück meiner Lebensfreude geraubt hätte. Ich nahm mir nämlich damals vor, sein Wohltäter und Retter zu werden. ›Ich werde ihn vor dem Verderben bewahren‹, dachte ich. ›Ich werde ihm das Trinken abgewöhnen! Warte du nur‹, dachte ich. ›Na gut, Jemeljan, bleib hier, aber halte dich jetzt bei mir ordentlich und tu', was ich dir befehle!‹

Und da dachte ich bei mir: ›Ich werde jetzt zuerst versuchen, ihn an das Arbeiten zu gewöhnen, aber nicht so plötzlich; mag er zuerst noch ein bisschen herumbummeln; ich werde dich mir unterdessen näher beschauen, Jemeljan, und zusehen, wozu du eine Fähigkeit besitzt.‹ Denn zu jeder Arbeit, Herr, muss der Mensch von vornherein eine gewisse Fähigkeit besitzen. So fing ich denn an, ihn im Stillen zu beobachten. Ich sah, dass mein Jemeljan ein ganz verzweifelter Kunde war. Zuerst, Herr, versuchte ich es mit gütlichem Zureden: ›So und so‹, sagte ich, ›Jemeljan Iljitsch, du solltest doch etwas mehr auf dich achten und dich ein bisschen bessern. Du hast genug herumgebummelt! Sieh doch nur, du gehst ja in reinen Lumpen; dein Mantel ist, mit Verlaub zu sagen, als Sieb zu gebrauchen; das ist schon nicht mehr schön! Man muss doch auch wissen, was der Anstand erfordert.‹ Mein Jemeljan saß da, ließ den Kopf herunterhängen und hörte mich an. Was sagen Sie dazu, Herr: Es war durch das Trinken mit ihm schon dahin gekommen, dass er nicht mehr im Stande war, ein vernünftiges Wort zu sagen. Man redete zu ihm von Gurken, und er antwortete einem von Bohnen! Er hörte mir zu, hörte mir lange zu und seufzte dann. ›Was seufzt du denn, Jemeljan Iljitsch?‹, fragte ich.

›Ach, das tue ich bloß so, Astafi Iwanowitsch; beunruhigen Sie sich nicht darum! Aber heute haben sich zwei Weiber auf der Straße geprügelt, Astafi Iwanowitsch; die eine hatte der andern einen Korb mit Moosbeeren aus Versehen umgestoßen.‹

›Na, und?‹

›Und die andere stieß ihr dafür absichtlich ihren eigenen Korb mit Moosbeeren um und trat noch mit dem Fuß in die Beeren hinein.‹

›Na, und was weiter, Jemeljan Iljitsch?‹

›Weiter nichts, Astafi Iwanowitsch; ich wollte es bloß erzählen.‹

›Weiter nichts; ich wollte es bloß erzählen! Oh weh‹, dachte ich, ›mein lieber Jemeljan; du hast dir deinen armen Kopf durch das Trinken und Bummeln ruiniert!‹

›Und ein Herr hatte eine Banknote in der Gorochowaja-Straße auf das Trottoir fallen lassen, oder nein, in der Sadowaja-Straße. Und ein Bauer sah es und sagte: »Das ist mein Profit!« Ein Anderer hatte es auch gesehen und sagte: »Nein, das ist mein Profit; ich habe sie vor dir gesehen.«‹

›Na, und, Jemeljan Iljitsch?‹

›Und da fingen die Bauern sich an zu prügeln, Astafi Iwanowitsch. Und ein Schutzmann trat dazu, hob die Banknote auf und gab sie dem Herrn wieder, und den Bauern drohte er, er würde sie alle beide auf die Wache bringen.‹

›Na, und was ist denn nun? Was ist daran so Merkwürdiges, lieber Jemeljan?‹

›Weiter wollte ich nichts sagen. Die Leute lachten, Astafi Iwanowitsch.‹

›Ach, mein lieber Jemeljan! Was kümmern dich die Leute! Du hast deine Seele für einen Kupfergroschen verkauft. Aber weißt du, was ich dir sagen will, Jemeljan Iljitsch?‹

›Was denn, Astafi Iwanowitsch?‹

›Du solltest doch irgendwelche Arbeit vornehmen; wirklich, das solltest du tun. Zum hundertsten Mal sage ich dir: Nimm eine Arbeit vor; erbarme dich deiner selbst!‹

›Was soll ich denn arbeiten, Astafi Iwanowitsch? Ich weiß nicht, was für eine Arbeit ich vornehmen soll, und eine Stellung gibt mir niemand, Astafi Iwanowitsch.‹

›Wegen deiner Trunksucht hast du ja auch dein Amt verloren, Jemeljan!‹

›Und der Einschenker Wlas ist heute aufs Kontor gerufen worden, Astafi Iwanowitsch.‹

›Warum ist er denn dahin gerufen worden, Jemeljan?‹

›Ich weiß nicht, warum, Astafi Iwanowitsch. Es wird doch wohl notwendig gewesen sein, und da haben sie ihn vorgeladen …‹

›Oh weh, oh weh‹, dachte ich, ›wir gehen alle beide zugrunde, ich und du, mein lieber Jemeljan! Gott straft uns für unsere Sünden!‹ Na, was sollte ich mit einem solchen Menschen anfangen, Herr?

Aber ein schlauer Bursche war er, das musste man ihm lassen! Er hörte mir zu, hörte mir lange zu, aber wenn es ihm dann langweilig wurde und er sah, dass ich mich ereiferte, dann nahm er sachte seinen Mantel und machte sich aus dem Staub – weg war er! Den ganzen Tag über trieb er sich umher, und am Abend kam er betrunken nach Hause. Von wem er traktiert worden war, oder wo er das Geld herbekommen hatte, das mag Gott wissen; ich war jedenfalls daran unschuldig!

›Nein, Jemeljan Iljitsch‹, sagte ich, ›du darfst dich nicht zugrunde richten! Hör' auf mit dem Trinken; hörst du wohl, hör' auf! Ein andermal, wenn du betrunken nach Hause kommst, kannst du hier auf der Treppe übernachten. Ich werde dich nicht hereinlassen!‹

Als mein Jemeljan diese Drohung gehört hatte, blieb er einen Tag und noch einen Tag zu Hause, aber am dritten war er wieder verschwunden. Ich wartete und wartete, er kam nicht! Ich bekam es schon, offen gesagt, mit der Angst zu tun, und er tat mir leid. ›Was habe ich bei ihm angerichtet?‹, dachte ich. ›Ich habe ihn verschüchtert. Na, wo mag er jetzt geblieben sein, der arme Kerl? Am Ende wird er noch umkommen, Herr du mein Gott!‹ Es wurde Nacht, aber er kam nicht. Am andern Morgen trete ich auf den Flur hinaus und sehe, dass er die Nacht auf dem Flur zugebracht hat. Er hatte den Kopf auf die Schwelle gelegt und lag so da; vor Kälte war er ganz starr geworden.

›Was machst du nur, Jemeljan? Um Gottes willen! Wie kannst du hier liegen!‹

›Aber Sie waren doch neulich so böse und ärgerlich und sagten. Sie würden mich nur auf dem Flur schlafen lassen; und da habe ich nicht gewagt hereinzukommen, Astafi Iwanowitsch, und habe mich hier draußen hingelegt …‹

Zorn und Mitleid ergriffen mich gleichzeitig!

›Du könntest dir auch eine andere Tätigkeit suchen, Jemeljan‹, sagte ich. ›Wozu brauchst du die Treppe zu bewachen?‹

›Was denn für eine andere Tätigkeit, Astafi Iwanowitsch?‹

›Na, du verlorene Seele‹, sagte ich (ein starker Ingrimm hatte mich gepackt), ›könntest du nicht zum Beispiel das Schneiderhandwerk erlernen? Wie sieht dein Mantel aus! Nicht genug, dass er ganz zerrissen ist, du fegst auch noch die Treppe damit! Du solltest doch eine Nadel nehmen und die Risse zunähen, wie es der Anstand erfordert. Oh weh, du Trunkenbold du!‹

Was glauben Sie, Herr? Er nahm wirklich eine Nadel zur Hand; ich hatte es ja zu ihm eigentlich nur so zum Spott gesagt, aber er hatte Angst bekommen und griff nach der Nadel. Er zog sich den Mantel aus und versuchte einen Faden einzufädeln. Ich beobachtete ihn; na, man kennt das ja: Die Augen waren ihm gerötet und eitrig, die Hände zitterten ihm; es ging nicht! Er stieß und stieß mit dem Faden gegen das Öhr, aber der Faden ging nicht hinein. Er kniff die Augen zusammen, benetzte den Faden mit Speichel und drehte ihn mit den

Fingern zusammen – aber nein! Er legte Nadel und Faden hin und sah mich an …

›Na, Jemeljan, du wolltest dich wohl willfährig zeigen! Du einfältiger Mensch, ich hatte es dir doch nur so zum Spott, als Vorwurf gesagt. Lass das nur, in Gottes Namen! Sitze meinetwegen so da, aber tu' nichts, worüber man sich schämen müsste, nächtige nicht auf der Treppe, mach mir keine Schande!‹

›Aber was soll ich tun, Astafi Iwanowitsch; ich weiß ja selbst, dass ich ein Trunkenbold bin und zu nichts tauge! Ich mache nur Ihnen, meinem Wo… Wohltäter, unnötig Ärger …‹

Und da fingen auf einmal seine blauen Lippen an zu beben, und ein Tränchen rollte über seine blasse Wange und zitterte auf seinen unrasierten Bartstoppeln, und dann brach meinem Jemeljan plötzlich ein ganzer Tränenstrom aus den Augen … Oh Gott, es war mir, als stieße mir jemand ein Messer ins Herz.

›Ach‹, dachte ich, ›du empfindsamer Mensch, das hätte ich ja gar nicht gedacht! Wer hätte das geglaubt oder geahnt? Nein, Jemeljan, ich werde mich ganz von dir lossagen; meinetwegen verkomme wie ein alter Lappen!‹

Na, Herr, was ist da noch lange zu erzählen! Die ganze Sache ist ja so gering, so kläglich, nicht der Erwähnung wert; Sie zum Beispiel, Herr, würden dafür nicht zwei zerbrochene Groschen geben; ich aber würde viel darum geben, wenn ich viel hätte, damit nur das alles nicht passiert wäre! Ich besaß eine Reithose, Herr, hol' sie dieser und jener, eine gute, prächtige Reithose, blau kariert; ein Gutsbesitzer, der nach Petersburg gekommen war, hatte sie bei mir bestellt, sie aber dann nicht abgenommen; er sagte, sie sei ihm zu eng; so hatte ich sie denn auf dem Hals behalten. Ich dachte: Es ist immerhin ein wertvoller Gegenstand! Auf dem Trödelmarkt hätten sie vielleicht fünf Rubel dafür gegeben;

und wenn nicht, so konnte ich daraus für Petersburger Herren zwei Paar Pantalons machen, und es wäre noch ein Stückchen zu einer kleinen Weste für mich übrig geblieben. Wissen Sie, für einen armen Menschen, wie unsereiner, ist alles gut! Aber der gute Jemeljan hatte damals eine schwere, traurige Zeit durchzumachen. Ich sah, dass er den einen Tag nicht trank, auch den zweiten nicht, und dass auch am dritten kein Tropfen Branntwein in seinen Mund kam; er war ganz verstört; er konnte einem leidtun; den Kopf auf die Hand gestützt, saß er in trübsinnigem Brüten da. ›Na‹, dachte ich, ›entweder hast du nur kein Geld, Mensch, oder du bist von selbst wieder auf den rechten Weg gekommen, hast basta gesagt und auf die Stimme der Vernunft gehört.‹ So lagen die Dinge, Herr; es fiel aber in jene Zeit gerade ein hoher Feiertag. Ich war zur Abendmesse gegangen; als ich zurückkam, saß mein Jemeljan auf dem Fensterbrett, war betrunken und wiegte sich hin und her. ›Ach herrje!‹, dachte ich. ›Also hast du es doch wieder getan, du Patron!‹ Aus irgendwelchem Grund ging ich an meinen Kasten. Ich sehe hinein: Die Reithose ist nicht da … Ich suche hier und da: Sie ist verschwunden! Na, als ich nun alles umgewühlt hatte, ohne sie zu finden, da zog sich mir ordentlich das Herz zusammen! Ich stürzte zu der alten Frau hin, denn die hatte ich zunächst im Verdacht; auf Jemeljan aber verfiel ich gar nicht, obgleich der Umstand, dass er betrunken war, mich hätte stutzig machen können. ›Nein, mein lieber Herr‹, sagte die Alte. ›Ich bitte Sie, was sollte ich mit einer Reithose; kann ich die tragen? Mir ist selbst neulich ein Rock weggekommen; es wird wohl ein guter Mensch aus Ihrer Bekanntschaft gewesen sein; na, das heißt, ich weiß es nicht; bestimmt sagen kann ich es nicht‹, sagte sie. ›Wer ist hier gewesen?‹, fragte ich. ›Wer ist hergekommen?‹ ›Es ist niemand hergekommen, lieber Herr; ich bin die ganze

Zeit über hier gewesen. Jemeljan Iljitsch ist ausgegangen und nachher wiedergekommen; da sitzt er! Fragen Sie den!‹ – ›Hast du vielleicht, Jemeljan‹, sagte ich, ›zu irgendwelchem Zweck meine neue Reithose genommen, du besinnst dich wohl, ich hatte sie für einen Gutsbesitzer gemacht?‹ ›Nein, Astafi Iwanowitsch‹, antwortete er, ›ich, hm, das heißt, ich habe sie nicht genommen.‹

Eine dumme Geschichte. Ich fing wieder an zu suchen und suchte und suchte – nichts zu finden! Jemeljan aber saß da und wiegte sich hin und her. Da kauerte ich nun so vor ihm auf dem Kasten, Herr, und auf einmal schielte ich so nach ihm hin … ›Oh je!‹, dachte ich, und das Herz in der Brust fing mir auf einmal an zu brennen, und das Blut stieg mir sogar ins Gesicht. Plötzlich sah mich auch Jemeljan an.

›Nein, Astafi Iwanowitsch‹, sagte er, ›ich habe Ihre Reithose nicht, hm … Sie denken vielleicht, hm … aber ich habe sie nicht genommen.‹

›Aber wo kann sie denn geblieben sein, Jemeljan Iljitsch?‹

›Nein, Astafi Iwanowitsch‹, sagte er, ›ich habe sie gar nicht gesehen.‹

›Na, dann ist sie also wohl von selbst verschwunden, Jemeljan Iljitsch?‹

›Vielleicht ist sie wirklich von selbst verschwunden, Astafi Iwanowitsch.‹

Nachdem ich ihn so verhört hatte, stand ich auf, trat zu ihm, steckte mir Licht an und setzte mich an meine Näharbeit. Ich änderte gerade für einen Beamten, der unter uns wohnte, eine Weste um. Aber in der Brust fühlte ich eine brennende Hitze und einen dumpfen Schmerz. Es wäre mir leichter zumute gewesen, wenn ich mit meiner ganzen Garderobe den Ofen geheizt hätte. Auch Jemeljan merkte, dass mir der Ärger am

Herzen fraß. Wenn ein Mensch etwas Schlechtes begangen hat, Herr, dann wittert er schon von Weitem das Unheil, so wie der Vogel das bevorstehende Gewitter.

›Was ich sagen wollte, Astafi Iwanowitsch‹, begann Jemeljan, aber die Stimme zitterte ihm nur so, ›heute hat der Heilgehilfe Antip Prochorowitsch die Witwe des Kutschers, der vor einiger Zeit gestorben ist, geheiratet …‹

Ich sah ihn nur an, so recht zornig sah ich ihn an. Jemeljan verstand das. Da sah ich: Er stand auf, ging zum Bett hin und fing an dort herumzustöbern. Ich wartete; er machte sich da lange zu schaffen und sagte immer dabei: ›Nein, nein, wo mag das nichtswürdige Ding nur geblieben sein!‹ Ich wartete, was daraus werden würde; da sah ich, dass Jemeljan sich auf die Knie niederließ und unter das Bett kroch. Ich konnte mich nicht länger beherrschen.

›Warum kriechen Sie denn auf den Knien herum, Jemeljan Iljitsch?‹, sagte ich.

›Ich wollte zusehen, ob die Reithose vielleicht da wäre, Astafi Iwanowitsch; ob sie da irgendwo herumläge.‹

›Wie kommen Sie nur darauf, mein Herr‹, sagte ich (in meinem Ingrimm redete ich ihn mit ›Herr‹ an), ›wie kommen Sie nur darauf, einem armen, einfachen Menschen, wie ich, behilflich zu sein und unnötigerweise auf den Knien herumzurutschen?‹

›Das tut ja nichts, Astafi Iwanowitsch … Vielleicht findet sie sich doch irgendwo, wenn man nur ordentlich sucht.‹

›Hm! …‹, sagte ich. ›Höre mal, Jemeljan Iljitsch!‹

›Was denn, Astafi Iwanowitsch?‹, erwiderte er.

›Hast nicht etwa du sie mir einfach gestohlen, als ein Dieb und Gauner, zum Dank für meine Gastfreundschaft?‹ Nämlich, Herr, ich war zu empört darüber, dass er da vor meinen Augen auf den Knien herumrutschte.

›Nein … Astafi Iwanowitsch …‹

Und wie er da war, blieb er unter dem Bett auf dem Bauch liegen. Lange lag er so da; dann kroch er heraus. Ich sah: Er war ganz blass, wie Leinwand. Er stand auf, setzte sich neben mich ans Fenster und saß so etwa zehn Minuten lang da.

›Nein, Astafi Iwanowitsch‹, sagte er auf einmal, indem er aufstand und noch näher an mich herantrat. Ich sehe ihn noch wie jetzt vor mir: Er sah schrecklich aus, wie die leibhafte Sünde. ›Nein, Astafi Iwanowitsch‹, sagte er, ›ich habe Ihre Reithose, hm, nicht genommen.‹

Er bebte am ganzen Leib, stieß sich mit einem zitternden Finger gegen die Brust, und auch die Stimme zitterte ihm so, dass ich, Herr, es selbst mit der Angst bekam und starr sitzen blieb, als ob ich am Fenster angewachsen wäre.

›Na‹, sagte ich, ›verzeihen Sie schon, Jemeljan Iljitsch, wenn ich Sie in meiner Dummheit fälschlich beschuldigt habe. Mag die Reithose in Gottes Namen verloren sein; ich werde auch ohne sie nicht umkommen. Ich habe, Gott sei Dank, meine Hände und werde mich nicht aufs Stehlen legen … und bei einem fremden armen Menschen betteln werde ich auch nicht; ich werde mir schon mein Brot verdienen …‹

Jemeljan hörte mich an und stand lange vor mir; schließlich setzte er sich hin. So saß er den ganzen Abend über da, ohne sich zu rühren; auch als ich schlafen ging, saß er immer noch still auf demselben Fleck. Am andern Morgen sah ich: Er lag zusammengekrümmt, in seinen Mantel gewickelt, auf dem bloßen Fußboden; er hatte sich tief gedemütigt gefühlt und sich darum nicht aufs Bett legen mögen. Na, Herr, ich liebte ihn in jener Zeit nicht, das heißt, in den ersten Tagen hasste ich ihn sogar. Gerade als wenn mich, zum Beispiel gesagt, mein eigener Sohn bestohlen und mir eine blutige Kränkung zugefügt hätte. ›Ach, Jemeljan, Jemeljan!‹ dachte ich. Jemeljan aber, Herr, trank etwa vierzehn Tage lang, ohne jemals nüchtern zu werden. Nämlich er war ordentlich in Raserei geraten und trank sich zuschanden. Am Morgen ging er weg, und erst spät in der Nacht kam er wieder nach Hause, und die ganzen zwei Wochen über bekam ich von ihm auch nicht ein Wort zu hören. Nämlich gewiss nagte der Kummer an ihm, oder er wollte sich irgendwie den Garaus machen. Endlich hörte er damit auf, weil er nämlich alles vertrunken hatte, und setzte sich wieder aufs Fensterbrett. Ich erinnere mich, dass er so drei Tage lang dasaß und schwieg; auf einmal sah ich, dass er weinte. Nämlich er saß da, Herr, und weinte, aber wie weinte er! Es war geradezu ein Brunnen, und er selbst schien es gar nicht zu merken, dass ihm die Tränen aus den Augen strömten. Es ist ein schmerzlicher Anblick, Herr, wenn ein erwachsener Mensch und noch dazu ein so alter Mensch, wie Jemeljan, vor Gram und Leid zu weinen anfängt.

›Was hast du, Jemeljan?‹, sagte ich.

Er zuckte zusammen, und ein Schütteln ging durch seinen ganzen Körper. Ich hatte ihn nämlich zum ersten Mal seit jener Zeit angeredet.

›Ich habe nichts, Astafi Iwanowitsch.‹

›Um Gottes willen, Jemeljan, mag das Ding immer verloren sein! Warum sitzt du denn so da wie eine Eule?‹ Er tat mir leid.

›Ach, Astafi Iwanowitsch, das ist es nicht. Ich möchte eine Arbeit haben, Astafi Iwanowitsch.‹

›Was denn für eine Arbeit, Jemeljan Iljitsch?‹

›Irgendwelche. Vielleicht finde ich eine Stelle, wie ich sie früher hatte. Ich bin schon zu Fedosjei Iwanowitsch gegangen und habe ihn gebeten … Es ist nicht recht, dass ich Sie zu Schaden bringe, Astafi Iwanowitsch. Wenn ich eine Stelle bekommen sollte, Astafi Iwanowitsch, dann werde ich Ihnen alles erstatten und Ihnen alle Ihre Unkosten ersetzen.‹

›Hör' auf, Jemeljan, hör' auf! Na, es war eine Sünde; na, aber nun ist's vorbei. Schwamm drüber! Lass uns wieder in der alten Weise leben!‹

›Nein, Astafi Iwanowitsch, Sie meinen vielleicht immer noch … hm … aber ich habe Ihre Reithose nicht genommen.‹

›Na, schön, schön; lassen wir's gut sein, lieber Jemeljan!‹

›Nein, Astafi Iwanowitsch, ich kann nicht länger bei Ihnen wohnen bleiben; das ist klar. Nehmen Sie es mir nicht übel, Astafi Iwanowitsch!‹

›Aber ich bitte dich‹, sagte ich, ›wer tut dir denn etwas zuleide, Jemeljan Iljitsch? Wer treibt dich denn aus dem Haus? Ich etwa?‹

›Nein, aber es schickt sich nicht, dass ich bei Ihnen wohnen bleibe, Astafi Iwanowitsch … Es ist schon besser, dass ich fortgehe …‹

Er fühlte sich nämlich gekränkt und sagte daher immer dasselbe. Ich sah ihn an: Er stand wirklich auf und zog sich den Mantel an.

›Aber wo willst du denn hin, Jemeljan Iljitsch? So nimm doch Vernunft an! Was willst du? Wohin gehst du?‹

›Nein, ich muss Ihnen schon Lebewohl sagen, Astafi Iwanowitsch; suchen Sie mich nicht mehr zurückzuhalten‹ (er schluchzte wieder). ›Ich gehe von dem Unglücksort weg, Astafi Iwanowitsch. Sie sind jetzt ein anderer geworden.‹

›Wieso ein anderer? Ich bin immer noch derselbe. Aber du wirst wie ein kleines, unvernünftiges Kind so ganz allein zugrunde gehen, Jemeljan Iljitsch.‹

›Nein, Astafi Iwanowitsch, wenn Sie jetzt weggehen, schließen Sie immer Ihren Kasten zu, und wenn ich das sehe, Astafi Iwanowitsch, dann muss ich weinen …

Nein, lassen Sie mich lieber gehen, Astafi Iwanowitsch, und verzeihen Sie mir alles, was ich Ihnen während unseres Zusammenlebens Übles getan habe.‹

Was meinen Sie, Herr? Der Mensch ging wirklich fort. Ich wartete einen Tag; ich dachte, er werde zum Abend zurückkommen, aber nein. Auch am zweiten Tag kam er nicht; ebenso wenig am dritten. Ich bekam es mit der Angst zu tun; die Sorge quälte mich; ich konnte nicht essen, nicht trinken, nicht schlafen. Vollständig entwaffnet hatte mich der Mensch! Am vierten Tag machte ich mich auf, sah in alle Schenken hinein und fragte nach Jemeljan – aber ohne Erfolg; er war verschwunden! ›Bist du umgekommen, du armer Kerl?‹, dachte ich. ›Vielleicht bist du in betrunkenem Zustand irgendwo an einem Zaun krepiert und liegst nun da wie ein moderndes Stück Holz.‹ Mehr tot als lebendig kehrte ich nach Hause zurück. Ich beabsichtigte, meine Nachforschungen am folgenden Tag fortzusetzen. Und ich verfluchte mich selbst, weil ich zugelassen hatte, dass der dumme Mensch so nach seinem Kopf von mir wegging. Aber am fünften Tag (es war ein Festtag) hörte ich, als es kaum hell wurde, wie die Tür knarrte. Ich blickte hin: Jemeljan kommt herein! Er sah ganz blau aus, und die Haare waren ihm ganz schmutzig, wie wenn er auf der Straße geschlafen hätte, und mager war er geworden wie ein Span; er zog den Mantel aus, setzte sich zu mir auf den Kasten und sah mich an. Ich freute mich, aber der Gram in meiner Seele wurde noch stärker als vorher. Und das hing so zusammen, Herr: Hätte ich meinerseits so eine menschliche Sünde begangen gehabt, so wäre ich (das kann ich sicher sagen) lieber wie ein Hund krepiert, als dass ich zurückgekommen wäre. Aber Jemeljan kam zurück. Na, es ist peinlich, einen Menschen in einer solchen Lage zu sehen. Ich begann ihn zu streicheln, zu liebkosen und zu trösten. ›Na, lieber Jemeljan‹, sagte ich, ›ich freue mich, dass du zurückgekommen bist. Wärst du ein klein bisschen später gekommen, so wäre ich auch heute wieder in den Schenken herumgegangen, um dich zu suchen. Hast du etwas gegessen?‹

›Ja, ich habe gegessen, Astafi Iwanowitsch.‹

›Wirklich, hast du gegessen? Sieh mal, Brüderchen, es ist noch ein bisschen Kohlsuppe von gestern übrig; sie ist mit Rindfleisch gekocht, nicht so nüchtern; und da ist auch Brot und eine Zwiebel. Iss‹, sagte ich, ›das wird dir guttun.‹

Ich setzte es ihm vor; na und da sah ich, dass er vielleicht ganze drei Tage nichts gegessen hatte; einen solchen Appetit entwickelte er. Also hatte ihn der Hunger wieder zu mir getrieben. Das Herz wurde mir ganz weich, wie ich ihn so ansah. ›Ich werde in einen Branntweinladen laufen‹, dachte ich, ›und ihm eine Herzstärkung holen, und unter alles Vergangene wollen wir einen Strich machen! Nein, ich bin dir nicht mehr böse, lieber Jemeljan!‹ Ich brachte den Branntwein. ›Hier, Jemeljan Iljitsch‹, sagte ich, ›wir wollen dem Festtag zu Ehren einen Schluck trinken. Magst du trinken? Das ist gesund.‹

Er streckte schon die Hand aus, und zwar mit einer Art von Gier, und fasste das Glas, hielt aber dann inne. Er wartete ein Weilchen. Dann sah ich, wie er das Glas nahm und zum Mund führte; dabei schülperte er den Branntwein über, sodass er ihm auf die Hand floss. Aber nein, er führte das Glas zwar zum Mund, stellte es jedoch sogleich wieder auf den Tisch.

›Was hast du, lieber Jemeljan?‹

›Nichts; ich will nur … hm … Astafi Iwanowitsch.‹

›Willst du nicht trinken, wie?‹

›Nein, Astafi Iwanowitsch, ich werde … ich werde nicht mehr trinken, Astafi Iwanowitsch.‹

›Wie denn? Hast du dir vorgenommen überhaupt aufzuhören, oder willst du nur heute nicht trinken, lieber Jemeljan?‹

Er schwieg. Nach einem Weilchen sah ich, dass er den Kopf auf den Arm legte.

›Was machst du? Du bist doch nicht krank, Jemeljan?‹

›Ja, mir ist nicht gut, Astafi Iwanowitsch.‹

Ich brachte ihn schleunigst zu Bett. Ich sah, dass es wirklich schlecht mit ihm stand: Der Kopf glühte, und der Leib wurde vom Fieber geschüttelt. Ich pflegte ihn den Tag über; zur Nacht wurde es schlechter. Ich tat ihm etwas Butter und Zwiebel an den Kwas und brockte ihm Brot hinein. ›Da!‹, sagte ich, ›iss die Brotsuppe, vielleicht wird dir dann besser werden!‹ Er schüttelte den Kopf. ›Nein,‹ sagte er, ›ich mag heute nichts essen, Astafi Iwanowitsch.‹ Ich ließ ihm auch Tee machen und setzte die Alte tüchtig in Bewegung, aber es wurde nicht besser. ›Na‹, dachte ich, ›schlimm!‹ Am dritten Tag ging ich zum Arzt. Ich kannte da in der Nähe einen Arzt, namens Kostoprawow. Ich hatte ihn schon früher kennengelernt, als ich noch bei Bosomjagins im Dienst war; er hatte mich behandelt. Der Arzt kam und besah den Kranken: ›Ja‹, sagte er, ›es steht schlecht. Da hätten Sie mich gar nicht mehr zu rufen brauchen‹, sagte er. ›Aber wir können ihm ja meinetwegen noch Pulver geben.‹ Na, die Pulver gab ich ihm nicht ein; ich dachte: ›Das ist nur so eine Spielerei vom Arzt.‹ Unterdes aber kam der fünfte Tag heran.

Er lag vor mir da, Herr, und es ging mit ihm zu Ende. Ich saß auf dem Fensterbrett und hatte meine Arbeit in den Händen. Die Alte heizte den Ofen. Wir schwiegen alle. Mir wollte das Herz um den Taugenichts brechen, Herr; es war mir zumute, als sollte ich meinen eigenen Sohn verlieren. Ich wusste, dass Jemeljan jetzt nach mir hinsah; schon am Morgen hatte ich bemerkt, dass er sich

Gewalt antat, mir etwas sagen wollte, es aber offenbar nicht wagte. Endlich blickte ich ihn an; da sah ich: In den Augen des armen Kerls lag ein tiefer Gram; er hielt seinen Blick unverwandt auf mich gerichtet, als er aber bemerkte, dass ich ihn ansah, schlug er sofort die Augen nieder.

›Astafi Iwanowitsch!‹

›Was willst du, lieber Jemeljan?‹

›Ich wollte sagen: Wenn man zum Beispiel meinen Mantel nach dem Trödelmarkt brächte, würden sie viel dafür geben, Astafi Iwanowitsch?‹

›Na‹, antwortete ich, ›ich weiß nicht, ob sie viel dafür geben würden. Vielleicht würden sie drei Rubel dafür geben, Jemeljan Iljitsch.‹

Aber in Wirklichkeit würden sie, wenn er hingegangen wäre und den Mantel hingebracht hätte, ihm nichts gegeben, sondern ihm nur ins Gesicht gelacht haben, dass er einen solchen Schund zum Kauf anböte. Ich redete nur so, weil ich seine Einfalt kannte, um ihn zu trösten.

›Ich habe auch gedacht, dass sie drei Rubel für ihn geben würden, Astafi Iwanowitsch; er ist ja doch von Tuch, Astafi Iwanowitsch. Gewiss, drei Rubel ist er wert, da er von Tuch ist, nicht wahr?‹

›Ich weiß es nicht, Jemeljan Iljitsch‹, erwiderte ich. ›Wenn du ihn hinbringen willst, musst du natürlich zunächst drei Rubel dafür verlangen.‹

Jemeljan schwieg ein Weilchen. Dann rief er wieder:

›Astafi Iwanowitsch!‹

›Was denn, lieber Jemeljan?‹, fragte ich.

›Verkaufen Sie meinen Mantel, wenn ich tot bin, und begraben Sie mich ohne ihn! Ich kann auch so liegen, und er ist doch ein wertvolles Stück und kann Ihnen zustatten kommen.‹

Da befiel mich eine solche Herzbeklemmung, Herr, dass ich nicht im Stande war zu reden. Ich sah, dass die

Todesangst an den Kranken herantrat. Wir schwiegen wieder. So verging eine Stunde. Ich blickte wieder nach ihm hin: Er sah mich immer noch an, aber als unsere Blicke sich begegneten, schlug er wieder die Augen nieder.

›Willst du nicht ein bisschen Wasser trinken, Jemeljan Iljitsch?‹, fragte ich ihn.

›Ja, geben Sie mir, wenn ich bitten darf, Astafi Iwanowitsch!‹

Ich gab ihm zu trinken. Er trank. ›Ich danke Ihnen, Astafi Iwanowitsch‹, sagte er.

›Hast du sonst noch einen Wunsch, lieber Jemeljan?‹

›Nein, Astafi Iwanowitsch, ich brauche nichts; ich wollte nur …‹

›Was denn?‹

›Hm …‹

›Was möchtest du denn, lieber Jemeljan?‹

›Die Reithose … hm … ich habe sie Ihnen damals weggenommen, Astafi Iwanowitsch …‹

›Na‹, sagte ich, ›Gott wird es dir verzeihen, lieber Jemeljan, du armer Kerl, du! Geh hin in Frieden! …‹ Ich selbst aber, Herr, konnte gar keine Luft bekommen; die Tränen stürzten mir aus den Augen, und ich wandte mich für einen Augenblick ab.

›Astafi Iwanowitsch …‹

Ich sah: Jemeljan wollte mir noch etwas sagen, hob sich ein wenig in die Höhe, strengte sich an, bewegte die Lippen … Sein ganzes Gesicht wurde auf einmal rot, er blickte mich an … Plötzlich sah ich: Er wurde wieder blass, ganz blass, bekam in einem Augenblick ein ganz verfallenes Aussehen, warf den Kopf zurück, seufzte einmal und hauchte seinen Geist aus …«

Ein schwaches Herz

Unter dem gleichen Dach, in der gleichen Wohnung, im gleichen vierten Stock wohnten zwei junge Beamte und Kanzleikollegen: Arkadij Iwanowitsch Nefedewitsch und Wassja Schumkow … Natürlich erachtet es der Autor für notwendig, dem Leser zu erklären, warum der eine Held mit seinem vollen Namen, der andere dagegen mit dem Diminutiv genannt wird; er müsste es schon aus dem einen Grund tun, weil ihm sonst diese letztere Form als unanständig und plump vertraulich übel genommen werden kann. Doch zu diesem Behufe müsste er zunächst den Rang, das Alter und den Beruf eines jeden der handelnden Personen angeben; da es aber allzu viel Schriftsteller gibt, die ihre Erzählungen mit derartigen Charakteristiken beginnen, hat sich der Autor der vorliegenden Novelle entschlossen, nur um den andern nicht zu gleichen (manche werden sagen: um seiner grenzenlosen Einbildung Genüge zu tun), direkt mit der Handlung einzusetzen. Nach dieser Einleitung beginnt er wie folgt.

Schumkow kam am Silvesterabend, so gegen sechs Uhr, nach Hause. Arkadij Iwanowitsch, der gerade auf dem Bett lag, erwachte und blickte mit noch schläfrigen Augen seinen Freund an. Er stellte fest, dass dieser seinen besten Zivilanzug trug und ein blendend weißes Vorhemd anhatte. Das versetzte ihn natürlich in Erstaunen: Wo mag er in diesem Aufzug gewesen sein? Auch hatte er heute nicht zu Hause gegessen! Schumkow steckte indessen eine Kerze an, und Arkadij Iwanowitsch erriet sofort, dass sein Freund ihn, gleichsam unbeabsichtigt und zufällig, wecken wollte. Wassja hüstelte auch tatsächlich zweimal, ging zweimal durchs Zimmer und ließ schließlich ganz zufällig seine Pfeife, die er in der Ecke neben dem Ofen zu stopfen begonnen, auf den Boden fallen. Arkadij Iwanowitsch musste innerlich auflachen.

»Wassja, lass die Komödie!«

»Du schläfst nicht, Arkascha?«

»Bestimmt kann ich es nicht sagen; ich glaube aber, dass ich nicht schlafe.«

»Ach, Arkascha! Guten Abend, mein Teurer! Ja, Bruder! Ja! Du ahnst noch gar nicht, was ich dir erzählen werde!«

»Nein, das ahne ich wirklich nicht! Komm aber etwas näher zu mir.«

Wassja kam sofort näher, als hätte er auf diese Aufforderung nur gewartet; allerdings war er auf die heimtückischen Absichten seines Freundes nicht gefasst. Dieser packte ihn sehr geschickt bei der Hand, drehte ihn um, fiel mit seiner ganzen Körperschwere über ihn her und begann das unglückliche Opfer zu würgen; das schien dem lustigen Arkadij Iwanowitsch ein unbeschreibliches Vergnügen zu machen.

»Nun hab' ich dich!«, rief er. »Nun habe ich dich!«

»Arkascha! Was tust du mit mir! Lass mich um Gottes willen los, so wirst du mir meinen Frack schmutzig machen!«

»Macht nichts! Was brauchst du den Frack? Warum bist du so leichtgläubig und gibst dich mir selbst in die Hände? Sag einmal: Wo warst du? Wo hast du zu Mittag gegessen?«

»Arkascha, um Gottes willen! Lass mich los!«

»Wo hast du gegessen?«

»Das ist es ja, was ich dir erzählen will!«

»Also erzähle!«

»Lass mich erst los!«

»Das will ich eben nicht! Ich lass dich nicht los, bevor du es mir erzählt hast!«

»Arkascha, Arkascha! Verstehst du denn selbst nicht, dass ich in dieser Lage nichts erzählen kann, dass es ganz unmöglich ist!«, schrie der schwächliche Wassja, indem er vergebliche Anstrengungen machte, sich aus den starken Tatzen seines Freundes und Gegners zu befreien. »Denn es gibt Materien …«

»Was für Materien?«

»Nun, Materien, über die man in solcher Situation nicht sprechen kann: sonst verliert man eben jede menschliche Würde; es geht wirklich nicht! Es würde lächerlich erscheinen, doch die Sache ist durchaus nicht lächerlich, sondern bitter ernst!«

»Das Ernste mag der Teufel holen! Was dir nicht einfällt! Du sollst mir die Sache so erzählen, dass ich dabei lachen kann! Ich mag nichts Ernstes hören! Was wärest du sonst für ein Freund? Sag nun selbst: Was wärest du für ein Freund? He?«

»Arkascha! Ich kann es nicht, bei Gott!«

»Keine Widerrede!«

»Also gut, Arkascha!«, begann Wassja, der quer auf dem Bett lag und sich die größte Mühe gab, seinen Worten eine gewisse Würde zu verleihen. »Arkascha! Ich werde es dir vielleicht sagen, doch …«

»Nun?«

»Ich habe mich verlobt!«

Arkadij Iwanowitsch sagte kein Wort. Er nahm Wassja, der durchaus nicht klein, sondern recht lang, nur etwas mager war, auf die Arme und begann ihn mit großem Geschick auf und ab zu tragen und wie ein Kind zu wiegen.

»Gleich werde ich dich, du Bräutigam, wie einen Säugling einwickeln!«, sagte er dabei. Als er aber sah, dass Wassja ganz regungslos und stumm in seinen Armen lag, besann er sich und merkte, dass er in seinem Scherz doch zu weit gegangen war; er stellte seinen Freund mitten im Zimmer hin und drückte ihm einen durchaus herzlichen und freundschaftlichen Kuss auf die Backe.

»Wassja, du bist doch nicht böse?«

»Hör' einmal, Arkascha ...«

»Nun, vergib's mir des Silvesters wegen!«

»Ich bin ja nicht böse; warum bist du aber so verrückt und ausgelassen? Wie oft hab' ich's dir schon gesagt; das ist gar nicht witzig, bei Gott, gar nicht witzig!«

»Also böse bist du mir nicht?«

»Nein ... Auf wen bin ich je böse?! Doch du hast mich gekränkt, verstehst du das?!«

»Gekränkt? Auf welche Weise?«

»Ich bin zu dir gekommen wie zu einem Freund, mit vollem Herzen, um dir meine Seele auszuschütten und von meinem Glück zu erzählen ...«

»Von was für einem Glück? Warum sagst du das nicht gleich?«

»Ich heirate doch!«, antwortete Wassja geärgert; er war wirklich etwas wütend.

»Du? Du heiratest! Ist es dein Ernst?«, schrie Arkascha wie besessen. »Nein, nein, was ist denn das? Er spricht wirklich so sonderbar und weint sogar! ... Wassja, Wassjuk, mein Söhnchen, beruhige dich doch! Ist es auch wirklich wahr?« Und Arkadij Iwanowitsch schloss ihn wieder in seine Arme.

»Verstehst du denn meine Aufregung noch nicht? Du bist ja ein guter Freund, ich weiß es. Ich komme zu dir mit solcher Freude, mit solcher Begeisterung in der Seele und muss dir diese meine Herzensfreude, ganz würdelos quer über dem Bett liegend, eröffnen ... Du verstehst doch, Arkascha«, setzte er halb lachend hinzu,

»dass es eine durchaus komische Situation war; ich bin aber in diesem Augenblick gewissermaßen nicht bei Sinnen. Ich konnte meine Angelegenheiten nicht so erniedrigen. Hättest du mich zum Beispiel nach ihrem Namen gefragt, ich schwöre dir: Du hättest mich morden können, aber den Namen hättest du von mir nicht erfahren!«

»Warum hast du es nicht früher gesagt, Wassja? Hättest du mir das alles früher gesagt, so würde ich nicht so gespaßt haben!«, rief Arkadij Iwanowitsch in aufrichtiger Verzweiflung.

»Nun, lass es gut sein, genug! Ich sage es ja nur so ... Du weißt selbst, warum ich so bin: Ich habe eben ein gutes Herz. Nun ärgere ich mich darüber, dass es mir nicht gelungen ist, die Sache dir so gut und schön zu erzählen, wie ich es wollte, dich zu erfreuen, dir ein Vergnügen zu machen, dich einzuweihen ... Im Ernst, Arkascha, ich liebe dich so sehr, dass ich, wenn ich dich nicht hätte, wohl überhaupt nicht heiraten würde und auf dieser Welt nicht leben wollte.«

Arkadij Iwanowitsch, der sehr empfindsam war, weinte und lachte zugleich, während Wassja dies sprach. Wassja tat dasselbe. Sie fielen sich schließlich wieder in die Arme und vergaßen den ganzen Vorfall.

»Wie ist es nun geschehen? Erzähle mir alles, Wassja! Du musst mich entschuldigen, mein Lieber: Ich bin so erschüttert, wie vom Blitz getroffen, bei Gott! Das kann ja nicht sein, mein Lieber, du hast doch das Ganze erfunden, bei Gott, du hast es erlogen!«, schrie Arkadij Iwanowitsch auf und blickte mit aufrichtigem Misstrauen Wassja an, als er aber in dessen Gesicht eine glänzende Bestätigung seiner bestimmten Absicht, so schnell als möglich zu heiraten, wahrnahm, warf er sich aufs Bett und begann vor lauter Entzücken Purzelbäume zu schießen, sodass die Wände erzitterten.

»Wassja, setz' dich her!«, rief er schließlich und setzte sich auch selbst hin.

»Ja, mein Lieber, ich weiß wirklich nicht, womit ich beginnen soll!«

Beide blickten einander in freudiger Erregung an.

»Wer ist sie, Wassja?«

»Die Artemjewa! …«, versetzte Wassja mit vor Glück gedämpfter Stimme.

»Ist's wahr?«

»Ich hab' dir ja schon genug von der Familie erzählt, und du hast gar nichts gemerkt. Es fiel mir wirklich schwer, es vor dir zu verheimlichen. Ich hatte solche Angst, davon zu sprechen! Ich fürchtete, das Ganze würde auseinandergehen, ich bin aber verliebt, Arkascha! Ach, mein Gott, mein Gott! Denk' dir nur: Die Sache war so«, begann er, jeden Augenblick vor Erregung stockend: »Sie hatte bereits vor einem Jahr einen Bräutigam, der wurde aber plötzlich irgendwohin versetzt; ich kannte ihn: Er war so ein … Nun, ich will von ihm lieber nicht sprechen. Er ist also fort, lässt nichts von sich hören, ist verschollen. Man wartet und wartet und weiß nicht, was das zu bedeuten hat. Und plötzlich, so vor vier Monaten, kehrt er zurück – ist verheiratet und lässt sich bei den Artemjews nicht einmal sehen! Es ist doch roh und gemein! Und sie haben niemanden, der für sie eintreten könnte. Das arme Mädchen weint und weint, und ich – verliebe mich in sie … Ich war übrigens in sie schon vorher verliebt! Nun begann ich sie zu trösten, kam jeden Tag ins Haus … Ich weiß wirklich nicht, wie das geschah, doch auch sie gewann mich lieb. Vor acht Tagen hielt ich es schließlich nicht aus, fing zu weinen an, zu schluchzen und sagte ihr alles: Nun, dass ich sie liebe – mit einem Wort alles! … ›Auch ich bin bereit, Sie zu lieben, Wassilij Petrowitsch‹, sagte sie zu mir, ›doch ich bin ein armes Mädchen, spotten Sie meiner nicht. Denn ich habe gar nicht den Mut, jemanden zu lieben!‹ Nun, mein Lieber, verstehst du es? … Wir haben uns auch sofort verlobt. Ich überlegte lange hin und her und fragte sie schließlich: ›Wie wollen wir das der Mama sagen?‹ Sie antwortete darauf: ›Ja, es ist schwer! Warten Sie lieber noch eine Zeit lang. Denn Mama hat jetzt Angst; jetzt gleich wird sie mich Ihnen vielleicht noch nicht geben wollen; sie weint ja noch immer.‹ Ohne Lisa auch mit einem Wort vorzubereiten, platzte ich heute vor der Alten mit der Geschichte heraus. Lisa kniete vor ihr nieder, ich ebenfalls … die Alte gab uns ihren Segen. Arkascha, Arkascha! Mein Lieber! Wir wollen doch zusammen wohnen bleiben. Nein, von dir trenne ich mich nicht!«

»Wassja, ich schaue dich an und kann dir doch nicht glauben! Bei Gott, ich schwöre: Ich kann dir unmöglich glauben. Das Ganze kommt mir so vor … Hör' einmal, du willst heiraten? … Wieso habe ich nichts davon gewusst? Ich muss dir gestehen, Wassja: Auch ich hatte die Absicht, zu heiraten; doch da du es jetzt tust, kommt es auf dasselbe heraus! Also ich wünsche dir viel Glück!«

»Mein Freund, ich habe jetzt ein so süßes Gefühl im Herzen, so leicht ist mir zumute …«, sagte Wassja. Er erhob sich vom Bett und ging einige Male erregt durchs Zimmer. »Nicht wahr, du fühlst es ja auch? Wir werden natürlich sehr bescheiden leben, werden aber trotzdem glücklich sein; und das ist doch keine Chimäre; unser Glück ist nicht aus einem Buch geschöpft, es ist die Wirklichkeit: Wir werden wirklich glücklich sein!«

»Wassja! Hör' einmal, Wassja!«

»Was denn?«, fragte Wassja, vor Arkadij Iwanowitsch stehen bleibend.

»Mir kommt eben ein Gedanke; ich weiß nicht warum, ich fürchte, ihn auszusprechen! … Verzeihe mir also und löse meine Zweifel. Wovon willst du eigentlich leben? Ich bin ja entzückt, dass du heiratest, bin ganz außer mir vor Freude, und doch … wovon willst du leben? Wie?«

»Ach, mein Gott! Wie kannst du nur, Arkascha!«, sagte Wassja und blickte Nefedewitsch sehr erstaunt an. »Was denkst du dir denn? Selbst die Alte überlegte sich die Sache keine zwei Minuten lang, als ich ihr alles klarlegte. Frage doch zunächst, wovon sie gelebt haben? Sie haben zu dritt ja nur fünfhundert Rubel im Jahr! Das ist die ganze Pension, die sie nach dem Tod des Vaters bekommen. Sie alle: Lisa und die Alte und noch der kleine Bruder, für den man aus dem gleichen Geld die Schule bezahlen muss, alle drei lebten von den fünfhundert Rubeln; so leben eben andere Leute! Wir beide sind Kapitalisten dagegen! Ich habe ja manches Jahr, wenn es gut geht, beinahe siebenhundert Rubel Einkommen!«

»Höre, Wassja, entschuldige: Bei Gott, ich meine es ja nur so … Ich bin doch wirklich besorgt, dass die Sache nicht auseinandergeht, aber von welchen siebenhundert Rubeln sprichst du? Es sind ja im Ganzen nur dreihundert …«

»Dreihundert! … So, und Julian Mastakowitsch ist nichts? Hast du den vergessen?«

»Julian Mastakowitsch! Das ist aber eine unsichere Sache; das ist doch etwas ganz anderes als dreihundert Rubel sicheres Jahresgehalt, wo man sich auf jeden Rubel wie auf einen treuen Freund verlassen kann. Julian Mastakowitsch ist freilich ein hervorragender Mensch, ich achte und verstehe ihn, obwohl er so viel höher steht als ich; ich liebe ihn sogar, bei Gott, weil er dich so liebt und dir jede Extraarbeit bezahlt, obwohl er die Möglichkeit hätte, mit diesen Arbeiten irgendeinen Beamten von Amts wegen zu betrauen. Du musst dir aber sagen, Wassja … Höre noch folgendes: Ich spreche ja wirklich keinen Unsinn; ich will zugeben, dass es in ganz Petersburg keine Handschrift gibt, die mit der deinigen zu vergleichen wäre; das erkenne ich gerne an!«, sagte Nefedewitsch nicht ohne Entzücken. »Und doch kann es ja, Gott bewahre, vorkommen, dass du ihm einmal etwas nicht recht machst, oder dass er keine Arbeit mehr zu vergeben hat, oder sich einen andern nimmt … es kann ja schließlich alles passieren! Heute hast du ihn, und morgen – nicht; bedenke das nur, Wassja …«

»Höre einmal, Arkascha, ebenso gut kann jetzt über uns die Zimmerdecke einstürzen …«

»Ja, gewiss, du hast Recht, ich meinte es ja nur so …«

»Nein, höre einmal zu, höre, was ich dir sage: Wie kann er mich gehen lassen? Höre mich nur an! Ich erledige ja alles so aufmerksam und zuverlässig, und er ist so gut zu mir; heute hat er mir, höre nur, Arkascha, heute hat er mir fünfzig Silberrubel gegeben!«

»Wirklich, Wassja? Ist es eine Zulage?«

»Keine Zulage! Aus seiner eigenen Tasche hat er es mir gegeben! Er sagte zu mir: ›Du hast, mein Lieber, seit vier Monaten nichts bekommen; wenn du willst, nimm dieses Geld: Ich danke dir‹, sagte er, ›denn ich bin mit dir zufrieden …‹ Bei Gott, das hat er gesagt! ›Du sollst doch nicht umsonst arbeiten!‹ Mir kamen sogar die Tränen! Mein Gott, Arkascha!«

»Sage einmal, Wassja, hast du die zuletzt bestellte Abschrift fertig gemacht?«

»Nein … noch nicht ganz fertig.«

»Wassinka, mein Engel! Was hast du angerichtet?«

»Das macht nichts, Arkascha, ich habe ja noch zwei Tage Zeit.«

»Ja, warum hast du die Arbeit noch nicht fertig?«

»Nun ja! Du siehst mich mit solcher Leichenbittermiene an, dass sich mir der Magen umdreht und das Herz wehtut. Was ist denn dabei? Du bringst mich immer auf diese Weise um, wenn du zu schreien anfängst: A-a-ah! Überlege dir nur: Was ist denn dabei? Ich werde damit noch fertig werden, bei Gott!«

»Und wenn du nicht fertig wirst?«, brüllte Arkadij und sprang vom Bett auf. »Erst heute hast du von ihm Geld bekommen! Und du willst heiraten! … Oh weh!«

»Das macht nichts, ich setze mich gleich an die Arbeit und mache sie fertig. Sei unbesorgt!«

»Wie hast du es versäumen können, Wassja?«

»Ach, Arkascha! Konnte ich denn ruhig hier sitzen bleiben? War ich denn in solcher Stimmung? Selbst in der Kanzlei konnte ich kaum sitzen, so übervoll ist mein Herz! … Ach! Nun werde ich die heutige Nacht durcharbeiten, ebenso morgen und übermorgen und mache es fertig! …«

»Ist noch viel übrig geblieben?«

»Störe mich nicht, um Gottes willen, störe mich nicht, schweig!«

Arkadij Iwanowitsch ging auf den Fußspitzen zum Bett und setzte sich hin; nach einer Weile wollte er schon wieder aufstehen, besann sich aber, dass er seinen Freund damit stören könnte und blieb sitzen, obwohl es ihm bei seiner Aufregung sehr schwerfiel: Die Nachricht hatte ihn offensichtlich furchtbar aufgeregt, und seine Begeisterung war noch nicht abgekühlt. Er warf Schumkow einen Blick zu; auch dieser warf ihm einen Blick zu, lächelte, drohte mit dem Finger, zog furchtbar die Brauen zusammen (als ob davon seine Kraft und der ganze Erfolg der Arbeit abhingen) und vertiefte sich wieder in die Arbeit.

Auch er schien seine Aufregung noch nicht überwunden zu haben: Er wechselte einige Male die Feder, rückte auf seinem Stuhl hin und her, nahm immer neue Stellungen ein, fing immer von Neuem an, doch seine Hand zitterte und wollte ihm nicht gehorchen.

»Arkascha! Ich habe ihnen auch von dir erzählt!«, schrie er plötzlich auf, als wäre es ihm erst eben eingefallen.

»So?«, rief Arkascha, »und ich wollte dich gerade danach fragen! Nun?«

»Nun! Ach, ich werde dir alles später erzählen! Bei Gott, es ist meine Schuld; ich hatte eben meinen Vorsatz vergessen, kein Wort zu sprechen, bevor ich nicht vier Bogen abgeschrieben habe. Und nun musste ich wieder an sie und dich denken. Ich kann, mein Lieber, gar nicht schreiben: Muss immer an euch denken …« Wassja lächelte.

Beide verstummten für eine Weile.

»Pfui! Was für eine elende Feder!«, rief Schumkow plötzlich aus und warf die Feder auf den Tisch. Er nahm wieder eine neue Feder.

»Wassja! Höre einmal: Nur ein Wort …«

»Gut! Aber schnell und zum allerletzten Mal …«

»Ist dir noch viel übrig geblieben?«

»Ach, mein Lieber! …« Wassja machte ein Gesicht, als ob es in der Welt nichts Schrecklicheres und Tödlicheres gäbe als diese Frage. »Es ist noch viel, furchtbar viel!«

»Weißt du, mir kommt eben eine Idee …«

»Was für eine?«

»Nein, nein, schreib nur weiter.«

»Nun, was denn? Was wolltest du sagen?«

»Die Uhr geht schon auf sieben!«

Nefedewitsch lächelte bei diesen Worten Wassja zu, allerdings etwas unsicher: Er wusste nicht, wie Wassja es aufnehmen würde.

»Also was denn?«, fragte Wassja. Er hörte sofort zu schreiben auf, blickte ihm gerade in die Augen und erbleichte vor Erwartung.

»Weißt du was?«

»Um Gottes willen, was denn?«

»Weißt du was? Du bist zu aufgeregt und wirst wohl sowieso nicht viel zustande bringen … Warte, warte, warte, ich weiß schon, was du sagen willst, hör einmal!«, sagte Nefedewitsch, in seiner Begeisterung vom Bett aufspringend und Wassja, der etwas entgegnen wollte, unterbrechend, um jedem Einwand zuvorzukommen: »Vor allen Dingen musst du dich doch beruhigen und dich sammeln! Nicht wahr?«

»Arkascha! Arkascha!«, rief Wassja und sprang von seinem Platz auf. »Ich werde die ganze Nacht durcharbeiten, bei Gott, die ganze Nacht!«

»Nun ja, gewiss! Doch gegen Morgen wirst du einschlafen …«

»Ich werde nicht einschlafen, um nichts in der Welt …«

»Nein, nein! Das geht nicht! Du musst: Um fünf Uhr kannst du dich schlafen legen, und um acht werde ich dich wecken. Morgen ist Feiertag; du setzt dich hin und schreibst den ganzen Tag … und dann wieder die Nacht … Ist noch viel übrig geblieben?«

»Hier! Schau her!«

Wassja zeigte ihm, vor Erregung und Erwartung zitternd, das Heft: »Schau her!«

»Weißt du, mein Lieber: Es ist ja gar nicht viel!«

»Mein Lieber, das ist noch nicht alles: Es ist noch etwas da!«, sagte Wassja und blickte dabei Nefedewitsch so schüchtern an, als hinge von diesem der Entschluss ab, ob sie hingingen oder nicht.

»Wie viel?«

»Zwei Bogen …«

»Nun, was meinst du? Ich meine, wir werden damit noch fertig, bei Gott, wir werden fertig!«

»Arkascha!«

»Wassja! Höre einmal! Den Silvesterabend verbringen doch alle Leute bei bekannten Familien, nur wir beide sind so gottverlassen und wie obdachlos … Ja, Wassinka!«

Nefedewitsch umarmte Wassja und erdrückte ihn beinahe in seinen Löwentatzen.

»Arkadij, es ist abgemacht!«

»Wassjuk, ich wollte dir nur noch das sagen. Sieh mal, Wassjuk, mein Dicker! Hör' einmal! Hör' einmal! Du kannst ja …«

Arkadij hielt mit offenem Mund inne, denn er konnte vor Begeisterung nicht weitersprechen. Wassja hielt ihn an den Schultern, starrte ihm ins Gesicht und bewegte die Lippen, als wollte er den Satz statt seiner zu Ende sprechen.

»Nun?«, sagte er schließlich.

»Stelle mich ihnen heute vor!«

»Arkadij! Wir wollen heute zum Tee hingehen! Weißt du was? Weißt du was? Bis zwölf wollen wir nicht sitzen bleiben, sondern vorher heimgehen!«, rief Wassja in echter Begeisterung.

»Das heißt, wir wollen im Ganzen zwei Stunden dort bleiben, nicht mehr und nicht weniger! …«

»Und dann trennen wir uns, bis ich ganz fertig bin! …«

»Wassjuk!«

»Arkadij!«

In drei Minuten hatte Arkadij seinen besten Anzug an. Wassja bürstete seinen Anzug nur ab; er hatte ihn noch gar nicht abgelegt: Mit solchem Eifer war er soeben an die Schreibarbeit gegangen.

Sie traten eilig auf die Straße hinaus, der eine freudiger als der andere. Ihr Weg ging von der Petersburger Seite zur Kolomna-Vorstadt. Arkadij Iwanowitsch schritt rüstig und energisch aus, sodass man schon an seinem Gang seine Freude über das Glück des sich daran immer mehr berauschenden Wassja merken konnte. Wassja machte kleinere Schritte, trippelte beinahe, bewahrte aber seine Würde vollkommen. Arkadij Iwanowitsch glaubte sogar, noch nie einen so günstigen Eindruck von ihm gehabt zu haben. In diesem Augenblick hatte er sogar mehr Achtung vor ihm als je, und der gewisse körperliche Fehler Wassjas, von dem der Leser noch nichts weiß (Wassja war nämlich etwas schief gewachsen), der im empfindsamen Herzen Arkadij Iwanowitschs immer tiefes Mitgefühl hervorgerufen hatte, trug jetzt noch mehr zum Gefühl inniger Rührung bei, das er in diesen Augenblicken seinem Freund entgegenbrachte und dessen Wassja selbstverständlich in jeder Beziehung würdig war. Arkadij Iwanowitsch hatte sogar Lust, vor Freude zu weinen, doch er beherrschte sich.

»Wohin, wohin, Wassja? Hier ist es näher!«, rief er, als er merkte, dass Wassja die Richtung zum Wosnessenskij-Prospekt einschlagen wollte.

»Schweige, Arkascha, schweige ...«

»Hier ist es wirklich näher, Wassja ...«

»Arkascha, weißt du was?«, begann Wassja geheimnisvoll, mit vor Glück bebender Stimme. »Weißt du was? Ich möchte Lisa ein kleines Präsent mitbringen ...«

»Was für eines?«

»Gleich an der nächsten Ecke ist der Laden von Madame Leroux, ein wundervoller Laden!«

»So, so!«

»Es ist ein Häubchen, mein Lieber, ein Häubchen. Heute habe ich da ein so liebes, nettes Häubchen gesehen und mich danach erkundigt. Die Fasson heißt ›Manon Lescaut‹, es ist wirklich ein Wunderwerk! Die Bänder sind kirschrot, und wenn es nicht zu teuer ist ... Arkascha! Und wenn es auch teuer ist ...«

»Ich glaube, du bist über alle Poeten erhaben, Wassja! Gehen wir also hin!«

Sie eilten weiter und traten nach zwei Minuten in den Laden. Sie wurden von einer Französin mit schwarzen Augen und Lockenfrisur empfangen, die beim ersten Blick auf die Eintretenden ebenso freudig und glücklich wurde, wie diese es waren, womöglich noch freudiger und glücklicher. Wassja hätte Madame Leroux beinahe abgeküsst: so entzückt war er.

»Arkascha!«, sagte er leise, mit scheinbar gleichgültigem Blick all das Schöne und Erhabene musternd, das, auf hölzernen Haubenstöcken prangend, den großen Ladentisch schmückte. Es sind doch wahre Wunderwerke! Was sagst du zum Beispiel zu dem da? Hier dieses Bonbon meine ich, siehst du es?«, flüsterte Wassja, auf ein reizendes Häubchen weisend, das ganz am Rand stand, doch durchaus nicht dasjenige war, das er zu kaufen beabsichtigte, denn er hatte schon von Weitem seine Blicke in das andere, berühmte, echte Häubchen gebohrt, das am entgegengesetzten Tischende stand. Er starrte es so an, als hätte er Angst, dass jemand es stehlen könnte oder dass das Häubchen selbst, nur damit es nicht Wassja in die Hände fiel, von seinem Haubenstock in die Luft wegfliegen würde.

»Dieses da«, sagte Arkadij Iwanowitsch, auf ein anderes Häubchen zeigend, »dieses da ist nach meiner Ansicht das schönste.«

»Ja, Arkascha, das macht dir sogar Ehre; ich bringe dir von nun an für deinen guten Geschmack noch mehr Achtung entgegen«, sagte Wassja: Seine Rührung vor Arkascha ging so weit, dass er ihm zuliebe aufrichtiges Entzücken vorspiegelte. »Dein Häubchen ist wirklich reizend. Aber komm einmal her!«

»Wo ist denn ein noch schöneres, mein Lieber?«

»Sieh einmal her!«

»Dieses da?«, sagte Arkadij etwas unsicher.

Als aber Wassja, der sich nicht länger beherrschen konnte, das Häubchen vom Ständer nahm, das ihm, gleichsam über den langersehnten guten Käufer erfreut, selbst zuzufliegen schien, als alle die Bänder, Rüschen und Spitzen zu knistern anfingen – da drang aus der mächtigen Brust Arkadij Iwanowitschs ein Schrei des Entzückens. Selbst Madame Leroux, die während der Wahl ihre ganze Würde und Überlegenheit in Sachen des Geschmacks bewahrt und herablassend geschwiegen hatte, belohnte nun Wassja mit einem Lächeln der Anerkennung, und alles in ihr, in ihren Blicken, in ihren Gesten und in ihrem Lächeln schien zu sagen: »Ja, Sie haben das Richtige getroffen und sind des Glückes wert, das Sie erwartet!«

»Es hat ja in seiner Einsamkeit kokettiert!«, rief Wassja aus, der nun seine ganze Liebe auf das reizende Häubchen übertrug. »Es hat sich mit Absicht versteckt, das Täubchen, das Schelmchen!« Und er küsste das Häubchen oder vielmehr die Luft, die es umgab: Denn er fürchtete, seine Kostbarkeit auch nur zu berühren.

»So verbirgt sich auch das wahre Verdienst und die echte Tugend«, setzte Arkadij ganz begeistert hinzu: Diese Phrase hatte er am Morgen in einer geistvollen Zeitung gelesen und tischte sie nun des humoristischen Effekts wegen auf. »Also was meinst du, Wassja?«

»Hurra, Arkascha! Du bist heute auch geistreich, du wirst Furore machen, wie es die Damen nennen – ich prophezeie es dir! – Madame Leroux, Madame Leroux!«

»Was steht zu Diensten?«

»Meine liebe Madame Leroux!«

Madame Leroux blickte Arkadij Iwanowitsch an und lächelte etwas herablassend.

»Sie glauben nicht, wie ich Sie in diesem Augenblick verehre … Gestatten Sie, dass ich Sie küsse …« Und Wassja umarmte und küsste die Verkäuferin.

Sie musste in diesem Augenblick unbedingt ihre ganze Würde zusammennehmen, um sich dem Attentäter gegenüber nichts zu vergeben. Ich behaupte aber, dass dazu auch die ganze angeborene natürliche Liebenswürdigkeit und Grazie gehört, mit der Madame Leroux den Ausbruch von Wassjas Begeisterung hinnahm. Sie verzieh ihm. Und wie geschickt, wie graziös fand sie sich in die Situation! Wie könnte man auch Wassja zürnen?

»Madame Leroux, wie hoch ist der Preis?«

»Fünf Silberrubel«, antwortete sie, sich ihre Frisur in Ordnung bringend und wieder lächelnd.

»Und dieses da, Madame Leroux?«, fragte Arkadij Iwanowitsch, auf das von ihm gewählte Häubchen weisend.

»Dieses kostet acht Silberrubel.«

»Erlauben Sie einmal, erlauben Sie einmal! Sie werden doch zugeben, Madame Leroux … Nun, welches Häubchen ist nach Ihrer Meinung schöner, graziöser, liebenswürdiger, welches sieht Ihnen ähnlicher?«

»Jenes ist etwas reicher, doch das von Ihnen gewählte – c'est plus coquet.«

»Also nehmen wir dieses!«

Madame Leroux schlug das Häubchen in einen Bogen unendlich feinen Seidenpapiers ein, das sie mit einer Nadel zusammensteckte, und das Papier mit dem darin eingewickelten Häubchen schien nun leichter geworden zu sein, als es vorher ohne Häubchen gewesen war. Wassja nahm das Paket mit verhaltenem Atem sehr vorsichtig in die Hand, verabschiedete sich von Madame Leroux, sagte ihr noch etwas höchst Liebenswürdiges und verließ den Laden.

»Ich bin ein Lebemann, Arkascha, ich bin zum Lebemann geboren!«, schrie Wassja lachend. Er lachte wie in einem Krampf, nervös und kaum hörbar. Dabei wich er den Passanten aus, denn er hatte sie alle ohne Ausnahme im Verdacht, ihm sein kostbares Häubchen zerknüllen zu wollen.

»Höre einmal, Arkadij, höre!«, begann er eine Minute später, und eine große Feierlichkeit, eine unsagbare Liebesseligkeit klang aus seiner Stimme. »Arkadij, ich bin so glücklich, so glücklich!«

»Wassinka, und wie glücklich bin ich, mein Lieber!«

»Nein, Arkascha, nein! Deine Liebe zu mir ist grenzenlos – ich weiß es, doch du kannst auch nicht den zehnten Teil von dem empfinden, was ich jetzt empfinde. Mein Herz ist so übervoll!! Arkascha, ich bin ja meines Glückes gar nicht wert! Ich fühle es, ich ahne es. Womit habe ich es verdient«, sagte er mit tränenerstickter Stimme, »was habe ich geleistet, das mir ein Recht darauf gibt? Sage es mir nur! Sieh nur hin, wie viel Menschen es gibt, wie viel Tränen, wie viel Kummer, wie viel grauen Alltag ohne Feste! Und ich! Ich werde von einem solchen Mädchen geliebt, ich … Doch du wirst sie gleich selbst sehen, wirst ihr edles Herz selbst kennenlernen. Ich bin von niedriger Herkunft, doch jetzt habe ich einen Beamtenrang und ein unabhängiges Einkommen – mein Gehalt. Ich bin mit einem Gebrechen auf die Welt gekommen: Ich bin etwas schief gewachsen. Und siehe: Sie liebt mich so wie ich bin. Julian Mastakowitsch war heute so zärtlich, so aufmerksam, so höflich zu mir; er spricht ja sonst fast nie mit mir; heute ging er aber auf mich zu und sagte: ›Nun, Wassja‹, (bei Gott: Er sprach mich mit Wassja an), ›du wirst wohl in den Feiertagen ordentlich bummeln?‹ (Und dabei lachte er!)

Und ich sagte zu ihm: ›Exzellenz‹, sagte ich, ›ich habe ja zu tun!‹ Doch dann fasste ich mir Mut und sagte: ›Vielleicht werde ich mich auch etwas amüsieren, Exzellenz!‹ Bei Gott, das sagte ich ihm. Er gab mir sofort Geld und richtete an mich noch einige Worte. Ich war, mein Lieber, so gerührt, dass mir Tränen in die Augen traten; er war anscheinend auch etwas gerührt; er klopfte mich auf die Schulter und sagte: ›Sei immer so dankbar und ergeben, wie du es jetzt bist, Wassja!‹«

Wassja verstummte für eine Weile. Arkadij Iwanowitsch wandte sich weg und wischte sich gleichfalls einige Tränen aus den Augen.

»Und dann noch etwas …«, sagte Wassja fortfahrend. »Ich habe es dir ja noch niemals gesagt, Arkadij … Arkadij! Du beglückst mich so sehr mit deiner Freundschaft, ohne dich könnte ich gar nicht leben – nein, nein, widersprich mir nicht! Lass mich deine Hand drücken, lass mich dir danken …« Wassja kam nicht weiter.

Arkadij Iwanowitsch wollte schon Wassja um den Hals fallen; da sie aber gerade die Straße überquerten und plötzlich dicht hinter ihren Ohren den warnenden Schrei eines Kutschers: »A-achtung!« hörten, liefen sie beide erregt und erschrocken, so schnell sie konnten, aufs Trottoir. Arkadij Iwanowitsch war über diesen Zwischenfall sogar froh. Er entschuldigte Wassjas Erguss von Dankbarkeit nur mit der ganz außergewöhnlich gehobenen Stimmung, in der sich dieser augenblicklich befand. Denn er selbst machte sich Vorwürfe, dass er bisher so wenig für seinen Freund getan hatte! Er schämte sich sogar, als Wassja ihm für die wenigen Gefälligkeiten, die er ihm erwiesen, zu danken begann! Er hatte aber noch sein ganzes Leben vor sich: Bei diesem Gedanken atmete Arkadij Iwanowitsch wieder freier auf …

Man hatte schon jede Hoffnung aufgegeben, dass sie kommen würden. Ein Beweis: Man saß bereits am Teetisch! Doch ältere Leute haben oft einen richtigeren Instinkt als die Jugend, und als was für eine Jugend! Lisa hatte ja ganz ernsthaft behauptet: »Er wird nicht kommen, Mamachen, mein Herz fühlt es, dass er nicht kommen wird.« Doch Mamachen sagte immer wieder, sie habe im Gegenteil das Gefühl, dass er unbedingt kommen werde: Dass er keine Ruhe finden und herbeieilen würde, umso mehr, als er am Silvester dienstfrei habe! Doch Lisa glaubte noch immer nicht, selbst als sie die Tür öffnete, und sie traute ihren Augen nicht, als die beiden eintraten. Sie war vor Erregung ganz atemlos; ihr Herzchen begann plötzlich wie bei einem eingefangenen Vöglein zu klopfen, und sie wurde so rot wie eine Kirsche, mit der sie auch sonst einige Ähnlichkeit hatte. Mein Gott, diese Überraschung! Was für ein freudiges: »Ach!«, flog ihr von den Lippen! »Du Treuloser! Du Lieber!«, rief sie, Wassenka umarmend … Doch stellen Sie sich vor, wie sie plötzlich erstaunte und verlegen wurde: gerade hinter Wassjas Rücken stand, etwas verlegen, als wollte er sich hinter seinem Freund verstecken, Arkadij Iwanowitsch. Ich muss an dieser Stelle bemerken, dass Arkadij Iwanowitsch sich in Damengesellschaft immer etwas unsicher fühlte; es passierte ihm sogar einmal … Doch davon später. Versuchen Sie sich nur in seine Lage zu versetzen! Es ist wirklich nicht zum Lachen! Er steht im Vorzimmer in Galoschen und Mantel, will sich seine Mütze mit den Ohrenklappen vom Kopf reißen, und sein Kopf ist ganz mit einem entsetzlichen gelben gestrickten Schal umwickelt, der zum größeren Effekt im Nacken verknotet ist. Das alles muss er nun entwirren, aufbinden, um so bald als möglich in vorteilhafterer Gestalt zu erscheinen, denn es gibt keinen Menschen, der nicht wünschte, möglichst vorteilhaften Eindruck zu machen. Und neben ihm steht der unausstehliche und unerträgliche, andererseits natürlich der sonst so liebe und gute Wassja, doch in diesem Augenblick – der unerträgliche und erbarmungslose, und schreit: »Hier ist mein Arkadij, Lisa! Wie gefällt er dir? Er ist mein bester Freund! Umarme und küsse ihn, liebe Lisa! Gib ihm zuerst einen Kuss, und wenn du ihn später näher kennenlernst, wirst du ihm noch mehr Küsse geben …« Wie gefällt das Ihnen? Ich frage: Was blieb dem Arkadij Iwanowitsch zu tun übrig? Und er hatte seinen Schal erst zur Hälfte aufgebunden! Ich muss mich manchmal selbst für Wassjas übertriebene Begeisterung schämen; sie ist ja meistens der Beweis für Herzensgüte, doch immerhin … Es war peinlich und ungeschickt!

Endlich traten sie in den Salon … Die alte Dame war unsagbar erfreut, Arkadij Iwanowitsch kennenzulernen; sie hätte ja schon so viel von ihm gehört, sie … Sie kam nicht weiter. Ein helles, freudiges: »Ach!«, das plötzlich ertönte, unterbrach sie mitten im Satz. Mein Gott! Lisa stand mit kindlich gefalteten Händen vor dem Häubchen, das plötzlich aus seiner Umhüllung zum Vorschein gekommen war, und lächelte, lächelte … Mein Gott! Warum hat es bei Madame Leroux nicht ein noch viel schöneres Häubchen gegeben?!

Aber, mein Gott, wo kann man denn auch ein schöneres Häubchen finden? Ich meine es durchaus ernst! Mich ärgert und kränkt es sogar, wenn Verliebte so undankbar sind! Schauen Sie nur her, meine Herrschaften, und sagen Sie selbst, ob es überhaupt etwas Schöneres als dieses entzückende, göttliche Häubchen geben kann! Bitte, schauen Sie es sich nur an! Doch nein, nein, meine Vorwürfe sind unbegründet: Sie sind mit mir bereits alle einverstanden; es war nur eine momentane Verirrung, ein Fieberanfall, der Ihre Sinne verwirrte; und ich will Ihnen gerne verzeihen … Schauen Sie es sich dennoch an! … Sie müssen mich schon entschuldigen, meine Herrschaften, ich spreche noch immer von diesem Häubchen: Es ist aus ganz leichtem Tüll, zwischen dem Kopfteil und der Rüsche läuft ein breites, von einer Spitze verdecktes kirschrotes Band, und zwei weitere breite und lange Bänder sind rückwärts angebracht: Sie werden etwas unterhalb des Nackens auf den Hals herabfallen … Man muss das ganze Häubchen etwas in den Nacken rücken: Schauen Sie nur her! Und ich werde Sie dann nach Ihrer Ansicht fragen! Ich sehe aber, dass Sie gar nicht hinschauen! Das Häubchen scheint Sie gar nicht zu interessieren … Sie haben Ihren Blick auf etwas anderes gerichtet … Sie sehen, wie zwei große perlengleiche Tränen blitzschnell in die pechschwarzen Augen treten, wie sie einen Augenblick in den langen Wimpern zittern und dann in dieses Nichts, das eigentlich Tüll ist und aus dem das Kunstwerk der Madame Leroux gebildet ist, herabfallen. Doch ich muss mich schon wieder ärgern: Diese beiden Tränen galten anscheinend nicht nur dem Häubchen allein! Nein, so einen Gegenstand soll nur ein ganz kaltblütiger Mensch schenken; nur dann kann man seinen Wert richtig einschätzen! Ich muss gestehen, meine Herrschaften, ich gäbe für das Häubchen alles her!

Man nahm Platz: Wassja neben Lisa und das alte Mütterchen neben Arkadij Iwanowitsch; ein Gespräch kam in Fluss, und Arkadij Iwanowitsch war der Situation durchaus gewachsen. Ich stelle dies mit Genugtuung fest. Nach einigen einleitenden Worten über Wassja brachte er das Gespräch sehr geschickt auf Wassjas Wohltäter – Julian Mastakowitsch. Und er sprach so klug, so klug, dass das Gespräch eine ganze Stunde im Fluss blieb. Man muss es wirklich mit angehört haben, mit welchem Geschick und Takt Arkadij Iwanowitsch einige Eigentümlichkeiten Julian Mastakowitschs streifte, die eine direkte oder indirekte Beziehung zu Wassja hatten. Die alte Dame war nun auch wirklich ganz bezaubert: Sie gestand es auch selbst ein; sie rief Wassja etwas zur Seite und sagte ihm, dass sein Freund ein ganz ausgezeichneter und wohlerzogener junger Mann sei; vor allen Dingen aber ein ernster und solider junger Mann. Wassja war nahe daran, vor Entzücken aufzulachen. Er musste denken, wie dieser solide Arkascha ihn eine Viertelstunde lang auf dem Bett gewürgt hatte! Die alte Dame zwinkerte Wassja zu und bat ihn, ihr leise und unbemerkt in das andere Zimmer zu folgen. Ich muss gestehen, dass ihre Handlungsweise gegen Lisa nicht ganz einwandfrei war: Von überschwänglichen Gefühlen verleitet, beging sie einen Treubruch an ihrer Tochter und zeigte Wassja das Geschenk, das diese ihm als Überraschung zu Neujahr zugedacht hatte. Es war eine mit Glasperlen und Gold bestickte Brieftasche; die Zeichnung war entzückend: Auf der einen Seite war ein sehr schnell rennender Hirsch dargestellt, so natürlich, so ungemein ähnlich und lebenswahr! Auf der anderen Seite war das Bildnis eines sehr bekannten Generals gestickt, gleichfalls vorzüglich ausgeführt und sprechend ähnlich. Von Wassjas Entzücken will ich schon gar nicht reden. Doch auch die im Salon Zurückgebliebenen hatten ihre Zeit nicht unnütz vergeudet. Lisa war auf Arkadij Iwanowitsch zugegangen, hatte seine beiden Hände ergriffen und ihm für irgendetwas gedankt; Arkadij Iwanowitsch hatte begriffen, dass wiederum vom teuren Wassja die Rede war. Lisa war sogar tief gerührt: Sie hätte gehört, dass Arkadij Iwanowitsch ein so guter und aufrichtiger Freund ihres Bräutigams sei, dass er ihn so liebte, bemutterte und auf Schritt und Tritt mit seinen heilsamen Ratschlägen begleitete, darum könne sie, Lisa, nicht umhin, ihm zu danken; ja, sie könne das Gefühl ihrer Dankbarkeit gar nicht unterdrücken. Sie hoffe, dass Arkadij Iwanowitsch auch sie lieb gewinnen würde, und wenn auch nur halb so, wie er seinen Freund liebte. Dann erkundigte sie sich, ob Wassja seine Gesundheit genügend schone, äußerte einige Bedenken wegen der allzu großen Entzündbarkeit von Wassjas Charakter, wegen seines Mangels an Menschenkenntnis sowie seiner Unkenntnis des praktischen Lebens überhaupt; sagte, dass sie hingebungsvoll auf ihn aufpassen und sein

Schicksal mit liebevoller Hand leiten würde, und dass sie schließlich hoffe, Arkadij Iwanowitsch werde sie beide nicht verlassen, sondern bei ihnen wohnen.

»Wir wollen alle drei wie ein Mensch sein!«, rief sie in naiver Begeisterung aus.

Doch die Gäste mussten aufbrechen. Man versuchte natürlich, sie zurückzuhalten, Wassja erklärte aber mit aller Entschiedenheit, dass es nicht ginge. Arkadij Iwanowitsch bestätigte dies. Man fragte sie selbstverständlich nach den Gründen, und nun kam es heraus, dass Julian Mastakowitsch Wassja mit einer höchst dringenden und furchtbar wichtigen Arbeit betraut hatte, die unbedingt übermorgen früh abgeliefert werden musste, während Wassja diese Arbeit nicht nur nicht fertig gemacht habe, sondern auch furchtbar im Rückstand sei. Mütterchen schrie vor Entsetzen förmlich auf; auch Lisa erschrak sehr; sie wurde unruhig und drängte Wassja zum Gehen. Der Abschiedskuss hat aber unter dieser Eile nicht im Geringsten gelitten: Er war kürzer und hastiger, dafür aber glühender und leidenschaftlicher. Schließlich trennte man sich, und beide Freunde traten den Heimweg an.

Sobald sie auf der Straße waren, begannen sie sofort ihre Eindrücke auszutauschen. Das war ja durchaus natürlich: Arkadij hatte sich bereits sterblich in Lisa verliebt! Und wem sollte er es anvertrauen, wenn nicht dem Glückspilz Wassja? Er tat es auch ganz ohne Bedenken und gestand Wassja alles. Wassja musste furchtbar lachen und war ganz außer sich vor Freude; er meinte sogar, dass die Verliebtheit Arkadijs durchaus nicht überflüssig sei und dass sie beide von nun an noch bessere Freunde sein würden als zuvor. »Du hast mich richtig verstanden, Wassja«, sagte Arkadij Iwanowitsch, »ich liebe sie genau so wie dich; sie wird mein Schutzengel sein ebenso wie der deinige, denn euer Glück wird sich auch über mich ergießen, und ich werde mich in seinen Strahlen wärmen. Sie wird auch meine Hausfrau sein, Wassja. In ihren Händen wird mein Glück ruhen; ich möchte, dass sie auch in meinem Leben ebenso walten wie in dem deinigen. Ja, meine Freundschaft zu dir ist zugleich auch die Freundschaft zu ihr; ihr beide seid jetzt für mich unzertrennbar; nur werde ich jetzt zwei solche Wesen wie du haben, statt des einen …« Arkadij konnte vor Aufregung nicht weitersprechen, während Wassja durch diese Worte bis ins Innerste seiner Seele erschüttert war. Er hatte nämlich von Arkadij niemals solche Worte erwartet. Arkadij Iwanowitsch verstand ja sonst gar nichts zu sprechen und war allen Schwärmereien abhold; jetzt baute er auf einmal Luftschlösser, das eine freudiger, lichter und kühner als das andere! »Wie werde ich für euch sorgen und euch bemuttern!«, begann er von Neuem. »Erstens werde ich der Taufpate aller deiner Kinder sein, Wassja, aller ohne Ausnahme; und zweitens – muss man auch an die Zukunft denken. Man muss Möbel kaufen, eine Wohnung mieten, und zwar eine solche, dass jeder von uns dreien ein Zimmer für sich hat. Weißt du, Wassja, ich will gleich morgen gehen, die Zettel an den Haustüren studieren. Drei … nein – zwei Zimmer, mehr brauchen wir nicht. Ich glaube sogar, Wassja, dass ich Unsinn gesprochen habe: Das Geld wird euch schon reichen; ganz gewiss! Als ich ihr vorhin in die Äuglein blickte, rechnete ich im Nu aus, dass das Geld reichen wird. Alles für sie! Ach, wie wir nun arbeiten werden! Man muss riskieren und fünfundzwanzig Rubel für die Wohnung auswerfen. Denn die Wohnung bedeutet alles! Wenn man gute Zimmer hat, so ist man auch gut gelaunt und hat angenehme Gedanken! Zweitens wird Lisa unsere gemeinsame Kasse verwalten: Es darf keine Kopeke unnütz ausgegeben werden! Dass ich jetzt wieder einmal ins Wirtshaus gehe? Für wen hältst du mich eigentlich? Um nichts in der Welt! Auch wird es Gehaltszulagen und Gratifikationen geben, denn wir werden jetzt mit doppeltem Eifer arbeiten. Herrgott, wie wir arbeiten werden! Wie die Ochsen! Nun stelle dir vor« – Arkadij Iwanowitschs Stimme wurde vor Seligkeit ganz matt – »stelle dir vor, dass jeder von uns so ganz unerwartet dreißig oder fünfundzwanzig Rubel als Gratifikation bekommt! Jede Gehaltszulage bedeutet aber ein neues Häubchen oder Tüchlein oder ein Paar Strümpfchen! Sie muss mir übrigens unbedingt einen neuen Schal stricken; schau, wie der meinige aussieht: gelb, ekelhaft; heute hat er mir genug Kummer gemacht! Auch du bist gut, Wassja! Stellst mich ihr vor, während ich in diesem Kummet dastehe … Doch das gehört nicht zur Sache! Weißt du: Das ganze Silber nehme ich auf mich! Ich muss ja euch ein Hochzeitsgeschenk machen – das verlangt meine Ehre und meine Selbstachtung! Eine Neujahrszulage kriege ich ja sicher; wem wird man sie denn sonst geben? Vielleicht dem Skorochodow? Das Geld würde bei ihm nicht lange in der Tasche bleiben. Ich will euch silberne Löffel kaufen, gute Tafelmesser, keine aus Silber, aber vortreffliche Messer, und eine Weste; das heißt die Weste für mich selbst, denn ich will ja euer Trauzeuge sein! Du musst dich aber jetzt zusammennehmen, mein Lieber! Von heute ab werde ich dich Tag und Nacht mit dem Stock antreiben, auf dich aufpassen, dir keinen Augenblick Ruhe geben, bis du mit der Arbeit fertig bist! Du musst sie schnell fertig machen! Und wenn du fertig bist, gehen wir wieder abends hin und werden beide glücklich sein, werden Lotto spielen – Gott, wird das herrlich sein! Pfui Teufel! Wie schade, dass ich dir nicht helfen kann. Ich würde mich einfach hinsetzen und alles statt deiner fertigschreiben … Warum haben wir nicht die gleiche Handschrift?«

»Ja!«, sagte Wassja. »Ja! Ich muss mich beeilen … An die Arbeit!« Bei diesen Worten wurde Wassja, der die ganze Zeit über bald gelacht, bald die Ergüsse seines Freundes mit irgendeiner Zwischenbemerkung zu unterbrechen versucht hatte und, mit einem Wort, die größte Begeisterung für alles gezeigt hatte, plötzlich nachdenklich, schweigsam und still und begann zu rennen. Es war, als ob irgendein schwerer Gedanke seinen glühenden Kopf mit Eis abgekühlt hätte; als ob sein Herz zusammengeschrumpft wäre.

Arkadij Iwanowitsch wurde sogar unruhig; auf seine hastigen Fragen bekam er fast keine Antwort von Wassja; dieser reagierte nur mit wenigen Worten und Ausrufen, die zuweilen gar nicht zur Sache gehörten. »Was hast du nur, Wassja?«, rief er schließlich aus, als er ihn mit großer Mühe einholte. »Bist du denn so um deine Arbeit besorgt?« – »Ach, mein Lieber, wir haben genug geschwatzt!«, entgegnete Wassja ärgerlich. »Wassja, verzage nicht, beruhige dich!«, unterbrach ihn Arkadij Iwanowitsch. »Wie oft habe ich schon gesehen, dass du ein viel größeres Pensum in viel kürzerer Frist bewältigt hast … Das macht dir wirklich keine Mühe! Du hast doch eine solche Begabung! Im äußersten Fall kannst du einfach das Schreibtempo beschleunigen: Deine Abschrift soll doch nicht als eine Vorlage für den Schönschreibeunterricht lithografiert werden! Du wirst schon fertig werden! Jetzt bist du eben etwas aufgeregt und zerstreut, und die Arbeit wird anfangs etwas schwieriger vonstatten gehen …« Wassja gab keine Antwort oder brummte etwas Unverständliches vor sich hin. Endlich erreichten beide, von Unruhe gepeinigt, ihre Wohnung.

Wassja setzte sich sofort an die Arbeit. Arkadij Iwanowitsch wurde ganz still, zog sich leise aus und legte sich ins Bett, ohne seine Blicke auch nur für einen Augenblick von Wassja zu wenden … Ihn überfiel eine eigentümliche Angst … »Was ist mit ihm los?«, fragte er sich, Wassjas blasses Gesicht, brennende Augen und unruhige Bewegungen betrachtend. »Seine Hand zittert … Verflucht! Soll ich ihm am Ende zureden, dass er sich für etwa zwei Stunden hinlegt, damit er wenigstens seine Aufregung ausschläft? …« Wassja hatte gerade eine Seite beendet; er hob die Augen, doch als sein Blick zufällig Arkadij traf, schlug er sie sofort nieder und ergriff von Neuem die Feder.

»Höre einmal, Wassja«, begann plötzlich Arkadij Iwanowitsch, »wäre es nicht besser, wenn du etwas ausruhtest? Sieh nur: Du bist wie im Fieber! …«

Wassja warf Arkadij einen ärgerlichen, sogar gehässigen Blick zu und erwiderte nichts.

»Höre einmal, Wassja, was machst du mit dir? …« Wassja schien plötzlich zur Vernunft gekommen zu sein.

»Sollte ich nicht etwas Tee trinken, was meinst du, Arkascha?«, sagte er.

»Warum? Wozu?«

»Das kann mich etwas stärken. Ich will nicht mehr schlafen, ich werde nicht schlafen! Ich werde die Nacht durcharbeiten. Beim Teetrinken kann ich mich etwas erholen und den schweren Augenblick überstehen.«

»Ausgezeichnet, mein Lieber! Glänzend! Ich wollte eben dasselbe vorschlagen. Ich wundere mich nur, dass ich nicht schon früher auf diesen Gedanken kam. Weißt du aber was? Mawra wird nicht aufstehen wollen, sie wird um nichts in der Welt aufwachen …«

»Ja! …«

»Unsinn! Das macht nichts!«, schrie Arkadij Iwanowitsch auf und sprang barfuß wie er war aus dem Bett. »Ich werde selbst den Samowar bereiten. Das ist doch wirklich nicht das erste Mal!«

Arkadij Iwanowitsch lief in die Küche und machte sich am Samowar zu schaffen; Wassja schrieb indessen weiter. Arkadij Iwanowitsch kleidete sich an und lief in eine Bäckerei, damit Wassja sich zur Nacht ordentlich stärken könnte. Nach einer Viertelstunde stand der Samowar auf dem Tisch. Sie tranken Tee, doch ein Gespräch wollte nicht zustande kommen. Wassja war zu zerstreut.

»Ja«, sagte er plötzlich, wie zur Besinnung kommend, »morgen muss ich ja Neujahrsvisiten machen …«

»Du musst gar nicht!«

»Nein, mein Lieber, es geht einfach nicht anders!«, sagte Wassja.

»Ich will dich statt deiner bei allen Vorgesetzten in die Gratulantenlisten eintragen. Brauchst gar nicht auszugehen. Bleibe nur zu Hause und schreibe. Ich würde dir raten, heute bis fünf Uhr aufzubleiben und dann schlafen zu gehen. Wie wirst du denn sonst morgen aussehen? Ich werde dich dann um Punkt acht Uhr wecken …«

»Geht denn das, dass du mich in die Listen einträgst?«, wandte Wassja ein, der mit dem Vorschlag schon halb einverstanden war.

»Warum denn nicht? So machen es alle!«

»Ich fürchte …«

»Was fürchtest du?«

»Bei den andern ginge es ja noch; doch bei Julian Mastakowitsch – er ist ja mein Wohltäter, Arkascha! Und wenn er merkt, dass es nicht meine Handschrift ist …«

»Du glaubst, dass er das merkt? Du bist wirklich sonderbar, Wassjuk! Wie kann er es merken? … Du weißt ja, dass ich deine Namensunterschrift täuschend ähnlich nachmachen kann und sogar dieselbe Schleife anhänge, wie du sie machst, bei Gott! Lass das! Wer kann das merken?«

Wassja antwortete nichts und trank eilig sein Glas aus. Dann schüttelte er zweifelnd den Kopf.

»Wassja, mein Lieber! Wenn das uns doch gelingen würde! Wassja, was ist mit dir? Du machst mir Angst! Weißt du, Wassja, jetzt werde ich mich gar nicht mehr hinlegen, denn ich werde nicht einschlafen können. Zeig' mir: Ist dir noch viel übrig geblieben?«

Wassja warf Arkadij Iwanowitsch einen solchen Blick zu, dass diesem das Herz stillstand und der Atem stockte.

»Wassja! Was ist mit dir? Was hast du? Was siehst du mich so an?«

»Arkadij! Ich werde morgen zu Julian Mastakowitsch gehen und gratulieren!«

»Gut! Gehe meinetwegen!«, sagte Arkadij, ihn erwartungsvoll anblickend.

»Höre, Wassja, beschleunige das Tempo: Ich werde dir doch nichts Schlechtes raten, bei Gott! Wie oft hat dir schon Julian Mastakowitsch selbst gesagt, dass ihm an deiner Handschrift am meisten die Leserlichkeit gefällt! Nur Skoropljochin verlangt, dass die Handschrift leserlich und zugleich auch kalligrafisch sei, doch nur, um später irgendein Papier auf die Seite zu schaffen und es seinen Kindern als Schönschreibvorlage nach Hause zu bringen; als ob sich der Schafskopf nicht richtige Vorlagen kaufen könnte! Doch Julian Mastakowitsch verlangt nur das eine: Leserlichkeit! ... Was willst du noch mehr? Ich weiß schon gar nicht, Wassja, wie ich mit dir sprechen soll ... Ich habe sogar Angst ... Du bringst mich mit deinem Trübsinn um!«

»Es ist nichts, es ist nichts ...«, sagte Wassja und fiel ermattet in seinen Sessel zurück. Arkadij wurde unruhig.

»Willst du Wasser? Wassja! Wassja!«

»Nein, lass nur«, sagte Wassja, ihm die Hand drückend. »Es ist nichts ... Mir wurde etwas traurig zumute, Arkadij ... Ich weiß selbst nicht warum ... Höre einmal, sprich doch lieber von etwas anderem, erinnere mich nicht daran ...«

»Beruhige dich, Wassja, beruhige dich, um Gottes willen! Du wirst schon fertig! Bei Gott, du wirst fertig! Und wenn du sogar nicht fertig wirst, so ist es auch kein großes Unglück! Das wäre doch wirklich kein Verbrechen!«

»Arkadij!«, sagte Wassja und blickte dabei seinen Freund so bedeutungsvoll an, dass dieser noch mehr erschrak; er hatte Wassja noch nie in solcher Unruhe gesehen. »Wäre ich allein, wie früher ... Nein, das ist nicht das Richtige! ... Ich will dir ja alles sagen und anvertrauen wie einem Freund ... warum soll ich dich übrigens beunruhigen? ... Siehst du, Arkadij: Den einen ist viel gegeben, und die andern verrichten nur Geringes wie ich. Nun stelle dir vor, dass man von dir ein Zeichen der Dankbarkeit und Anerkennung verlangt, und du es nicht geben kannst? ...«

»Wassja, ich verstehe dich wirklich nicht!«

»Ich bin niemals undankbar gewesen«, fuhr Wassja fort, als redete er zu sich selbst. »Doch wenn ich nicht die Kraft habe, alles auszudrücken, was ich sagen will, so sieht es so aus, als ob ... Das sieht so aus, Arkadij, als ob ich wirklich undankbar wäre, und das bringt mich um.«

»Was sagst du da! Besteht denn deine ganze Dankbarkeit nur darin, dass du die Arbeit rechtzeitig ablieferst! Überlege dir selbst, was du sagst! Drückt man denn seine Dankbarkeit auf diese Weise aus?«

Wassja verstummte plötzlich und sah Arkadij mit großen Augen an, als hätte dessen unerwartetes Argument alle seine Bedenken zerstreut. Er lächelte sogar, nahm aber sofort wieder seinen nachdenklichen Gesichtsausdruck an. Arkadij, der dieses Lächeln als das Ende aller Angst, und die neue Unruhe als einen Entschluss zu etwas Besserem auffasste, war außerordentlich erfreut.

»Also, lieber Arkascha«, sagte Wassja, »wenn du während der Nacht aufwachst, so schaue nach mir: Denn wenn ich einschlafe, gibt es ein Unglück. Und jetzt mache ich mich an die Arbeit … Arkascha!«

»Was denn?«

»Nein, nichts … Ich wollte nur …«

Wassja setzte sich an die Arbeit, und Arkadij legte sich zu Bett. Weder der eine noch der andere hatte auch nur ein Wort von ihrem Besuch in der Kolomna-Vorstadt fallen lassen. Vielleicht fühlten sie sich beide etwas schuldig, weil sie den Nachmittag geopfert hatten. Arkadij schlief bald ein, bange Sorge um Wassja im Herzen. Zu seinem Erstaunen erwachte er um Punkt acht Uhr. Wassja schlief auf seinem Stuhl, die Feder in der Hand, ganz blass und erschöpft; die Kerze war niedergebrannt. In der Küche machte sich Mawra am Samowar zu schaffen.

»Wassja! Wassja!«, rief Arkadij erschrocken aus: »Wann bist du eingeschlafen?«

Wassja schlug die Augen auf und sprang vom Stuhl.

»Ach!«, sagte er, »nun bin ich also doch eingeschlafen!«

Er stürzte sofort zu seinen Papieren: Alles war in bester Ordnung. Auf den Papieren gab es weder Tintenkleckse noch Talgflecken von der Kerze.

»Ich glaube, ich bin so gegen sechs eingeschlafen«, sagte Wassja. »Wie kalt es doch in der Nacht ist! Nun wollen wir Tee trinken, und dann fange ich wieder an …«

»Nun, hat dich der Schlaf gestärkt?«

»Ja, ja, jetzt geht es!«

»Prosit Neujahr, Wassja!«

»Guten Morgen, mein Freund, guten Morgen! Auch ich wünsche dir alles Gute zum Neuen Jahr!«

Sie umarmten sich. Wassjas Kinn zitterte, und seine Augen füllten sich mit Tränen. Arkadij Iwanowitsch schwieg: Es war ihm recht bitter zumute. Beide tranken ihren Tee hastig herunter …

»Arkadij! Ich habe mich entschlossen: Ich gehe selbst zu Julian Mastakowitsch …«

»Er wird es doch gar nicht merken …«

»Ich habe beinahe Gewissensbisse, mein Lieber.«

»Du sitzt doch seinetwegen da und richtest dich seinetwegen zugrunde … Tue es lieber nicht! … Und ich werde zu ihnen gehen …«

»Zu wem?«, fragte Wassja.

»Zu den Artemjews, ich werde auch in deinem Namen gratulieren.«

»Mein Lieber, mein Guter! Ja! Und ich werde hierbleiben. Dein Einfall ist wirklich gut; ich arbeite ja und vertrödele meine Zeit nicht! Warte nur einen Augenblick: Ich werde gleich einen Brief schreiben.«

»Schreibe ihn nur, mein Lieber, schreibe! Ich werde mich inzwischen waschen und rasieren und den Frack abbürsten. Ja, Freund Wassja, nun werden wir beide zufrieden und glücklich sein. Umarme mich, Wassja!«

»Ach, wenn nur alles gut ausginge!«

»Wohnt hier der Herr Beamte Schumkow?«, ertönte eine Kinderstimme auf der Treppe.

»Hier, Väterchen, hier!«, antwortete Mawra und ließ den Gast eintreten.

»Wer ist da? Wer?«, rief Wassja, von seinem Platz aufspringend und ins Vorzimmer stürzend. »Bist du es, Petinka?«

»Guten Morgen, Wassilij Petrowitsch, habe die Ehre, Ihnen ein glückliches Neues Jahr zu wünschen!«, sagte ein reizender etwa zehnjähriger Bengel mit schwarzen Locken. »Mein Schwesterchen lässt grüßen, Mamachen ebenfalls, und Schwesterchen hat mich beauftragt, Sie von ihr zu küssen …«

Wassja hob den Boten in die Luft und drückte auf seine Lippen, die den Lippen Lisas ungemein ähnlich sahen, einen langen, honigsüßen, leidenschaftlichen Kuss.

»Küsse auch du, Arkadij!«, sagte er zu seinem Freund, ihm Petja übergebend; und Petja wanderte, ohne die Erde zu berühren, in die mächtige und wirklich gierige Umarmung Arkadij Iwanowitschs.

»Willst du Tee, Schätzchen?«

»Ich danke verbindlichst! Wir haben schon Tee getrunken. Heute sind wir früh aufgestanden. Die Unsrigen gingen zur Messe. Schwesterchen hat mir zwei Stunden lang die Locken gekämmt und pomadisiert, hat mich gewaschen und mir die Hose geflickt, denn ich habe sie gestern auf der Straße zerrissen, als ich mit Saschka Schneeballen spielte …«

»Nun, und weiter?«

»Sie putzte mich also aus, um zu Ihnen zu gehen; dann pomadisierte sie mir das Haar, dann küsste sie mich halb tot und sagte dabei: ›Geh jetzt zu Wassja, gratuliere ihm zum Neuen Jahr und frage ihn, ob er sich wohlfühlt, ob er gut geschlafen hat …‹ Und dann sollte ich noch etwas fragen … Ja, ob die Arbeit beendet sei, wegen der Sie gestern … Wie hieß es noch? Sie hat es mir aufgeschrieben«, sagte der Junge und las vom Zettel ab, den er aus der Tasche holte: »Ja! Wegen der Sie gestern so besorgt waren.«

»Ich werde sie fertig machen! Es wird schon werden! Sage ihr, dass ich die Arbeit unbedingt fertig machen werde, mein Ehrenwort drauf!«

»Und dann noch etwas … Ach ja! Ich hätte es beinahe vergessen: Schwesterchen schickt Ihnen ein Brieflein und ein Präsent!«

»Mein Gott! Wo hast du es, mein Schätzchen? Hier! Sieh nur her, was sie mir schreibt! Die Liebe, Gute! … Weißt du, ich sah gestern eine Brieftasche, die sie für mich gestickt hat; das Geschenk ist noch nicht fertig. Nun schreibt sie mir: ›Also schicke ich Ihnen vorläufig eine meiner Locken, und das Geschenk bekommen Sie ein andres Mal.‹ Sieh nur her, mein Lieber!«

Und der erschütterte Wassja zeigte Arkadij Iwanowitsch eine Locke dichtester und schwärzester Haare, die es nur in der Welt gibt, dann küsste er sie und verwahrte sie in der Brusttasche, dem Herzen am nächsten.

»Wassja! Ich werde dir für diese Locke ein Medaillon machen lassen!«, erklärte schließlich Arkadij Iwanowitsch sehr entschieden.

»Und zum Mittag gibt's bei uns heute Kalbsbraten, und morgen Hirn. Mama will auch noch Zuckerbrot backen ... Hirsebrei wird es heute nicht geben!«, setzte der Junge nach kurzer Überlegung hinzu, um seinen Bericht abzuschließen.

»Teufel noch einmal! Was das für ein hübscher Knabe ist!«, rief Arkadij Iwanowitsch aus. »Wassja, du bist wirklich der Glücklichste der Sterblichen!«

Der Junge trank seinen Tee aus, erhielt einen Brief samt tausend Küssen und ging, glücklich und munter, wie er gekommen war, nach Hause.

»Nun siehst du, mein Lieber«, begann hocherfreut Arkadij Iwanowitsch, »wie schön alles ist! Alles hat sich zum Besten gewendet, verzage nicht und jammere nicht! Vorwärts, mach deine Arbeit fertig! Um zwei Uhr bin ich wieder zurück. Ich fahre zu ihnen und dann zu Julian Mastakowitsch.«

»Lebe wohl, mein Lieber, auf Wiedersehen! Ach, wenn doch alles gut ablaufen wollte! ... Also gut, geh!«, sagte Wassja. »Ich habe mich endgültig entschlossen, nicht zu Julian Mastakowitsch zu gehen.«

»Lebe wohl!«

»Warte noch, mein Lieber; sage ihnen ... Nun, das wirst du schon selbst wissen, was du sagen sollst; küsse sie von mir ... Und später, wenn du zurück bist, wirst du mir alles ganz genau berichten ...«

»Gewiss, gewiss, ich werde schon wissen, was zu sagen! Das Glück hat dich wohl ganz verrückt gemacht!

Es kam zu plötzlich … Seit gestern bist du außer Rand und Band. Du hast dich von den gestrigen Eindrücken wohl noch nicht erholt. Nun Schluss! Nimm dich zusammen, Wassja! Lebe wohl!«

Endlich trennten sich die Freunde. Arkadij Iwanowitsch war den ganzen Morgen über zerstreut und dachte nur an Wassja. Er kannte ja dessen schwache und leicht erregbare Natur. »Ja, das Glück hat ihn verrückt gemacht!«, sagte er zu sich selbst. »Ich habe mich nicht getäuscht! Mein Gott! Er hat ja auch mich mit seiner Aufregung angesteckt. Und woraus dieser Mensch eine Tragödie macht! Dieser Heißsporn! Ach, ich muss ihn retten, ich muss ihn retten!«, wiederholte Arkadij Iwanowitsch vor sich hin: Er merkte gar nicht, dass auch er selbst aus einer kleinen häuslichen Unannehmlichkeit ein großes und wahres Unglück gemacht hatte. Erst gegen elf Uhr langte er im Vorzimmer des Julian Mastakowitsch an, um seinen bescheidenen Namen der endlosen Namenreihe anderer ehrfurchtsvoller Gratulanten hinzuzufügen, die sich schon auf der in der Portierloge ausliegenden, verschmierten und vollgekritzelten Liste eingetragen hatten. Wie groß war sein Erstaunen, als er auf dieser Liste die eigenhändige Unterschrift Wassja Schumkows entdeckte! Das wirkte auf ihn geradezu niederschmetternd. »Was ist mit ihm geschehen?«, fragte er sich. Arkadij Iwanowitsch, der erst vor Kurzem wieder zu hoffen angefangen hatte, verließ die Portierloge ganz bestürzt. Irgendein Unglück war im Anzug – das stand fest. Doch was für ein Unglück, und woher sollte es kommen?

Nach der Kolomna-Vorstadt kam er mit trüben Gedanken und war anfangs sehr zerstreut. Nach einer Unterredung mit Lisa verließ er das Haus mit Tränen in den Augen, denn er war wegen Wassja in größter Angst. Er eilte nach Hause im Laufschritt und stieß am Newa-kai mit Schumkow zusammen, der ebenfalls irgendwohin rannte.

»Wo willst du hin?«, schrie ihn Arkadij Iwanowitsch an.

Wassja blieb stehen, so bestürzt, als hätte man ihn bei einem Verbrechen ertappt.

»Ich bin nur so … etwas ausgegangen, wollte etwas spazieren …«

»Konntest es nicht aushalten? Wolltest eben nach der Kolomna-Vorstadt gehen? Ach, Wassja, Wassja! Warum bist du nun doch zu Julian Mastakowitsch gegangen?«

Wassja gab zuerst keine Antwort. Dann winkte er mit der Hand ab und sagte:

»Arkadij! Ich weiß selbst nicht, was mit mir ist! Ich …«

»Gut, Wassja, beruhige dich! Ich weiß ja, was es ist. Beruhige dich! Du bist ja noch von den gestrigen Eindrücken so aufgeregt! Bedenke doch: Es ist wirklich nicht schwer, diese Aufregung zu überwinden! Alle lieben dich, alle machen dir den Hof, deine Arbeit geht gut vorwärts, du wirst sie fertig machen, du wirst sie unbedingt fertig machen, ich weiß es! Du hast dir wohl etwas eingebildet, hast irgendeinen unbegründeten Angstanfall.«

»Nein, nein, es ist nichts …«

»Weißt du es noch, Wassja? Du hast schon einmal dasselbe gehabt. Kannst du dich noch erinnern? Als du befördert wurdest, verdoppeltest du vor lauter Glück und Dankbarkeit deinen Eifer, und die Folge davon war, dass du eine ganze Woche lang jede Arbeit verdarbst. Und nun bist du im gleichen Zustand …«

»Ja, ja, Arkadij … Doch jetzt ist die Sache anders, ganz anders …«

»Warum soll es jetzt anders sein? Ich bitte dich! Die Arbeit ist vielleicht gar nicht so dringend, und du richtest dich ganz unnütz zugrunde …«

»Nein, nein, es macht nichts … Gehen wir!«

»Also nach Hause und nicht zu ihnen?«

»Nein, mein Lieber! Mit diesem Gesicht kann ich doch nicht zu ihnen kommen! Ich habe es mir schon überlegt. Ich konnte es ohne dich zu Hause nicht aushalten; doch jetzt, wo du wieder bei mir bist, mache ich mich gleich an die Arbeit. Gehen wir!«

Sie gingen zusammen weiter. Anfangs schwiegen sie beide. Wassja hatte jetzt wieder große Eile.

»Warum erkundigst du dich nicht nach ihnen?«, fragte Arkadij Iwanowitsch.

»Ach ja! Arkascha, wie war es dort?«

»Wassja! Du bist plötzlich ganz verändert!«

»Es macht nichts, es macht nichts. Erzähle mir alles, Arkascha!«, sagte Wassja mit flehender Stimme, als wollte er allen weiteren Auseinandersetzungen aus dem Weg gehen. Arkadij Iwanowitsch seufzte auf: Das Benehmen Wassjas brachte ihn ganz aus der Fassung.

Der Bericht aus der Kolomna-Vorstadt belebte Wassja wieder. Er wurde sogar gesprächig. Zu Hause angelangt, aßen sie zuerst zu Mittag. Die alte Dame hatte Arkadij Iwanowitschs Taschen mit Zuckergebäck vollgestopft; die Freunde verzehrten es nun und kamen allmählich in gute Stimmung. Wassja versprach, sich gleich nach dem Essen hinzulegen, um später die ganze Nacht aufbleiben zu können. Er legte sich auch wirklich hin. Noch am Morgen hatte jemand, dem man nicht absagen konnte, Arkadij Iwanowitsch zum Tee eingeladen. Die Freunde mussten sich nun trennen. Arkadij nahm sich vor, möglichst bald heimzukommen, vielleicht schon um acht Uhr. Die drei Stunden der Trennung kamen ihm wie drei Jahre vor. Endlich gelang es ihm, aufzubrechen, und er eilte nach Hause. Im Zimmer war es dunkel. Wassja war nicht zu Hause. Er fragte bei Mawra. Mawra sagte ihm, dass Wassja gar nicht geschlafen, sondern die ganze Zeit über geschrieben habe; dann sei er im Zimmer auf und ab gegangen, und dann, etwa vor einer Stunde, sei er weggelaufen und hätte Mawra gesagt, dass er nach einer halben Stunde wieder da sein würde. »Und wenn der Herr inzwischen kommt, so sag' ihm, Alte«, schloss Mawra ihren Bericht, »dass ich spazieren gegangen sei – das hat er mir drei- oder sogar viermal befohlen.«

»Er ist bei den Artemjews!«, sagte sich Arkadij Iwanowitsch und schüttelte den Kopf.

Eine Minute später sprang er auf, von einer neuen Hoffnung beseelt: »Er ist wohl einfach fertig geworden, das wird es sein! Und dann hielt er es nicht aus und lief hin. Aber nein! Er hätte doch auf mich gewartet … Ich will einmal nachschauen, wie es mit seiner Arbeit steht!«

Er zündete die Kerze an und ging an Wassjas Schreibtisch: Die Arbeit ging gut vorwärts, und es blieb anscheinend gar nicht so viel übrig. Arkadij Iwanowitsch wollte weiterblättern, doch in diesem Augenblick trat Wassja ein.

»Ach! Du bist hier?«, rief er aus und fuhr vor Schreck zusammen.

Arkadij Iwanowitsch schwieg. Er fürchtete, Wassja irgendetwas zu fragen. Wassja schlug die Augen nieder und begann ebenfalls in den Papieren zu blättern. Schließlich begegneten sich ihre Blicke. Wassjas Blick war so bittend, flehend und hoffnungslos, dass Arkadij zusammenfuhr. Sein Herz erbebte und floss über:

»Wassja, Bruderherz, was ist mit dir? Was hast du?«, schrie er, auf ihn losstürzend und ihn in seine Arme schließend. »Erkläre mir doch alles! Ich verstehe dich nicht, auch deine Traurigkeit verstehe ich nicht! Was ist mit dir, du mein Märtyrer? Was? Sage mir doch alles, ohne etwas zu verheimlichen. Es kann doch nicht sein, dass nur diese eine Ursache …«

Wassja schmiegte sich fest an ihn und konnte kein Wort hervorbringen. Sein Atem stockte.

»Genug, Wassja, schon gut! Nun, nehmen wir an, dass du mit der Arbeit nicht fertig wirst – was ist denn dabei? Ich verstehe dich nicht! Erzähle mir offen, warum du so leidest. Du siehst doch, dass ich für dich … Ach, mein Gott, mein Gott!«, sagte er, immer auf und ab gehend und nach jedem Gegenstand greifend, der ihm gerade unter die Hände kam, als suchte er eine Arznei für Wassja. »Ich werde morgen statt deiner zu Julian Mastakowitsch gehen, ich werde ihn bitten, ihn um einen Tag Aufschub für dich anflehen. Ich will ihm alles, alles erklären, wenn er dich so quält …«

»Gott behüte!«, schrie Wassja auf. Er war kreidebleich und konnte sich kaum auf den Beinen halten.

»Wassja! Wassja!«

Wassja kam zu sich. Seine Lippen bebten. Er wollte etwas sagen, konnte aber nur stumm und krampfhaft Arkadijs Hand drücken. Seine Hand war kalt. Arkadij stand vor ihm in banger, qualvoller Erwartung. Wassja blickte ihn wieder an.

»Wassja! Gott sei mit dir! Du hast mein Herz zerrissen, du mein lieber, guter Freund!«

Tränenfluten stürzten aus Wassjas Augen; er fiel in Arkadijs Arme.

»Ich habe dich betrogen, Arkadij«, sagte er, »ich habe dich betrogen! Verzeihe es mir … Verzeihe … Ich habe meinen besten Freund betrogen …«

»Was ist denn, Wassja? Was?«, fragte Arkadij voller Entsetzen.

»Hier!«

Und Wassja holte mit verzweifelter Gebärde aus der Tischschublade sechs sehr dicke Hefte hervor, die genau so aussahen wie das, das er abschrieb, und schleuderte sie auf den Tisch.

»Was ist denn das?«

»Das alles muss ich bis übermorgen abschreiben! Ich kann kaum den vierten Teil davon fertig machen!«

»Frage nicht, frage nicht, wie das geschehen ist«, fuhr Wassja fort: Er wollte sich nun offenbar das Herz erleichtern. »Arkadij! Mein Freund! Ich weiß selbst nicht, was mit mir war. Es ist mir, als ob ich jetzt erst aus einem Traum erwachte. Ich habe ganze drei Wochen verloren. Ich bin immer … zu ihr gelaufen … Das Herz tat mir weh, ich verzehrte mich … in Ungewissheit … Ich konnte nicht schreiben. Ich konnte an die Arbeit nicht einmal denken. Und erst jetzt, wo das Glück mir schon so nahe ist, bin ich zur Besinnung gekommen.«

»Wassja!«, begann Arkadij Iwanowitsch energisch. »Wassja! Ich werde dich retten! Jetzt begreife ich alles. Die Sache ist wirklich ernst. Ich werde dich retten! Höre, höre, was ich dir sagen werde: Ich gehe gleich morgen zu Julian Mastakowitsch … Schüttele nicht den Kopf, sondern höre mir zu! Ich werde ihm den ganzen Sachverhalt erzählen; du musst mir erlauben, das zu tun … Ich will ihm alles erklären! … Ich gehe bis zum Äußersten! Ich werde ihm erzählen, wie unglücklich du bist und wie du dich quälst …«

»Weißt du auch, dass du mich jetzt umbringst?«, versetzte Wassja, den es vor Schreck kalt überlief.

Arkadij Iwanowitsch erbleichte zunächst; dann überlegte er sich und lachte auf.

»Ist das alles? Bedenke doch, Wassja, was du sprichst! Schämst du dich gar nicht? Höre einmal! Ich sehe, dass ich dich kränke. Du siehst also, dass ich dich verstehe und dass ich weiß, was in dir vorgeht. Wir leben ja, Gott sei Dank, schon fünf Jahre zusammen. Du bist ein zarter, guter Mensch, doch sehr schwach, unverzeihlich schwach. Das hat auch schon Lisaweta Michailowna bemerkt. Außerdem bist du auch ein Träumer, und das ist ebenfalls nicht gut; man kann dabei leicht den Verstand verlieren, mein Lieber! Höre einmal, ich weiß ja, was du willst! Du willst zum Beispiel, dass Julian Mastakowitsch ganz außer sich vor Freude sei, weil du heiratest, und aus diesem Anlass sogar einen Ball geben möchte … Warte, warte! Du verziehst das Gesicht. Siehst du, schon wegen dieser paar Worte bist du für Julian Mastakowitsch beleidigt! Ich will also nicht mehr von ihm sprechen. Ich verehre ihn ja nicht weniger als du. Aber das wirst du nicht bestreiten und mir auch nicht zu denken verbieten: Dein Wunsch ist, dass es keinen einzigen unglücklichen Menschen auf Erden mehr gäbe, wenn du heiratest … Ja, mein Lieber, du musst mir zugeben, dass es dein Wunsch ist, dass zum Beispiel ich, dein bester Freund, plötzlich ein Kapital von hunderttausend Rubeln besäße; dass alle Feinde, die es nur in der Welt gibt, sich ganz plötzlich ohne sichtbaren Grund aussöhnten, dass sie sich mitten auf der Straße vor Freude umarmten und dann vielleicht alle zu dir in die Wohnung zu Gast kämen. Mein lieber Freund! Ich spaße gar nicht, denn es ist so! Du hast mir schon oft genug ähnliche Bilder ausgemalt! Weil du glücklich bist, willst du, dass auch alle andern glücklich seien. Es ist für dich schwer und kränkend, allein glücklich zu sein! Darum bemühst du dich mit aller Kraft, dich deines Glückes würdig zu erweisen und willst zur Beruhigung deines Gewissens irgendeine Heldentat vollbringen! Nun, ich verstehe es sehr gut, dass du dich quälen musst, wenn du bei irgendeiner Gelegenheit, wo es deinen Eifer, dein Können und, sagen wir einmal, deine Dankbarkeit zu zeigen gilt, es zu tun versäumst! Dich kränkt und bedrückt der Gedanke, dass Julian Mastakowitsch die Nase rümpfen und vielleicht auch wirklich böse werden wird, wenn er sieht, dass du die auf dich gesetzten Hoffnungen nicht erfüllt hast. Es ist dir bitter, daran zu denken, dass du vielleicht von dem, den du für deinen Wohltäter hältst, Vorwürfe zu hören bekommst, und das gerade in einem solchen Augenblick! In einem Augenblick, wo dein Herz von Freude überströmt und du nicht weißt, auf wen du deine Dankbarkeit ergießen sollst … Es ist doch so? Nicht wahr?«

Arkadij Iwanowitsch sagte das mit bebender Stimme. Nun schwieg er und holte tief Atem.

Wassja blickte seinen Freund voller Liebe an. Ein Lächeln umspielte seine Lippen.

Sein Gesicht belebte sich sogar in Erwartung einer Hoffnung.

»Also höre, was ich dir sage«, fuhr Arkadij Iwanowitsch fort, von neuer Hoffnung begeistert. »Es ist doch nicht nötig, dass du Julian Mastakowitschs Gewogenheit verlierst. Es ist doch so, mein Lieber? Ist das nicht der Kernpunkt der Sache? Und wenn das wirklich der Kernpunkt ist, so will ich mich für dich opfern!« Arkadij Iwanowitsch sprang bei diesen Worten vom Stuhl auf. »Ich werde gleich morgen zu Julian Mastakowitsch gehen. Widersprich mir nicht! Wassja, du machst aus deiner kleinen Nachlässigkeit ein Verbrechen. Julian Mastakowitsch ist aber großmütig und barmherzig, er ist auch ein ganz anderer Mensch als du! Er wird uns anhören und dir aus der Klemme helfen. Nun, bist du jetzt beruhigt?«

Wassja, dem die Tränen in den Augen standen, drückte Arkadijs Hand.

»Lass gut sein, Arkadij!«, sagte er. »Es ist nun beschlossene Sache. Ich habe die Arbeit nicht fertig gemacht – gut! Daran ist eben nichts zu ändern. Du brauchst gar nicht hinzugehen: Ich will selbst zu ihm gehen und ihm alles erzählen. Ich bin jetzt ruhig, vollkommen ruhig. Du brauchst also nicht hinzugehen … Höre nur …«

»Wassja, teurer Wassja!«, rief Arkadij Iwanowitsch freudig aus. »Ich habe ja nur deine eigenen Gedanken ausgesprochen. Ich freue mich, dass du nun zur Besinnung gekommen bist und dich beruhigt hast. Was mit dir auch geschehen wird – ich bin immer bei dir, vergiss das nicht! Ich sehe, dich quält der Gedanke, dass ich mit Julian Mastakowitsch sprechen will. Gut, ich will mit ihm nicht sprechen, du wirst selbst mit ihm sprechen und ihm alles sagen. Siehst du, du musst morgen zu ihm gehen … Oder nein: Du bleibst zu Hause und schreibst weiter, verstehst du mich? Und ich werde zu erfahren suchen, ob die Sache sehr dringend ist oder nicht, ob die Arbeit unbedingt zum Termin abgeliefert werden muss oder nicht, und was du riskierst, wenn du den Termin versäumst. Und dann komme ich sofort zu dir und berichte dir alles … Du siehst also: Schon gibt es eine Hoffnung! Stelle dir nur vor, dass die Sache gar nicht dringend ist – dann hast du alles gewonnen! Es ist auch möglich, dass Julian Mastakowitsch das Ganze vergessen hat – dann bist du gerettet!«

Wassja schüttelte zweifelnd den Kopf. Doch er blickte seinen Freund noch immer dankbar an.

»Nun gut! Ich bin so schwach, so matt«, sagte er, nach Atem ringend. »Ich will auch selbst nicht mehr daran denken. Sprechen wir von etwas anderm! Ich werde jetzt sogar nicht mehr schreiben; höchstens nur noch zwei Seiten, bis ich zu einem neuen Absatz komme. Höre! Ich wollte dich schon lange fragen: Wieso kennst du mich so gut?«

Aus seinen Augen fielen Tränen auf Arkadijs Hände.

»Wenn du wüsstest, Wassja, wie sehr ich dich liebe, würdest du nicht so fragen!«

»Ja, ja, Arkadij, das weiß ich eben nicht, denn ich weiß nicht, wofür du mich so lieb gewonnen hast! Ja, Arkadij, weißt du auch, dass deine Liebe mich schon oft bedrückt hat? Weißt du, wie oft ich weinte, wenn ich vor dem Einschlafen an dich dachte (wenn ich mich schlafen lege, muss ich immer an dich denken), und wie mein Herz bebte, weil … Nun, weil du mich so sehr liebst, und ich mein Herz nicht erleichtern und dir nicht so danken kann, wie ich es gern möchte …«

»Siehst du, Wassja, siehst du: So bist du immer! … Sieh nur, wie aufgeregt du jetzt bist«, sagte Arkadij, dem das Herz wehtat beim Gedanken an den gestrigen Auftritt auf der Straße.

»Schon gut! Du willst, dass ich mich beruhige, ich war aber noch nie so ruhig und glücklich, wie ich es in diesem Augenblick bin! Weißt du … Höre einmal, ich möchte dir so gerne alles sagen, ich fürchte aber, dich zu kränken … Denn wenn du gekränkt bist, schreist du mich an, und ich erschrecke dann … Sieh nur, wie ich jetzt zittere, ich weiß selbst nicht warum … Ich wollte dir also Folgendes sagen. Mir scheint, dass ich mich bisher selbst nicht gekannt habe – ja! Auch die andern Menschen habe ich erst gestern richtig kennengelernt. Ich konnte sie bisher nicht verstehen und richtig einschätzen. Mein Herz … war verhärtet … Höre einmal, wie kam es, dass ich keinem Menschen etwas Gutes getan habe, weil ich es einfach nicht tun konnte, weil auch mein Äußeres unangenehm ist? … Und jeder Mensch hat mir Gutes erwiesen! Du aber am meisten: Sehe ich es denn nicht? Ich habe nur geschwiegen, immer geschwiegen!«

»Wassja, genug!«

»Ja, Arkascha, ja … Ich habe ja nichts gesagt …«, unterbrach ihn Wassja mit tränenerstickter Stimme. »Ich habe dir gestern von Julian Mastakowitsch erzählt; du weißt auch selbst, dass er sonst streng und unzugänglich ist; auch dir hat er schon einige Male Rügen erteilt; nun hat er aber gestern mit mir gescherzt, war so gütig zu mir und hat mir sein gutes Herz gezeigt, das er sonst vor allen andern wohlweislich verbirgt

»Was folgt daraus, Wassja? Nur, dass du deines Glücks durchaus würdig bist.«

»Ach, Arkascha! Wie gerne möchte ich die Arbeit fertig haben … Doch ich werde wohl selbst mein Glück vernichten! Ich habe so eine Vorahnung! … Nein, nicht deswegen«, unterbrach sich Wassja, als er merkte, dass Arkadij nach dem zentnerschweren Papierstoß auf dem Tisch schielte. »Das ist ja nur beschriebenes Papier, also nichts … Unsinn! Diese Frage ist ja schon erledigt! Arkascha, ich war heute in der Kolomna-Vorstadt … Ich bin nicht hineingegangen, so schwer und bitter war es mir zumute! Ich stand nur eine Weile vor der Türe. Sie spielte Klavier, und ich hörte draußen zu. Denn siehst du, Arkadij«, fügte er leise hinzu, »ich wagte nicht einzutreten …«

»Höre, Wassja, was hast du? Warum schaust du mich so an?«

»Was? Nichts! Mir schwindelt ein wenig im Kopf, die Beine zittern mir; das kommt, weil ich die ganze Nacht aufgeblieben bin. Ja! Es ist mir ganz grün vor den Augen. Und hier …«

Er zeigte auf sein Herz und wurde ohnmächtig.

Als er wieder zu sich kam, wollte Arkadij Gewaltmaßregeln ergreifen. Er wollte ihn gewaltsam ins Bett legen. Wassja wollte sich nicht fügen. Er weinte, rang die Hände, wollte sich wieder an die Arbeit machen, um unbedingt noch die zwei Seiten fertig zu schreiben. Um ihn nicht noch mehr aufzuregen, ließ ihn Arkadij an den Schreibtisch gehen.

»Siehst du«, sagte Wassja, während er sich vor seinen Tisch setzte, »siehst du, auch ich habe eine Idee, eine Hoffnung.«

Er lächelte Arkadij zu, und über sein blasses Gesicht schien wirklich etwas wie ein Hoffnungsstrahl zu huschen.

»Ich denke es mir so: Ich will ihm übermorgen einen Teil der Arbeit bringen. Und wegen des Rests will ich ihm etwas vorlügen, werde sagen, dass das Übrige verbrannt ist oder feucht geworden, oder dass ich es einfach verloren habe … nun, schließlich, dass ich nicht fertig geworden bin; ich kann ja nicht lügen! Ich will ihm, weißt du, alles erklären und ihm ganz offen sagen, wie sich die Sache verhält … Ich will ihm von meiner Liebe erzählen; er hat ja selbst vor Kurzem geheiratet, also wird er mich verstehen! Ich werde das alles natürlich in höchst ehrfurchtsvollem, bescheidenem Ton vorbringen; er wird meine Tränen sehen, und sie werden ihn rühren …«

»Ja, gewiss, gehe nur zu ihm hin, erkläre ihm alles … Du brauchst sogar die Tränen nicht! Wozu auch? Wassja, du hast mich wirklich mit deiner Angst angesteckt.«

»Ja, ich werde hingehen, ich werde hingehen. Und jetzt lass mich weiterschreiben, Arkascha. Ich tue ja keinem Menschen etwas, lass mich schreiben!«

Arkadij warf sich aufs Bett. Er traute Wassja nicht, er traute ihm gar nicht. Wassja war zu allem fähig. Doch um Entschuldigung bitten? – Warum, wozu? Es handelte sich doch um etwas ganz anderes. Es handelte sich doch darum, dass Wassja einer übernommenen Pflicht nicht nachgekommen war, dass er sich vor sich selbst schuldig fühlte, dass er dem Schicksal gegenüber undankbar zu sein glaubte, dass er von seinem Glück erschüttert und erdrückt war und sich dieses Glücks für unwürdig hielt; und schließlich, dass das Ganze für ihn nur ein Vorwand war, während er in Wirklichkeit nach all dem Unerwarteten, das er gestern erlebt hatte, noch nicht recht zur Besinnung gekommen war. Das ist es!, sagte sich Arkadij Iwanowitsch. Man muss ihn retten. Man muss ihn mit sich selbst versöhnen. Denn er selbst hat sich beinahe aufgegeben. Er dachte noch lange nach und entschloss sich endlich, sogleich zu Julian Mastakowitsch zu gehen, vielleicht schon morgen, und ihm alles zu erzählen.

Wassja saß und schrieb. Arkadij Iwanowitsch, der sehr müde war, legte sich etwas hin, mit der Absicht, noch etwas über die Sache nachzudenken. Er schlief ein und erwachte erst gegen Morgen.

»Teufel! Schon wieder!«, schrie er auf. Er sah nach Wassja: Dieser saß und schrieb noch immer.

Arkadij stürzte zu ihm hin, nahm ihn in seine Arme und legte ihn mit Gewalt ins Bett. Wassja lächelte; die Augen fielen ihm vor Mattigkeit zu. Er konnte kaum sprechen.

»Ich wollte mich schon selbst hinlegen«, sagte er. »Weißt du, Arkascha, was mir einfällt? Ich werde doch noch fertig werden! Ich habe das Tempo beschleunigt! Noch länger aufbleiben kann ich nicht. Wecke mich, bitte, um acht.«

Er kam nicht weiter und schlief sofort ein.

»Mawra!«, sagte Arkadij Iwanowitsch ganz leise zu Mawra, die eben den Tee hereinbrachte. »Er will um acht Uhr geweckt werden. Das darf um keinen Preis geschehen! Er soll meinetwegen zehn Stunden schlafen, verstehst du?«

»Ich verstehe, Väterchen, ich verstehe, Herr!«

»Mittagessen brauchst du nicht zu kochen; du sollst dir nicht mit dem Brennholz zu schaffen machen und überhaupt nicht lärmen – sonst wehe dir! Wenn er nach mir fragt, so sagst du ihm, ich sei in die Kanzlei gegangen. Verstehst du?«

»Ich verstehe, Väterchen. Soll er nur schlafen, so viel er mag – was geht's mich auch an? Ich freue mich, wenn die Herren gut schlafen, und passe auf alles auf, was den Herren gehört. Und was die zerschlagene Tasse betrifft, wegen der mir die Herren neulich Vorwürfe machten, so war das nicht ich, das war die Katze … Ich hatte auf sie nicht achtgegeben; mach dass du fortkommst, hab ich ihr gesagt, du Mistvieh …«

»Pssst! Schweig, schweig!«

Arkadij Iwanowitsch geleitete Mawra in die Küche, ließ sich den Schlüssel geben und schloss sie ein. Dann ging er in die Kanzlei. Unterwegs überlegte er sich, wie er vor Julian Mastakowitsch erscheinen sollte, und ob es auch nicht unverschämt von ihm wäre? Als er in die Kanzlei kam, fühlte er sich ziemlich unsicher; er erkundigte sich schüchtern, ob Exzellenz schon anwesend sei. Man sagte ihm, Exzellenz sei nicht da und werde heute überhaupt nicht kommen. Arkadij Iwanowitsch wollte im ersten Augenblick sofort zu ihm in seine Wohnung gehen; doch er sagte sich gleich, dass Julian Mastakowitsch, wenn er zu Hause geblieben sei, offenbar zu Hause zu tun haben müsse … Er blieb also in der Kanzlei. Die Stunden erschienen ihm wie Ewigkeiten. Er versuchte, unter der Hand etwas von der Arbeit zu erfahren, mit der Julian Mastakowitsch Wassja betraut hatte. Niemand konnte ihm aber darüber etwas sagen. Man wusste nur, dass Julian Mastakowitsch Wassja mit besonderen Aufträgen zu betrauen pflegte, doch was es für Aufträge waren, das wusste niemand. Endlich schlug es drei, und Arkadij Iwanowitsch eilte nach Hause. Wie er das Amt verlassen wollte, hielt ihn ein Schreiber an und sagte, dass Wassilij Petrowitsch Schumkow so gegen ein Uhr da gewesen sei und sich erkundigt hätte, »ob Sie da seien, und ob Julian Mastakowitsch da gewesen wäre«. Als Arkadij Iwanowitsch das hörte, nahm er eine Droschke und fuhr, ganz außer sich vor Angst, nach Hause.

Schumkow war zu Hause. Er ging in großer Aufregung auf und ab. Als er Arkadij Iwanowitsch erblickte, kam er gleich zur Besinnung und gab sich sichtbare

Mühe, seine Aufregung zu verbergen. Er setzte sich stumm an den Schreibtisch. Er schien den Fragen seines Freundes ausweichen zu wollen, sie direkt zu fürchten. Er hatte wohl selbst irgendeinen Entschluss gefasst und zugleich beschlossen, ihn auch vor Arkadij Iwanowitsch geheim zu halten, »da er sich auch auf die Freundschaft nicht mehr verlassen konnte«. Das wirkte auf Arkadij beinahe niederschmetternd, und sein Herz krampfte sich vor schwerem, bohrendem Schmerz zusammen. Er setzte sich auf das Bett, nahm irgendein Buch in die Hand, übrigens das einzige, das er besaß, wandte aber keinen Blick von dem armen Wassja. Dieser schwieg hartnäckig und schrieb, ohne vom Papier aufzublicken. So vergingen einige Stunden, und Arkadijs Seelenqualen steigerten sich auf das Höchste. Endlich, gegen elf Uhr, hob Wassja den Kopf und sah Arkadij mit stumpfem, starrem Blick an. Arkadij wartete. So vergingen einige Minuten. Wassja schwieg. – »Wassja!«, rief Arkadij. Wassja gab keine Antwort. – »Wassja!«, rief er noch einmal und sprang vom Bett. »Wassja, was ist mit dir? Was hast du?«, schrie er auf und lief zu ihm hin. Wassja hob den Kopf und richtete auf ihn wieder den gleichen stumpfen und starren Blick. »Er hat den Starrkrampf!«, sagte sich Arkadij, von Grauen gepackt. Er nahm die Wasserkaraffe, hob Wassja etwas vom Stuhl, goss ihm Wasser über den Kopf, benetzte seine Schläfen und rieb seine Hände in den seinigen; und Wassja kam zu sich. – »Wassja! Wassja!«, schrie Arkadij. Tränen stürzten aus seinen Augen: Er konnte sich nicht mehr beherrschen. »Wassja, richte dich nicht zugrunde! Denke doch nur an …« Er sprach den Satz nicht zu Ende. Er hielt Wassja fest in seinen Armen. Wassjas Gesicht drückte einen schweren inneren Kampf aus; er rieb sich die Stirn, griff sich an den Kopf, als fürchtete er, dass er ihm zerspringen würde.

»Ich weiß nicht, was mit mir ist!«, sagte er schließlich.

»Ich glaube, ich habe mich überarbeitet. Gut, gut ... Höre auf, Arkadij, jammere nicht, höre auf!«, wiederholte er immer wieder, ihn mit traurigen, müden Augen anblickend. »Was beunruhigst du dich? Höre doch auf!«

»Jetzt willst du mich gar trösten!«, rief Arkadij aus, dessen Herz zerriss. »Wassja«, sagte er schließlich, »lege dich hin, versuche etwas einzuschlafen, ja? Quäle dich nicht umsonst! Es ist besser, wenn du dich später wieder an die Arbeit machst!«

»Ja, ja!«, sagte Wassja. »Gut! Ich lege mich hin ... Ja, gut ... Siehst du: Ich wollte die Arbeit beenden, jetzt habe ich es mir anders überlegt, ja ...«

Und Arkadij schleppte ihn zu Bett.

»Höre, Wassja«, sagte er energisch, »mit der Sache muss man doch endlich ein Ende machen! Sage mir, was du beschlossen hast.«

»Ach!«, erwiderte Wassja. Er winkte schwach mit der Hand und wandte den Kopf auf die andere Seite.

»Mut, Wassja! Entschließe dich! Ich will nicht dein Henker sein, ich kann nicht länger schweigen. Du wirst doch nicht einschlafen, ehe du einen Entschluss gefasst hast, das weiß ich!«

»Wie du willst! Wie du willst!«, wiederholte rätselhaft Wassja.

– Er wird schon nachgeben! – sagte sich Arkadij Iwanowitsch.

»Folge mir, Wassja«, sagte er. »Denke daran, was ich dir gesagt habe: Morgen werde ich dich retten, morgen wird sich dein Schicksal entscheiden! Was sage ich – Schicksal! Du hast mir solche Angst gemacht, Wassja, dass ich nun auch mit deinen Worten spreche. Schicksal ist Unsinn! Du willst dir die Gewohnheit und meinetwegen auch die Liebe Julian Mastakowitschs erhalten, nicht wahr?! Du wirst sie dir auch erhalten, du wirst sehen … Ich …«

Arkadij Iwanowitsch könnte noch lange sprechen, doch Wassja unterbrach ihn. Er setzte sich im Bett etwas auf, umschlang stumm mit beiden Händen Arkadijs Hals und küsste ihn.

»Genug!«, sagte er mit schwacher Stimme. »Genug! Genug davon!«

Und er kehrte seinen Kopf wieder zur Wand.

– Mein Gott! – sagte sich Arkadij. – Was hat er nur? Er ist ja ganz von Sinnen. Was mag er beschlossen haben? Er wird sich ja zugrunde richten! –

Arkadij sah ihn ganz verzweifelt an.

– Wenn er doch ernsthaft erkranken würde – dachte sich Arkadij – so wäre das vielleicht besser. Die Krankheit würde alle Sorgen verdrängen, und dann könnte man die ganze Angelegenheit sehr gut ordnen. Doch was für einen Unsinn rede ich? Ach, mein Gott …

Wassja schien inzwischen eingeschlummert zu sein. Arkadij Iwanowitsch freute sich darüber. – Ein gutes Zeichen! – sagte er sich. Er nahm sich vor, die ganze Nacht bei Wassjas Bett zu wachen. Wassja war aber sehr unruhig. Jeden Augenblick zuckte er zusammen, warf sich im Bett hin und her und schlug immer wieder die Augen auf. Die Müdigkeit nahm schließlich doch überhand, und er schlief scheinbar fest ein. Es war gegen zwei Uhr morgens. Arkadij Iwanowitsch nickte auf seinem Stuhl ein, den Ellenbogen auf den Tisch gestützt.

Sein Schlaf war unruhig, und er hatte einen sonderbaren Traum. Ihm war es, als ob er nicht schliefe, während Wassja noch immer auf dem Bett läge. Doch seltsam! Es schien ihm, dass Wassja sich nur schlafend stellte, dass er ihn hinterginge und mit halb geöffneten Augen belauerte und sich schließlich zum Schreibtisch schliche. Ein brennender Schmerz durchzuckte Arkadij Iwanowitsch; es ärgerte ihn und war für ihn unerträglich, dass Wassja ihm misstraute und sich vor ihm in Acht nahm. Er wollte ihn packen, er wollte ihn anschreien und aufs Bett zurückschleppen ... Wassja schrie aber in seinen Armen laut auf, und Arkadij trug nur seine leblose Leiche aufs Bett. Kalter Schweiß trat ihm auf die Stirn, und sein Herz klopfte entsetzlich. Er schlug die Augen auf und erwachte. Wassja saß nun wirklich vor dem Tisch und schrieb.

Arkadij wollte seinen Augen nicht trauen und sah auf das Bett: Wassja war nicht im Bett! Arkadij, der noch ganz im Bann seines Traums war, sprang entsetzt auf. Wassja rührte sich nicht. Er schrieb weiter. Nun merkte Arkadij voller Entsetzen, dass Wassja mit trockener Feder über das Papier fuhr, unbeschriebene weiße Seiten umblätterte und sie in größter Hast mit unsichtbaren Zeilen füllte, so geschäftig, als ob seine Arbeit aufs Beste vorwärtsginge!

– Nein, das ist kein Starrkrampf! – sagte sich Arkadij Iwanowitsch und erzitterte an allen Gliedern. »Wassja, Wassja! Antworte mir doch!«, schrie er auf, ihn an der Schulter packend. Aber Wassja schwieg und schrieb mit der trockenen Feder weiter.

»Endlich habe ich das Tempo beschleunigt!«, sagte er, ohne Arkadij anzublicken.

Arkadij packte seine Hände und entriss ihm die Feder.

Ein Stöhnen drang aus Wassjas Brust. Er ließ die Rechte sinken und blickte Arkadij an, dann fuhr er sich mit gequältem Ausdruck über die Stirn, als wollte er sich einer schweren, bleiernen Last entledigen, die sein ganzes Wesen bedrückte; schließlich ließ er seinen Kopf leise, gleichsam nachdenklich auf die Brust fallen.

»Wassja! Wassja!«, schrie Arkadij Iwanowitsch verzweifelt, »Wassja!«

Nach einer Minute sah ihn Wassja wieder an. Seine großen, blauen Augen schwammen in Tränen, und sein blasses, sanftes Gesicht drückte unerträgliche Qual aus … Er flüsterte etwas vor sich hin.

»Was? Was?«, rief Arkadij, sich über ihn beugend.

»Womit … Womit habe ich es verdient?«, flüsterte Wassja. »Wofür? Was habe ich getan?«

»Wassja! Was hast du? Was fürchtest du? Was?«, schrie Arkadij verzweifelnd und die Hände ringend.

»Warum muss ich unter die Soldaten gesteckt werden?«, fragte Wassja und blickte seinem Freund gerade in die Augen. »Wofür? Was habe ich getan?«

Arkadij standen die Haare zu Berge; er traute seinen Sinnen nicht. Er stand vor seinem Freund ganz vernichtet.

Im nächsten Augenblick kam er zur Besinnung. – Das ist nichts, das geht bald vorüber! – sagte er sich, noch immer bleich, mit blauen, zitternden Lippen. Er begann sich hastig anzukleiden, um nach einem Arzt zu laufen. Plötzlich rief ihn Wassja beim Namen. Arkadij stürzte zu ihm hin und umarmte ihn wie eine Mutter, der man ihr Kind entreißen will …

»Arkadij, Arkadij, sage es niemandem! Hörst du? Es ist mein Unglück, und ich will es allein tragen …«

»Was sagst du? Was sagst du? Wassja, besinne dich doch!«

Wassja seufzte tief auf, und Tränen liefen ihm über die Wangen.

»Warum soll man sie umbringen? Was hat sie denn verbrochen? …«, keuchte Wassja herzzerreißend. »Es ist meine Sünde, meine Sünde!«

Er schwieg eine Weile.

»Lebe wohl, Geliebte! Lebe wohl, mein Schatz!«, flüsterte er und bewegte seinen armen Kopf hin und her … Arkadij fuhr auf, nahm sich zusammen und wollte wieder zum Arzt … »Gehen wir! Es ist Zeit!«, schrie Wassja auf, der diese Bewegung Arkadijs missverstand. »Gehen wir, Freund, gehen wir, ich bin bereit … Begleite mich!« Er verstummte und warf Arkadij einen fast leblosen, tief unglücklichen und misstrauischen Blick zu.

»Wassja! Um Gottes willen! Bleibe hier! Erwarte mich hier, ich komme bald zurück! Ich komme sofort zu dir zurück«, sagte Arkadij, der selbst den Kopf verloren hatte. Er griff nach seiner Mütze, um zum Arzt zu laufen. Wassja setzte sich plötzlich auf. Er schien still und folgsam, doch in seinen Augen brannte eine verzweifelte Entschlossenheit. Arkadij kehrte noch einmal um, nahm vom Tisch ein offenes Federmesser weg, warf noch einen Blick auf den Ärmsten und lief hinaus.

Es war nach sieben Uhr morgens. Das Tageslicht hatte bereits die Dämmerung im Zimmer verscheucht.

Arkadij konnte keinen Arzt finden. Er lief schon eine ganze Stunde herum. Er befragte jeden Hausknecht, der vor einem Haustor stand, ob in dem Haus nicht ein Arzt wohne. Doch alle Ärzte, deren Adressen er auf diese Weise erfuhr, waren schon ausgefahren: entweder, um ihre Kranken zu besuchen, oder in privaten Angelegenheiten. Endlich fand er einen, der gerade Sprechstunde hatte. Dieser fragte seinen Diener, der ihm den Beamten Nefedewitsch meldete, lange und umständlich aus: Von wem er geschickt sei, und wer der Herr sei, und was er wolle, und sogar wie er aussehe – und sagte schließlich, dass er unmöglich hinfahren könne, weil er ohnehin viel zu tun habe, und dass man einen Kranken dieser Art in ein Spital bringen müsse.

Arkadij, der einen solchen Misserfolg nicht erwartet hatte und ganz verzweifelt und erschüttert war, gab alles auf, verzichtete auf alle Ärzte, die es nur in der Welt gab, und begab sich eilig nach Hause, in höchster Angst um Wassja. Er rannte die Treppe hinauf und kam in die

Wohnung. Mawra kehrte den Fußboden, als ob nichts geschehen wäre, und spaltete Holz, um den Ofen einzuheizen. Er stürzte ins Zimmer: Wassja war fort.

– Wohin? Wohin mag er gelaufen sein, der Unglückliche? – fragte sich Arkadij, vor Schreck erstarrend. Er begann Mawra auszufragen. Diese wusste von nichts und hatte nicht einmal gehört, wie Wassja weggegangen war. – »Gott sei ihm gnädig!« Nefedewitsch lief nach der Kolomna-Vorstadt.

Es fiel ihm Gott weiß warum ein, dass Wassja dort sein müsse.

Es war schon gegen zehn Uhr, als er zu den Artemjews kam. Man hatte ihn nicht erwartet und wusste von nichts. Er stand vor ihnen erschrocken und erschüttert und fragte: Wo ist Wassja? Die alte Mutter fiel vor Entsetzen auf das Sofa hin. Lisa, die am ganzen Leib zitterte, begann ihn auszufragen, was eigentlich geschehen sei. Was konnte er ihr sagen? Arkadij Iwanowitsch fertigte sie so schnell als möglich ab, indem er irgendeine Fabel auftischte, an die natürlich niemand glaubte; er lief fort und ließ beide Frauen erschüttert und außer sich vor Angst zurück. Er eilte in seine Kanzlei, um den Beginn der Amtsstunden nicht zu versäumen und den Vorfall mit Wassja zu melden, damit man unverzüglich Maßregeln ergreife. Unterwegs fiel ihm aber ein, dass Wassja bei Julian Mastakowitsch sein könne. Das war wohl das Wahrscheinlichste! Arkadij hatte noch vor seinem Besuch bei den Artemjews an diese Möglichkeit gedacht. Als er am Haus seiner Exzellenz vorbeifuhr, wollte er die Droschke anhalten lassen, überlegte sich aber die Sache und befahl dem Kutscher, weiterzufahren. Er beschloss, sich vorher in der Kanzlei zu erkundigen, ob dort irgendetwas Besonderes vorgefallen sei, und dann erst zu Julian Mastakowitsch zu gehen, um über Wassja Bericht zu erstatten. Jemand musste doch den Bericht erstatten!

Schon im Vorzimmer umringten ihn seine jüngeren Kollegen, die fast alle im gleichen Rang mit ihm standen, und begannen ihn wie ein Mann auszufragen, was mit Wassja geschehen sei? Und alle berichteten einstimmig, dass Wassja verrückt geworden sei und sich eingebildet hätte, man wolle ihn für eine Nachlässigkeit im Dienst unter die Soldaten stecken. Arkadij Iwanowitsch beantwortete alle Fragen, die ihm gestellt wurden, oder richtiger, antwortete niemandem etwas Bestimmtes und eilte in die inneren Gemächer des Dienstgebäudes. Unterwegs erfuhr er, dass Wassja sich im Arbeitszimmer Julian Mastakowitschs befinde, und dass alle Beamten mit Esper Iwanowitsch an der Spitze sich ebenfalls dorthin begeben hätten. Er blieb stehen. Einer der Vorgesetzten fragte ihn, wohin er wolle und was er wünsche? Ohne den Vorgesetzten zu erkennen, sagte er ihm irgendetwas über Wassja und lief geradewegs zum Arbeitszimmer, aus dem die Stimme Julian Mastakowitschs drang. Dicht vor der Türe fragte ihn jemand: »Wo wollen Sie hin?« Arkadij Iwanowitsch wurde verlegen und wollte schon umkehren, als er plötzlich durch die halb geöffnete Tür den armen Wassja erblickte. Er drängte sich in das Zimmer hinein. Julian Mastakowitsch schien in großer Aufregung zu sein, und deshalb herrschte im Zimmer allgemeine Verwirrung. Um Julian Mastakowitsch scharten sich alle höheren Beamten; sie besprachen den Fall, konnten aber zu keinem Ergebnis kommen. In einiger Entfernung stand Wassja. Als Arkadij ihn erblickte, krampfte sich sein Herz zusammen. Wassja stand ganz bleich da, mit erhobenem Kopf, in militärischer Haltung, die Hände an der Hosennaht, wie ein Rekrut vor seinem neuen Vorgesetzten. Er blickte Julian Mastakowitsch gerade in die Augen. Arkadij Iwanowitsch wurde sofort bemerkt, und jemand meldete seiner Exzellenz, dass er Zimmergenosse Wassjas sei. Arkadij musste vortreten. Er wollte die Fragen, die man ihm vorlegte, beantworten, doch als er Julian Mastakowitsch anblickte und in seinem Gesicht den Ausdruck aufrichtigen Mitleids sah, erzitterte er am ganzen Körper und begann wie ein Kind zu schluchzen. Er tat noch mehr: Er ergriff die Hand des Vorgesetzten, drückte sie an seine Augen und benetzte sie mit Tränen, sodass Julian Mastakowitsch genötigt war, die Hand zurückzuziehen, mit ihr durch die Luft zu fahren und zu sagen: »Genug, mein Bester, genug! Ich sehe, dass du ein gutes Herz hast.« Arkadij schluchzte weiter und warf allen Anwesenden flehende Blicke zu. Es war ihm, als ob sie sich alle als Brüder seines unglücklichen Wassja fühlten, sich in Gram um ihn verzehrten und ihn beweinten. »Wie ist denn das geschehen?«, fragte Julian Mastakowitsch: »Wieso hat er den Verstand verloren?«

»Aus Dank – Dankbarkeit!«, brachte Arkadij Iwanowitsch stotternd hervor.

Alle waren erstaunt, als sie diese Antwort hörten, und es erschien ihnen sonderbar und unwahrscheinlich, dass ein Mensch aus Dankbarkeit den Verstand verlieren könne. Arkadij erklärte so gut er konnte den Sachverhalt.

»Mein Gott, wie schade!«, sagte schließlich Julian Mastakowitsch, »und dabei war die Arbeit, mit der ich ihn betraut habe, weder besonders wichtig noch dringend. So ist der Mensch wegen nichts zugrunde gegangen! Nun, man muss ihn ins Irrenhaus schaffen! …« Jetzt wandte sich Julian Mastakowitsch wieder an Arkadij und begann ihn von Neuem auszufragen. »Er bittet«, sagte er auf Wassja zeigend, »dass man irgendeinem jungen Mädchen nichts davon erzähle … Ist es seine Braut?«

Arkadij erklärte ihm alles. Wassja schien angestrengt über etwas nachzudenken oder sich auf eine sehr wichtige Sache besinnen zu wollen, die ihm in diesem Augenblick nützlich sein könnte. Zuweilen ließ er seinen gequälten Blick in der Runde schweifen, als erwartete er, dass ihn irgendjemand an das Vergessene erinnern würde. Dann heftete er seinen Blick auf Arkadij. Endlich schimmerte in seinen Augen etwas wie Hoffnung auf; mit dem linken Fuß vortretend, machte er drei Schritte auf Julian Mastakowitsch zu, so militärisch stramm, wie er es nur konnte und schlug, stehen bleibend, die Hacken zusammen, wie es die Soldaten tun, wenn sie auf einen Offizier zugehen, der sie angerufen hat. Alle erwarteten gespannt, was jetzt kommen würde.

»Ich habe ein körperliches Gebrechen, Exzellenz, ich bin klein gewachsen und schwach und tauge nicht zum Militärdienst«, sagte er kurz und trocken.

Alle, die im Zimmer waren, alle ohne Ausnahme, hatten in diesem Augenblick das Gefühl, als ob ihnen jemand das Herz zusammenpresste, und auch Julian Mastakowitsch, der ja sonst durchaus nicht weichherzig war, vergoss einige Tränen. »Führt ihn weg!«, sagte er und winkte mit der Hand ab.

»Also tauglich!«, sagte Wassja halblaut, machte linksum kehrt und verließ das Zimmer. Alle, die sich für sein Schicksal interessierten, stürzten ihm nach. Arkadij drängte sich mit den Übrigen um Wassja, den man, in Erwartung der offiziellen Verfügung und eines Wagens, der ihn ins Spital bringen sollte, im Vorraum auf einen Stuhl gesetzt hatte. Er saß schweigend da und schien in größter Sorge zu sein. Sobald er jemanden erkannte, nickte er ihm, gleichsam Abschied nehmend, zu. Er sah jeden Augenblick nach der Türe und wartete wohl, dass jemand sagte: »Nun ist es Zeit!« Alle standen dicht um ihn gedrängt; alle schüttelten den Kopf, alle jammerten. Viele drückten ihr Erstaunen über die Geschichte aus, die ganz plötzlich allen bekannt geworden war. Die einen besprachen eingehend den Fall, die anderen bemitleideten Wassja und lobten ihn; sie sagten, er sei ein so bescheidener, stiller und vielversprechender junger Mann gewesen. Man erzählte sich, wie strebsam und lernbegierig er gewesen sei, wie er nach Bildung und Wissen lechzte. »Mit eigener Kraft hat er sich aus niederem Stand emporgearbeitet!«, bemerkte jemand. Man sprach mit Rührung von der Sympathie, die ihm seine Exzellenz entgegenbrachte. Einige versuchten eine Erklärung dafür zu finden, dass Wassja gerade darauf verfallen war, dass man ihn unter die Soldaten stecken würde, falls er seine Arbeit nicht beendete. Man erzählte sich, dass der Ärmste erst vor Kurzem, dank der Verwendung Julian Mastakowitschs, der in ihm Talent, Gehorsam und einen ungewöhnlich sanften Charakter entdeckt hatte, aus dem Kleinbürgerstand, dem er angehörte, in die erste Beamtenklasse eingereiht worden war. Es gab mit einem Wort sehr viele Ansichten und Meinungen. Unter denen, die das Geschehnis besonders erschüttert hatte, machte sich ein auffallend klein gewachsener Kollege Wassja Schumkows bemerkbar. Er war durchaus nicht mehr jung, sondern in den Dreißigern. Er war kreideblass, zitterte am ganzen Körper und lächelte sehr sonderbar, vielleicht deswegen, weil jeder Skandal und jeder Unglücksfall den unbeteiligten Zuschauer nicht nur erschreckt, sondern zugleich auch irgendwie erfreut. Er lief immer um den Kreis herum, der sich um Wassja gebildet hatte, stellte sich, da er klein war, auf die Zehenspitzen, fasste jeden, der ihm in den Weg kam, am Rockknopf, das heißt nicht jeden, sondern nur diejenigen, bei denen er sich das erlauben durfte, und sagte, dass er ganz genau wisse, wie alles gekommen sei, dass der Fall durchaus nicht so einfach, sondern sehr schwierig sei, und dass man ihn nicht als erledigt ansehen dürfe. Dann stellte er sich wieder auf die Zehenspitzen, flüsterte seinem Zuhörer etwas ins Ohr, nickte mit dem Kopf und lief zu seinem nächsten Kollegen. Endlich fand die Szene ihren Abschluss: Ein Amtsdiener und ein Heilgehilfe gingen auf Wassja zu und sagten ihm, dass es nun Zeit sei, aufzubrechen. Er sprang in großer Unruhe auf und folgte ihnen, sich immer im Kreis umsehend. Er suchte jemand mit den Augen! »Wassja! Wassja!«, rief Arkadij Iwanowitsch schluchzend. Wassja blieb stehen, und Arkadij Iwanowitsch drängte sich zu ihm heran. Sie fielen sich zum letzten Mal in die Arme und umklammerten einander schwer und fest. Es war ein trauriger Anblick. Welch ein fantastisches Schicksal presste aus ihren Augen diese Tränenfluten! Worüber weinten sie? Wo lag das Unglück? Warum konnten sie einander nicht verstehen?

»Da, nimm es, nimm es? Bewahre es auf!«, sagte Schumkow und drückte Arkadij ein Stück Papier in die Hand. »Sonst werden sie es mir noch fortnehmen. Du kannst es mir später bringen, ja, bringe es mir später! Verwahre es …« Wassja kam nicht weiter, denn er wurde gerufen. Er lief schnell die Treppe hinunter und nickte allen zum Abschied zu. Sein Gesicht drückte Verzweiflung aus. Schließlich setzte man ihn in eine Kutsche, und die Kutsche rollte davon. Arkadij öffnete hastig das Papier: Es war die schwarze Locke Lisas, die Schumkow bei sich getragen hatte. Heiße Tränen traten Arkadij in die Augen: »Ach, arme Lisa!«

Nach Schluss der Kanzleistunden ging er nach der Kolomna-Vorstadt. Es ist gar nicht zu beschreiben, was dort vorging! Selbst Petja, der kleine Petja, der nicht recht verstehen konnte, was mit dem guten Wassja geschehen war, ging in eine Ecke, bedeckte sein Gesicht mit seinen kleinen Händen und begann aus vollem Kinderherzen zu schluchzen. Es dämmerte bereits, als Arkadij nach Hause ging. Am Newa-Kai blieb er für eine

Weile stehen und warf einen durchdringenden Blick den Fluss entlang in die neblige frostige Ferne, die im letzten Abglanz des Abendrots, das am grauen Horizont erstarb, in blutigem Purpur schwamm. Die Nacht senkte sich über die Stadt, und auf der ganzen weiten, vom hart gefrorenen Schnee angeschwollenen Fläche der Newa funkelten in den letzten Sonnenstrahlen unzählige Myriaden von Eisnadeln. Der Frost erreichte zwanzig Grad. Milchweißer Dampf stieg von den müdgehetzten Pferden und den laufenden Menschen auf. Die eisige Luft erzitterte vom leisesten Geräusch, und wie Riesen erhoben sich von allen Dächern auf beiden Seiten des Stromes Rauchsäulen in den kalten Himmel; sie flochten sich ineinander und lösten sich wieder, sodass über den alten Gebäuden neue entstanden, und sich in der Luft eine neue Stadt türmte … Es war, als ob diese ganze Welt, mit allen ihren Bewohnern, den Mächtigen und den Geringen, mit allen ihren Behausungen, den Bettlerherbergen und den goldstrotzenden Palästen – der Freude der Mächtigen der Erde, sich in dieser Dämmerstunde in einen fantastischen Märchentraum verwandelte, der jeden Augenblick entschwinden und sich im dunkelblauen Himmel als Rauch auflösen würde. Ein sonderbares Gefühl ergriff den verwaisten Freund des armen Wassja. Er fuhr zusammen, und über sein Herz ergoss sich plötzlich eine heiße Blutwelle, die von einem starken, ihm bis jetzt unbekannten Gefühl aufgepeitscht war. Erst jetzt begriff er den Sinn der ganzen Unruhe, und warum der arme Wassja, der sein Glück nicht tragen konnte, den Verstand verloren hatte. Seine Lippen zitterten, in seinen Augen brannte ein Feuer, er erblasste, und es war ihm, als ob er jetzt eine neue Erkenntnis gewonnen hätte …

Von nun an wurde er schweigsam und verschlossen und verlor seine ganze frühere Fröhlichkeit. Die alte

Wohnung wurde ihm unerträglich, und er zog in eine neue. Zu den Artemjews wollte er nicht mehr gehen; er konnte es einfach nicht. Nach zwei Jahren traf er einmal Lisa in einer Kirche. Sie war verheiratet, und ihr folgte die Amme mit ihrem Kind. Sie begrüßten einander und vermieden es anfangs, vom Vergangenen zu sprechen. Lisa erzählte, dass sie, Gott sei Dank, glücklich sei, dass ihr Mann ein vermögender und auch ein guter Mensch sei, den sie liebe … Doch plötzlich, mitten in der Rede, füllten sich ihre Augen mit Tränen, ihre Stimme versagte, sie wandte sich ab und kniete nieder, um ihren Kummer vor den Menschen zu verbergen …

Ein kleiner Held

(Aus unbekannten Memoiren)

Ich war damals noch nicht ganz elf Jahre alt. Im Juli wurde ich nach einem in der Nähe von Moskau gelegenen Gut zum Besuch bei einem Verwandten von mir, Herrn T***w, geschickt, bei dem zu jener Zeit etwa fünfzig Gäste versammelt waren; vielleicht waren es auch noch mehr, ich erinnere mich nicht, gezählt habe ich sie nicht. Es ging lärmend und lustig her. Es machte den Eindruck, als würde ein Fest gefeiert, das dort begonnen hätte, um niemals zu enden. Unser Wirt hatte sich, wie es schien, vorgenommen, sein ganzes riesiges Vermögen so schnell wie möglich alle zu machen, und es ist ihm auch vor Kurzem gelungen, diese Vermutung zu bestätigen, das heißt alles, aber auch absolut alles, bis auf die letzte Kopeke durchzubringen. Alle Augenblicke kamen neue Gäste angefahren; Moskau war ja nur einen Katzensprung weit entfernt; so machten denn die Wegfahrenden nur anderen Gästen Platz, und das Fest nahm seinen Fortgang. Eine Belustigung löste die andere ab, und von den Amüsements war kein Ende abzusehen. Bald wurden in ganzen Trupps Spazierritte in der Umgegend unternommen, bald Spaziergänge im Tannenwald oder Kahnfahrten auf dem Fluss; es wurden Picknicks und Diners auf freiem Feld und Soupers auf der großen Terrasse am Haus veranstaltet. Diese Terrasse war ringsum mit drei Reihen kostbarer Blumen besetzt, die die frische Nachtluft mit ihren Düften erfüllten; dazu kam eine strahlende Beleuchtung, die unsere Damen, welche auch ohnedies fast sämtlich hübsch waren, noch reizender erscheinen ließ mit ihren von den Erlebnissen des Tages freudig erregten Gesichtern, mit ihren blitzenden Augen, mit dem Kreuzfeuer ihrer mutwilligen, von glockenhellem Lachen fortwährend unterbrochenen Reden. Da wurde getanzt, musiziert und gesungen; und wenn der Himmel ein finsteres Gesicht machte, wurden lebende Bilder gestellt und Scharaden und Sprichwörter aufgeführt; auch Theater wurde im Haus gespielt. Es fanden sich geistvolle Köpfe, die hübsche Reden, Erzählungen und Bonmots zum Besten gaben.

Einige Personen standen, sich von den andern scharf abhebend, im Vordergrund. Natürlich war auch üble Nachrede und Klatscherei im Gange, da ohne solche die Welt nun einmal nicht bestehen kann und Millionen von Menschen vor Langeweile wie die Fliegen sterben würden. Aber da ich erst elf Jahre alt war, so bemerkte ich damals, von ganz anderen Dingen in Anspruch genommen, diese Personen gar nicht, und selbst wenn ich etwas bemerkte, so bemerkte ich doch nicht alles. Erst später erinnerte ich mich an einiges. Bei meinem kindlichen Alter konnte mir nur die glänzende Seite des Bildes in die Augen fallen, und dieser allgemeine Rausch, Glanz und Lärm, dieses ganze Treiben, wie ich es bis dahin nie gesehen oder gehört hatte, machte auf mich einen so starken Eindruck, dass ich in den ersten Tagen vollständig die Fassung verlor und mein kleiner Kopf ganz wirblig wurde.

Aber ich rede immer von meinen elf Jahren, und allerdings, ich war noch ein Kind, nicht mehr als ein Kind. Viele dieser schönen Frauen liebkosten mich, ohne sich über mein Lebensalter Gedanken zu machen. Aber seltsam: Ein mir selbst unverständliches Gefühl hatte sich meiner bereits bemächtigt, und es regte sich in meinem Herzen schon eine mir bisher unbekannte

Empfindung, von der mein Herz manchmal zu brennen und, wie erschrocken, heftig zu schlagen begann und mein Gesicht sich oft mit einer plötzlichen Röte überzog. Mitunter schämte ich mich gewissermaßen und fühlte mich ordentlich gekränkt dadurch, dass man mir als einem Kind allerlei Privilegien einräumte. Ein andermal ergriff mich eine Art von Staunen, und ich ging irgendwohin, wo mich niemand sehen konnte, gleichsam um Atem zu holen und mich auf etwas zu besinnen, was ich, wie mir schien, bis dahin sehr gut im Gedächtnis gehabt und jetzt auf einmal vergessen hatte, woran ich mich aber notwendig erinnern musste, weil ich mich sonst nirgends zeigen und überhaupt nicht existieren konnte.

Und endlich schien es mir auch manchmal, als ob ich etwas vor aller Augen verbärge und um keinen Preis zu jemandem etwas davon sagen würde, weil ich kleiner Knabe mich darüber bis zu Tränen hätte schämen müssen. Bald kam es dahin, dass ich mitten in dem Wirbel, der mich umgab, mich gewissermaßen vereinsamt fühlte. Es waren zwar auch andere Kinder da, aber diese waren sämtlich entweder sehr viel jünger oder sehr viel älter als ich; übrigens fühlte ich mich auch nicht zu ihnen hingezogen. Allerdings hätte sich mit mir auch nichts zugetragen, wenn ich mich nicht in einer isolierten Stellung befunden hätte. In den Augen aller dieser schönen Damen war ich immer noch ein kleines, unentwickeltes Wesen, das zu liebkosen ihnen manchmal Vergnügen machte, und mit dem sie wie mit einer kleinen Puppe spielen konnten. Besonders eine von ihnen, eine entzückende Blondine mit so üppigem, dichtem Haar, wie ich es nachher nie wieder gesehen habe und wahrscheinlich nie wieder zu sehen bekommen werde, hatte sich, wie es schien, vorgenommen, mir keine Ruhe zu gönnen. Das um uns herum erschallende Gelächter, welches sie alle Augenblicke durch die ausgelassenen, mutwilligen Streiche hervorrief, die sie mit mir angab, setzte mich in Verwirrung und erheiterte sie; dieses Treiben bereitete ihr offenbar ein riesiges Vergnügen. In einem Pensionat hätte sie unter ihren Freundinnen gewiss den Beinamen »die Range« bekommen. Sie war wunderbar schön, und es lag in ihrer Schönheit etwas, was einem gleich beim ersten Blick in die Augen sprang. Allerdings hatte sie keine Ähnlichkeit mit jenen kleinen, schüchternen Blondinen, die so weiß sind wie Flaumfedern und so sanft wie weiße Mäuschen oder Pastorentöchter. Sie war von kleiner Statur und ein wenig voll, aber mit zarten, feinen, wundervoll gezeichneten Gesichtszügen. In diesem Gesicht leuchtete es manchmal blitzartig auf, und in ihrem ganzen Wesen hatte sie mit dem Feuer Ähnlichkeit: So lebhaft, schnell und leicht war sie. Aus ihren großen, weit geöffneten Augen schienen Funken zu sprühen; diese Augen blitzten wie Diamanten, und niemals würde ich solche blauen Funken sprühenden Augen hingeben, um irgendwelche schwarzen dafür einzutauschen, selbst wenn sie schwärzer wären als die schwärzesten Augen, die man bei den Andalusierinnen findet; ja, meine Blondine gab wahrlich jener berühmten Brünette nichts nach, die ein bekannter, vortrefflicher Dichter besungen hat, der in so herrlichen Versen vor ganz Kastilien geschworen hat, er sei bereit, sich den Hals zu brechen, wenn ihm erlaubt würde, auch nur mit einer Fingerspitze die Mantille seiner Schönen zu berühren. Man nehme noch hinzu, dass meine Schöne die lustigste von allen Schönen der Welt, von einer ausgelassenen Lachlust und mutwillig wie ein Kind war, und das alles, trotzdem sie schon seit fünf Jahren einen Mann hatte. Das Lachen wich nie von ihren Lippen, die frisch waren wie eine Rose am Morgen, welche soeben beim ersten Sonnenstrahl ihren purpurroten, duftenden Kelch erschlossen hat, an dem die kalten, dicken Tautropfen noch nicht weggetrocknet sind.

Ich erinnere mich, dass am Tag nach meiner Ankunft eine Theateraufführung im Haus stattfand. Der Saal war gedrängt voll; kein einziger freier Platz war vorhanden, und da ich mich aus irgendwelchem Grund verspätet hatte, so sah ich mich genötigt, die Vorstellung stehend zu genießen. Aber das lustige Spiel zog mich immer mehr nach vorn, und ich arbeitete mich unvermerkt zu den vordersten Reihen hindurch, wo ich endlich stehen blieb, mich mit den Armen auf die Lehne eines Sessels stützend, auf dem eine Dame saß. Es war meine Blondine, aber wir kannten uns noch nicht. Und da versenkte ich mich von ungefähr in die Betrachtung ihrer wundervoll gerundeten, verführerischen Schultern, welche voll und weiß wie Milchschaum waren, obgleich es mir im Grunde ganz gleich war, was ich betrachtete: ein Paar wundervolle Frauenschultern oder die mit feuerroten Bändern verzierte Haube, die das graue Haar einer würdigen Matrone in der ersten Reihe bedeckte. Neben der Blondine saß eine alte Jungfer, eine von denen, die, wie ich später Gelegenheit gehabt habe zu beobachten, sich immer gern in möglichster Nähe junger, hübscher Frauen halten, wobei sie sich solche aussuchen, die die junge Männerwelt nicht von sich scheuchen. Indes handelt es sich jetzt nicht darum, aber kaum hatte diese alte Jungfer bemerkt, worauf meine Augen gerichtet waren, als sie sich zu ihrer Nachbarin hinbeugte und ihr kichernd etwas ins Ohr flüsterte. Die Nachbarin wendete sich auf einmal um, und ich erinnere mich noch ganz deutlich: Ihre feurigen Augen blitzten mich im Halbdunkel dermaßen an, dass ich, auf diese Begegnung nicht vorbereitet, zusammenfuhr, als ob ich mich verbrannt hätte. Die schöne Frau lächelte.

»Gefällt Ihnen das Stück, das gespielt wird?«, fragte sie, indem sie mir schelmisch und spöttisch in die Augen sah.

»Ja«, antwortete ich und blickte sie dabei immer noch mit einer Bewunderung an, die ihr offenbar gefiel.

»Aber warum stehen Sie denn? Sie werden müde werden; haben Sie denn keinen Sitzplatz?«

»Das ist es ja eben, dass keiner da ist«, erwiderte ich, in diesem Augenblick mehr mit meiner Sorge als mit den Funken sprühenden Blicken der schönen Frau beschäftigt und aufrichtig darüber erfreut, dass ich endlich ein gutes Herz gefunden hatte, dem ich meinen Kummer mitteilen konnte. »Ich habe schon gesucht, aber alle Stühle sind besetzt«, fügte ich hinzu, als wenn ich ihr mein Leid klagen wollte, dass alle Stühle besetzt seien.

»Komm hierher«, sagte sie schnell, denn sie war rasch in der Ausführung jeder tollen Idee, die in ihrem mutwilligen Kopf aufblitzte. »Komm hierher, zu mir, und setze dich auf meinen Schoß.«

»Auf Ihren Schoß?«, erwiderte ich ganz betroffen.

Ich habe schon gesagt, dass ich mich über meine Privilegien ernstlich zu ärgern und zu schämen anfing. Diese Blondine aber trieb es damit zum Spaß und Spott doch gar zu arg. Zudem begann ich, der ich ohnehin schon immer ein schüchterner, verschämter Knabe gewesen war, mich zu jener Zeit ganz besonders vor Frauen zu genieren, und daher wurde ich furchtbar verlegen.

»Nun ja, auf meinen Schoß! Warum willst du nicht auf meinem Schoß sitzen?«, antwortete sie, auf ihrer Einladung beharrend, und kicherte immer stärker und stärker, sodass schließlich ein lautes Gelächter daraus wurde; weiß der Himmel, worüber sie eigentlich lachte, vielleicht über ihren eigenen Einfall oder vor Freude darüber, dass ich so verlegen geworden war. Aber eben das hatte sie gewollt.

Ich errötete und sah mich in meiner Verwirrung rings um, wohin ich mich wohl davonmachen könnte, aber sie kam mir zuvor, indem sie flink meine Hand ergriff, eben zu dem Zweck, damit ich nicht davonginge, sie zu sich hinzog und sie, für mich ganz unerwartet, zu meinem größten Erstaunen schmerzhaft in ihren mutwilligen, heißen Fingerchen drückte. Sie quetschte mir die Finger so heftig zusammen, dass ich alle Anstrengungen machen musste, um nicht aufzuschreien, und dabei die komischsten Grimassen schnitt. Außerdem war ich im höchsten Grad verwundert, erstaunt, ja erschrocken zu sehen, dass es solche komischen, boshaften Damen gibt, die mit Knaben solche Torheiten reden und sie dabei, Gott weiß weshalb, so schmerzhaft kneifen, noch dazu in aller Leute Gegenwart. Wahrscheinlich spiegelte sich auf meinem unglücklichen Gesicht mein ganzes verständnisloses Erstaunen wider, denn die Schelmin lachte mich unverhohlen an wie eine Verrückte und kniff und quetschte unterdessen meine armen Finger immer stärker und stärker. Sie war außer sich vor Entzücken, dass es ihr gelungen war, einen solchen Streich auszuführen und einen armen Jungen verlegen zu machen und in so arge Not zu bringen. Meine Lage war eine verzweifelte. Erstens brannte ich vor Scham, weil fast alle um uns herum sich zu uns hinwandten, die einen verwundert, die andern, welche sogleich merkten, dass die Schöne irgendwelchen Unfug trieb, lachend. Außerdem hatte ich die größte Lust, aufzuschreien, weil sie meine Finger gerade in der Absicht, mich zum Schreien zu bringen, auf das Grausamste misshandelte, aber ich nahm mir wie ein Spartaner vor, den Schmerz auszuhalten, denn ich fürchtete durch einen Schrei einen Aufruhr hervorzurufen, und was wäre dann aus mir geworden! In einem Anfall völliger Verzweiflung begann ich endlich einen Kampf und bemühte mich aus aller

Kraft, meine Hand an mich zu ziehen, aber meine Tyrannin war weit stärker als ich. Zuletzt konnte ich es nicht mehr ertragen und schrie auf; darauf hatte sie nur gewartet! Augenblicklich ließ sie mich los und wandte sich von mir ab, als ob nichts geschehen wäre, oder als ob nicht sie, sondern irgendein anderer einen tollen Streich begangen hatte, akkurat wie ein Schulknabe, der, sobald der Lehrer sich umgedreht hat, flink einem seiner Nachbarn einen Possen spielt, etwa einen kleinen, schwächlichen Jungen kneift, ihm ein paar Nasenstüber oder Fußtritte versetzt, ihm den Ellbogen auf den Tisch stößt, und sich sofort wieder wegwendet, sich ordentlich hinsetzt, die Nase ins Buch steckt, seine Aufgabe zu lernen anfängt und auf diese Weise den erzürnten Herrn Lehrer, der auf den Lärm hin wie ein Habicht herbeigestürzt kommt, in Ratlosigkeit versetzt, sodass er mit langer Nase wieder abziehen muss.

Aber zu meinem Glück war die allgemeine Aufmerksamkeit in diesem Augenblick durch das meisterhafte Spiel unseres Wirtes gefesselt, der in dem aufgeführten Stück, einem Scribe'schen Lustspiel, die Hauptrolle übernommen hatte. Alle klatschten Beifall. Während des Lärms glitt ich aus den Stuhlreihen hinaus und lief ganz an das Ende des Saales, in die entgegengesetzte Ecke, von wo ich, hinter einer Säule verborgen, angstvoll dahin zurückblickte, wo die hinterlistige Schöne saß. Sie lachte immer noch, indem sie ihre Lippen mit dem Taschentuch bedeckte. Und noch lange drehte sie sich um und suchte in allen Ecken nach mir mit den Augen; wahrscheinlich tat es ihr sehr leid, dass unser unsinniger Kampf so schnell ein Ende gefunden hatte, und sie überlegte nun, wie sie noch etwas Tolles angeben könne.

Damit hatte unsere Bekanntschaft begonnen, und seit diesem Abend wich sie nicht mehr von meiner Seite.

Sie verfolgte mich in einer ganz maßlosen, gewissenlosen Weise und wurde mein Plagegeist, meine Tyrannin. Die ganze Komik ihres Verhaltens zu mir bestand darin, dass sie tat, als sei sie bis über die Ohren in mich verliebt, und mich vor allen Leuten blamierte. Natürlich war mir, einem blöden, scheuen Jungen, das alles so peinlich und ärgerlich, dass ich fast weinte; ja, manchmal war meine Lage so ernst und kritisch, dass ich nahe daran war, mich mit meiner heimtückischen Verehrerin zu prügeln. Meine naive Verlegenheit, mein verzweifelter Kummer munterten sie, wie es schien, dazu auf, ihre Verfolgungen immer weiter fortzusetzen. Sie kannte kein Erbarmen, und ich wusste nicht, wo ich vor ihr bleiben sollte. Das um uns herum ertönende Gelächter, welches sie so geschickt hervorzurufen verstand, spornte sie nur noch zu neuen Streichen an. Aber ihre Scherze gingen schließlich denn doch etwas gar zu weit. Wie ich mich jetzt erinnere, erlaubte sie sich mit einem solchen Kind, wie ich es war, wirklich gar zu viel.

Aber das lag nun einmal in ihrem Charakter; sie war eben ein verwöhntes Wesen, wie es im Buche steht. Ich habe später gehört, dass ihr eigener Mann derjenige war, der sie am meisten verwöhnte, ein sehr dicker Herr von sehr kleiner Statur, mit sehr rotem Gesicht, sehr reich und sehr geschäftstüchtig; wenigstens machte er diesen Eindruck: Bei seiner Beweglichkeit und Geschäftigkeit konnte er nicht zwei Stunden lang an einem Ort bleiben. Täglich fuhr er von uns nach Moskau, mitunter zweimal, und immer, wie er selbst versicherte, in geschäftlichen Angelegenheiten. Etwas Lustigeres und Gutmütigeres als diese komische und dabei doch immer wohlanständige Physiognomie wäre schwer zu finden gewesen. Er liebte seine Frau nicht nur dermaßen, dass es schon eine Schwäche zu nennen war, sondern betete sie geradezu wie einen Abgott an.

Er legte ihr in keiner Hinsicht irgendwelche Beschränkungen auf. Sie hatte eine Menge Freunde und Freundinnen. Erstens gab es wenige Leute, die sie nicht liebten, und zweitens war sie bei ihrem Leichtsinn selbst nicht besonders bedenklich in der Auswahl ihrer Freunde, obgleich ihr Charakter im Grunde ein viel ernsterer war, als man es nach dem von mir jetzt Erzählten vielleicht annimmt. Aber von allen ihren Freundinnen war ihr die liebste und werteste eine junge Frau, die mit ihr entfernt verwandt war und jetzt ebenfalls zu unserer Gesellschaft gehörte. Es bestand zwischen ihnen ein zartes, feines Verhältnis, eines jener Verhältnisse, wie sie sich manchmal bei der Begegnung zweier Charaktere herausbilden, die oft einander völlig entgegengesetzt sind, von denen aber der eine ernster, tiefer und reiner ist als der andere, während dieser im Gefühl der ganzen moralischen Überlegenheit des Ersteren sich ihm mit größter Demut und edler Selbsterkenntnis willig unterordnet und die Freundschaft mit ihm im Herzen als ein Glück empfindet. Dann aber beginnen jene zarten, edlen, feinen Wechselbeziehungen solcher Charaktere: Liebe und Nachsicht auf der einen Seite, Liebe und Hochschätzung auf der andern, eine Hochschätzung, die bis zu einer Art von Furcht und Angst geht, man könne in den Augen dessen, den man so hoch schätzt, gar zu viel verlieren, und die den eifersüchtigen, heißen Wunsch hervorruft, mit jedem Schritt im Leben dem Herzen des andern immer näher und näher zu kommen. Die beiden Freundinnen standen im gleichen Lebensalter, aber zwischen ihnen bestand ein unermesslicher Unterschied in allen Dingen, von der Art der Schönheit angefangen. Frau M*** war ebenfalls sehr schön, aber in ihrer Schönheit lag etwas Besonderes, wodurch sie sich scharf aus der Menge von hübschen Frauen abhob; in ihrem Gesicht war etwas, was ihr sogleich alle Herzen gewann, oder, richtiger gesagt, etwas, was bei jedem, der mit ihr zusammenkam, eine schöne, edle Sympathie erweckte. Es gibt solche glücklichen Gesichter. In ihrer Nähe wurde einem jeden wohler, freier, wärmer ums Herz, und doch blickten ihre großen, traurigen Augen, die voll Feuer und Kraft waren, zaghaft und unruhig wie in steter Furcht vor etwas Feindlichem, Drohendem; und diese seltsame Zaghaftigkeit überzog ihre stillen, sanften, an die klaren Gesichter italienischer Madonnen erinnernden Züge manchmal mit solcher Wehmut, dass dem, der sie ansah, bald ebenso trüb zumute wurde wie bei einem eigenen, persönlichen Kummer. Dieses blasse, magere Gesicht, auf welchem durch die tadellose Schönheit der reinen, regelmäßigen Linien und den wehmütigen Ernst des stummen, verborgenen Grames hindurch noch so oft der ursprüngliche kindlich-klare Ausdruck hervorschimmerte, der Abglanz eines noch nicht weit zurückliegenden vertrauensvollen Lebensalters und vielleicht eines naiven Glücks, und dieses stille, schüchterne, unsichere Lächeln: Alles dies erweckte eine so innige Teilnahme für diese Frau, dass in dem Herzen eines jeden unwillkürlich ein süßes, heißes Mitgefühl rege wurde, welches schon von ferne laut zu ihren Gunsten sprach und selbst einen Fremden gleichsam zu ihrem Verwandten machte. Aber diese Schöne machte den Eindruck der Schweigsamkeit und Verschlossenheit, obgleich es doch kein sorglicheres, liebevolleres Wesen als sie geben konnte, wenn jemand der Teilnahme bedurfte. Es gibt Frauen, die im Leben gewissermaßen den Beruf barmherziger Schwestern ausüben. Man braucht ihnen nichts zu verbergen, wenigstens nichts, was es in der Seele Krankes und Wundes gibt. Wer da leidet, der möge dreist und hoffnungsvoll zu ihnen gehen, ohne Furcht, ihnen lästig zu fallen, denn nur wenige von uns wissen, wie viel unendlich geduldige Liebe, tiefes Mitleid und alles verzeihende Güte in manchem Frauenherzen wohnt. Ganze Schätze von Mitgefühl, Trost und Hoffnung ruhen in diesen reinen Herzen, die so oft ebenfalls verwundet werden (denn ein Herz, das viel liebt, leidet viel), wo aber die Wunde vor neugierigen Blicken sorgfältig versteckt gehalten wird, da tiefes Leid meist schweigt und sich verbirgt. Diese Frauen schreckt weder die Tiefe einer Wunde zurück, noch ihr garstiger Eiter, noch ihr widriger Geruch: Wer sich vertrauensvoll an sie wendet, der ist dadurch schon ihrer würdig; sie aber sind gewissermaßen dazu geboren, große, edle Taten zu verrichten … Frau M*** war von hohem Wuchs, geschmeidig und schlank, aber etwas mager. Alle ihre Bewegungen hatten etwas Ungleichmäßiges: Bald waren sie langsam, weich und gewissermaßen würdevoll, bald in kindlicher Art rasch und hastig; zugleich aber sprach aus ihren Gebärden eine Art von schüchterner Demut, eine ängstliche Wehrlosigkeit, die aber von niemandem Schutz erbat und erflehte.

Ich habe bereits gesagt, dass die wenig löblichen Attacken der hinterlistigen Blondine mir peinlich waren, mich verletzten, mich bis aufs Blut kränkten. Aber es steckte noch ein geheimer, sonderbarer, dummer Grund dahinter. Diesen Grund verbarg ich; ich zitterte davor, dass er bekannt werden könnte; ja, bei dem bloßen Gedanken an ihn, wenn ich ganz allein mit niedergebeugtem Kopf irgendwo in einem versteckten, dunklen Winkel saß, wohin kein forschender, spöttischer Blick einer blauäugigen Schelmin drang, bei dem bloßen Gedanken daran stockte mir fast der Atem vor Verwirrung, Scham und Furcht – kurz, ich war verliebt. Das heißt, ich gebe zu, dass ich da einen Unsinn gesagt habe: Das war ja ein Ding der Unmöglichkeit, aber warum fesselte von allen Personen, die mich umgaben, nur diese eine meine Aufmerksamkeit? Warum war sie die Einzige, die ich gern mit meinem Blick verfolgte, obgleich mir damals entschieden nichts daran gelegen war, Damen anzuschauen und mit ihnen bekannt zu werden? Am häufigsten geschah das abends, wenn schlechtes Wetter alle in die Zimmer bannte, und wenn ich, einsam in einem Winkel des Saales versteckt, ziellos um mich sah, denn ich fand absolut keine andere Beschäftigung, da mit Ausnahme meiner Verfolgerinnen selten jemand mit mir sprach; so langweilte ich mich denn an solchen Abenden in einer unerträglichen Weise. Zu solchen Zeiten betrachtete ich die Personen, die mich umgaben, und hörte die von ihnen geführten Gespräche mit an, von denen ich oft kein Wort verstand, und siehe da, da waren es die stillen Blicke, das sanfte Lächeln und das schöne Gesicht der Frau M*** (denn sie war es), die, Gott weiß warum, meine Aufmerksamkeit erregten und mich bezauberten, und dieses mein seltsames, undefinierbares aber unbegreiflich süßes Gefühl haftete dann unauslöschbar in meinem Herzen. Oft konnte ich mich ganze Stunden lang nicht von ihr losreißen; ich studierte jede ihrer Gebärden, jede ihrer Bewegungen, horchte auf jeden Klang ihrer vollen, silberhellen, aber etwas gedämpften Stimme, und seltsam: Aus allen meinen Beobachtungen resultierte bei mir neben jener zaghaften, süßen Empfindung eine Art von unbegreiflicher Neugier. Ich befand mich in einer ähnlichen Stimmung, wie wenn ich einem Geheimnis nachspürte.

Am unangenehmsten waren mir jene Spöttereien, wenn Frau M*** zugegen war. Diese Spöttereien und komischen Angriffe hatten nach meiner Auffassung für mich sogar etwas Entwürdigendes. Und wenn dann manchmal ein allgemeines Gelächter auf meine Kosten erscholl, an welchem sogar Frau M*** sich mitunter unwillkürlich beteiligte, dann riss ich mich, ganz verzweifelt und außer mir vor Gram, von meinen Tyranninnen los und lief nach oben auf mein Zimmer, wo ich den übrigen Teil des Tages einsam verbrachte, da ich es nicht wagte, mich nochmals im Saal blicken zu lassen, übrigens verstand ich den Grund meiner Scham und meiner Aufregung selbst noch nicht; dieser ganze Prozess vollzog sich in meinem Innern unbewusst. Mit Frau M*** hatte ich bisher kaum ein paar Worte gesprochen und hätte es natürlich meinerseits auch nicht gewagt. Aber eines Abends, nach einem für mich unerträglichen Tag, war ich auf einem Spaziergang hinter den andern zurückgeblieben; ich war furchtbar müde geworden und wanderte langsam durch den Garten nach dem Haus hin. Da erblickte ich in einer einsamen Allee auf einer Bank Frau M***. Sie saß dort ganz allein, wie wenn sie sich diesen einsamen Ort absichtlich ausgesucht hätte, hielt den Kopf auf die Brust herabgeneigt und drehte mechanisch ihr Taschentuch in den Händen hin und her. Sie war so in ihre Gedanken versunken, dass sie mein Herankommen gar nicht hörte.

Als sie mich bemerkte, stand sie schnell von der Bank auf, wandte sich ab, und ich sah, dass sie sich schnell die Augen mit dem Taschentuche trocknete. Sie hatte geweint. Nachdem sie sich die Augen getrocknet hatte, lächelte sie mir zu und schlug mit mir zusammen die Richtung nach dem Haus ein. Ich erinnere mich nicht mehr, worüber wir miteinander sprachen, aber sie schickte mich alle Augenblicke unter verschiedenen Vorwänden von sich weg: Bald bat sie mich, ihr eine Blume zu pflücken, bald zuzusehen, wer da in der benachbarten Allee reite. Und wenn ich von ihr fortging, führte sie sofort wieder das Tuch an die Augen und wischte sich die ungehorsamen Tränen weg, die sich gar nicht stillen lassen wollten, sondern immer von Neuem aus ihrem Herzen aufstiegen und aus ihren armen Augen flossen. Ich begriff, dass ich ihr offenbar sehr zur Last war, da sie mich so häufig wegschickte; und sie selbst sah bereits, dass ich alles bemerkt hatte, aber sie konnte sich nicht beherrschen, und dadurch wurde mein Mitleid mit ihr noch mehr gesteigert. Ich ärgerte mich in diesem Augenblick über mich selbst beinahe bis zur Verzweiflung, verfluchte mich wegen meines hölzernen Wesens und meiner geistigen Unbeholfenheit und wusste doch nicht, wie ich sie in geschickter Weise verlassen könnte, ohne zum Ausdruck zu bringen, dass ich ihren Kummer bemerkt hatte. Ich ging in traurigem Staunen, ja tief erschrocken neben ihr her; ich war ganz fassungslos und fand schlechterdings auch nicht ein einziges Wort, um unser versiegendes Gespräch im Gang zu halten.

Diese Begegnung hatte auf mich einen so tiefen Eindruck gemacht, dass ich den ganzen Abend über mit gespannter Neugier Frau M*** heimlich beobachtete und kein Auge von ihr verwandte. Aber es traf sich, dass sie mich zweimal unvermutet bei meinen Beobachtungen ertappte; als sie es das zweite Mal bemerkte, lächelte sie. Das war ihr einziges Lächeln an dem ganzen Abend. Die Traurigkeit war noch nicht von ihrem Gesicht gewichen, das jetzt sehr blass aussah. Die ganze Zeit über führte sie ein leises Gespräch mit einer boshaften und zänkischen alten Dame, die niemand wegen ihres Umherspionierens und ihrer Klatschsucht leiden konnte, aber alle hatten vor ihr Furcht und sahen sich deswegen genötigt, sich mit ihr auf guten Fuß zu stellen, mochten sie es nun wollen oder nicht.

Um zehn Uhr traf Frau M***s Mann ein. Bis dahin hatte ich sie sehr aufmerksam beobachtet, ohne die Augen von ihrem traurigen Gesicht wegzuwenden; jetzt aber, bei dem unerwarteten Eintritt ihres Mannes sah ich, wie sie am ganzen Leib zu zittern anfing und ihr ohnehin schon blasses Gesicht auf einmal weiß wie Leinwand wurde. Das war so auffällig, dass auch andere es bemerkten: Ich hörte abseits das Bruchstück eines Gesprächs mit an, aus dem ich mit einiger Mühe entnahm, dass die arme Frau M*** es nicht besonders gut habe. Es wurde gesagt, ihr Mann sei eifersüchtig wie ein Mohr, nicht aus Liebe, sondern aus Selbstsucht. Vor allen Dingen war er ein Verehrer westeuropäischen Wesens, ein moderner Mensch, mit einer Musterkarte von neuen Ideen, auf die er sehr eitel war. Was sein Äußeres anlangt, so war er ein schwarzhaariger, hochgewachsener, sehr kräftig gebauter Herr, mit einem Backenbart nach westeuropäischer Fasson, mit selbstzufriedenem Gesicht, gesundem Teint, zuckerweißen Zähnen und dem tadellosen Benehmen eines Gentleman. Man nannte ihn einen »klugen Kopf«. So nennt man in manchen Kreisen eine besondere Gattung von Menschen, die auf fremde Kosten dick und fett geworden sind, absolut nichts tun, absolut nichts tun wollen, und bei denen infolge der lebenslänglichen Trägheit und Nichtstuerei sich das Herz in ein Stück Fett verwandelt hat. Man kann aus ihrem Mund alle Augenblicke die Bemerkung hören, ihre Untätigkeit sei die Folge irgendwelcher verwickelter feindlicher Umstände, die »ihr Genie lähmten«, und sie böten daher »einen traurigen Anblick«. Das ist nun einmal so eine hochmütige Phrase bei ihnen, ihr mot d'ordre, ihre Parole und Losung, eine Phrase, mit der diese feisten Dickbäuche überall und fortwährend um sich werfen, und man ist dessen als offenbarer Heuchelei und leeren Geredes längst überdrüssig geworden. Manche dieser komischen Käuze, die gar keine Beschäftigung für sich finden können (übrigens haben sie niemals nach einer solchen gesucht), beabsichtigen geradezu alle zu dem Glauben zu bringen, dass sie statt des Herzens nicht etwa ein Stück Fett, sondern im Gegenteil, allgemein ausgedrückt, etwas »sehr Tiefes« haben, was aber eigentlich, darüber würde sich selbst der allererste Chirurg in Schweigen hüllen, allerdings aus Höflichkeit. Das ganze Streben dieser Herren in der Welt ist darauf gerichtet, alles in grober Weise zu verspotten und kurzsichtig zu verurteilen, und sie bekunden dabei einen maßlosen Hochmut. Da sie nichts weiter zu tun haben, als fremde Fehler und Schwächen herauszufinden und laut zu verkünden, und da sie genau so viel Gutherzigkeit besitzen,wie davon der Auster zuteilgeworden ist, so wird es ihnen nicht schwer, unter Anwendung der notwendigen Vorsichtsmaßregeln ohne Anstoß in der Welt zu leben. Darauf sind sie außerordentlich stolz. Sie sind zum Beispiel beinahe davon überzeugt, dass nahezu die ganze Welt ihnen abgabenpflichtig ist; dass alle Menschen außer ihnen Dummköpfe sind; dass jeder ihrer Mitmenschen dazu da ist, von ihnen wie eine Zitrone oder wie ein Schwamm nach Bedürfnis ausgepresst zu werden; dass sie die Herren über alles sind, und dass diese ganze löbliche Ordnung der Dinge nur davon herrührt, dass sie selbst eine solche Klugheit und einen so festen Charakter besitzen. In ihrem maßlosen Stolz räumen sie nicht ein, dass auch sie Mängel hätten. Sie gleichen jener Sorte von Gaunern, den geborenen Tartüffs und Falstaffs, die dermaßen zu Gaunern geworden sind, dass sie schließlich sich selbst die Überzeugung zu eigen gemacht haben, es müsse eben so sein, das heißt, sie müssten leben und Gaunereien ausführen; sie haben allen so oft versichert, sie seien ehrliche Leute, dass sie zuletzt selbst zu dem Glauben gelangt sind, sie seien tatsächlich ehrliche Leute und ihre Gaunerei sei eine ehrliche Handlungsweise. Innerlich über sich selbst Gericht zu halten und eine unbefangene Selbstkritik zu üben, dahin bringen sie es niemals; für manche Dinge sind sie eben gar zu dick und fett. In erster Linie steht bei ihnen immer und in jeder Hinsicht ihre eigene kostbare Persönlichkeit, ihr Moloch und Baal, ihr vortreffliches Ich. Die ganze Natur, die ganze Welt ist für sie nichts anderes als ein einziger prächtiger Spiegel, der dazu geschaffen ist, dass unser Götze sich ununterbrochen in ihm bewundern könne, ohne außer sich sonst jemand oder sonst etwas zu sehen; unter solchen Umständen ist es nicht zu verwundern, dass ihm alles auf der Welt so hässlich vorkommt. Für alles hat er eine Phrase in Bereitschaft und (was bei ihnen der Gipfel der Geschicklichkeit ist) die allermodernste Phrase. Sie befördern sogar selbst diese Mode, indem sie einen Gedanken, von dem sie wittern, dass er Erfolg haben werde, ohne Beweis auf allen Gassen verbreiten. Sie besitzen einen besonderen Instinkt, um eine solche Modephrase aufzuspüren und sie sich früher als andere Leute anzueignen, sodass der Anschein erweckt wird, als stamme sie von ihnen her. Namentlich versorgen sie sich mit einem Vorrat von Phrasen, um ihre tiefste Sympathie mit der Menschheit zum Ausdruck zu bringen, und um klarzumachen, worin die korrekteste von der Vernunft gebilligte Philanthropie bestehe, und endlich, um unaufhörlich auf die Romantik zu schelten, das heißt oft auf alles Schöne und Wahre, wovon jedes Atom wertvoller ist als ihre ganze molluskenartige Sippschaft. Aber mit ihren stumpfen Organen erkennen sie die Wahrheit nicht in einer abweichenden, unfertigen Übergangsform und stoßen alles von sich, was noch nicht ausgereift ist, sich noch nicht geklärt hat und noch gärt. So ein wohlgenährter Mensch hat sein ganzes Leben in Freuden verbracht, alles in Hülle und Fülle gehabt, selbst nichts getan und weiß gar nicht, wie schwer die Verrichtung jeder Arbeit ist; und daher wehe dem, der irgendwie mit rauer Hand seine fetten Gefühle verletzt: Das verzeiht er niemals; das trägt er dem Betreffenden immer nach und rächt sich dafür mit Genuss. Um alles zusammenzufassen: Ein solcher Held ist nicht mehr und nicht weniger als ein riesiger, zum Platzen aufgeblasener Sack voll Sentenzen, Modephrasen und Schlagwörtern aller Art.

Indessen hatte Herr M*** auch seine Besonderheit und war ein beachtenswerter Mensch: Er war witzig, verstand ein Gespräch geschickt zu führen und erzählte interessant, und in den Salons sammelte sich immer um ihn ein Kreis von Zuhörern. An jenem Abend gelang es ihm besonders, Sensation zu erregen. Er beherrschte die Konversation; er war gut disponiert, heiter, über irgendetwas vergnügt und zog die Blicke aller auf sich. Aber Frau M*** war die ganze Zeit über wie eine Kranke; ihr Gesicht war so traurig, dass ich alle Augenblicke glaubte, es würden gleich wieder wie kurz vorher die Tränen an ihren langen Wimpern zittern. Alles dies machte auf mich, wie schon gesagt, einen starken Eindruck und versetzte mich in das größte Erstaunen. Ich ging mit dem Gefühl einer seltsamen Neugier fort und träumte die ganze Nacht von Herrn M***, während ich doch bisher nur selten hässliche Träume gehabt hatte.

Am andern Tag wurde ich früh morgens zu einer Probe lebender Bilder gerufen, bei denen auch ich eine Rolle hatte. Lebende Bilder, eine Theateraufführung und ein Ball, diese Vergnügungen sollten, alle an einem einzigen Abend, in kurzer Zeit, schon in fünf Tagen, aus Anlass eines häuslichen Festes stattfinden, nämlich des Geburtstages der jüngsten Tochter unseres Wirtes. Zu diesem beinahe improvisierten Fest waren aus Moskau und den umliegenden Landhäusern noch etwa hundert Gäste eingeladen, sodass es viel Geschäftigkeit, Unruhe und Wirrwarr gab. Die Probe oder, richtiger gesagt, die Besichtigung der Kostüme war auf eine ungewöhnlich frühe Stunde angesetzt, weil unser Regisseur, der namhafte Künstler R***, ein Freund und Gast unseres Wirtes, der sich aus Freundschaft hatte bereit finden lassen, die Komposition und das Stellen der lebenden Bilder und zugleich die Unterweisung der Mitwirkenden zu übernehmen, es jetzt eilig hatte, nach der Stadt zu fahren, um die erforderlichen Requisiten einzukaufen und die definitiven Vorbereitungen zu dem Fest zu treffen, sodass keine Zeit zu verlieren war. Ich war bei einem Bild mit Frau M*** zusammen beteiligt. Das Bild stellte eine Szene aus dem Leben des Mittelalters vor und hieß: »Die Burgherrin und ihr Page.«

Ich war unsäglich befangen, als ich mit Frau M*** bei der Probe zusammenkam. Es kam mir so vor, als werde sie sofort aus meinen Augen alle die Gedanken, Zweifel und Vermutungen lesen, die sich seit dem vorhergehenden Tag in meinem Kopf gebildet hatten. Außerdem hatte ich immer die Empfindung, als hätte ich mir ihr gegenüber dadurch etwas zuschulden kommen lassen, dass ich sie tags zuvor in Tränen getroffen und sie in ihrem Kummer gestört hatte; ich meinte, sie müsse mich als einen unerwünschten Zeugen und ungebetenen Mitwisser ihres Geheimnisses unwillkürlich mit feindlichen Blicken betrachten. Aber Gott sei Dank, die Sache ging ohne größere Schwierigkeiten ab; sie beachtete mich einfach gar nicht. Sie schien überhaupt mit ihren Gedanken weder bei mir noch bei der Probe zu sein: Sie war zerstreut, traurig und in ein trübes Nachdenken versunken; es war augenscheinlich, dass eine große Sorge sie quälte. Als ich mit meiner Rolle fertig war, lief ich weg, um mich umzukleiden, und trat zehn Minuten darauf auf die Terrasse hinaus, die nach dem Garten zu lag. Fast gleichzeitig trat aus einer andern Tür auch Frau

M*** hinaus, und uns gegenüber erschien gerade ihr selbstgefälliger Gatte, der aus dem Garten zurückkehrte, nachdem er soeben einen ganzen Schwarm von Damen dorthin begleitet und sie dort der Obhut eines gewandten cavalier servant übergeben hatte. Das Zusammentreffen von Mann und Frau war offenbar ein unerwartetes. Frau M*** wurde aus einem mir unbekannten Grund auf einmal verlegen, und in ihren hastigen Bewegungen kam ein leichter Ärger zum Ausdruck. Der Gatte, der sorglos eine Arie gepfiffen und auf dem ganzen Weg mit tiefsinniger Miene seinem Backenbart eine schönere Form verliehen hatte, machte jetzt, bei der Begegnung mit seiner Frau, ein finsteres Gesicht und sah sie, wie ich mich jetzt erinnere, mit einem entschieden inquisitorischen Blick an.

»Sie gehen in den Garten?«, fragte er, als er den Sonnenschirm und das Buch in den Händen seiner Frau bemerkte.

»Nein, in das Wäldchen«, antwortete sie und errötete ein wenig.

»Allein?«

»Mit ihm …«, erwiderte Frau M***, auf mich zeigend. »Ich pflege morgens allein spazieren zu gehen«, fügte sie mit unsicherer Stimme hinzu, so wie wenn jemand zum ersten Mal in seinem Leben lügt.

»Hm … Ich meinerseits habe soeben eine ganze Gesellschaft dorthin begleitet. Es versammeln sich da alle bei der Blumenlaube, um Herrn N***oi das Geleit zu geben. Er reist ab, wie Sie wissen … Es ist da bei ihm ein Malheur passiert, in Odessa … Ihre Kusine« (er sprach von der Blondine) »lacht und weint beinah, alles zugleich; man wird nicht aus ihr klug. Sie hat mir übrigens gesagt, Sie seien aus irgendwelchem Grund über Herrn N***oi aufgebracht und wollten ihm darum nicht das Geleit geben. Es ist doch gewiss Unsinn?«

»Sie macht sich lustig«, antwortete Frau M*** und stieg die Stufen der Terrasse hinab.

»Also das ist Ihr cavalier servant?«, fügte Herr M*** hinzu, indem er den Mund schief zog und seine Lorgnette auf mich richtete.

»Page!«, rief ich, ärgerlich über die Lorgnette und den spöttischen Ton, und ihm gerade ins Gesicht lachend, sprang ich mit einem Satz die drei Stufen der Terrasse hinunter.

»Viel Vergnügen!«, brummte Herr M*** und ging seines Weges weiter.

Natürlich war ich sofort zu Frau M*** hingetreten, als sie im Gespräch mit ihrem Mann auf mich zeigte, und hatte so getan, als ob sie mich schon eine ganze Stunde vorher aufgefordert hätte, und als ob ich schon einen ganzen Monat lang mit ihr morgens spazieren gegangen wäre. Aber ich konnte gar nicht daraus klug werden: Warum war sie in solche Verwirrung geraten, so verlegen geworden, und in welcher Absicht hatte sie sich entschlossen, zu dieser kleinen Lüge zu greifen? Warum hatte sie nicht einfach gesagt, dass sie allein gehe? Jetzt wusste ich nicht, wie ich sie ansehen sollte, aber in meiner Verwunderung fing ich doch allmählich höchst naiv an, ihr ins Gesicht zu sehen; indes bemerkte sie ebenso wie eine Stunde vorher bei der Probe weder meine heimlich forschenden Blicke noch meine stummen Fragen. Auf ihrem Gesicht, in ihrer Erregung, in ihrem Gang prägte sich immer noch ebendieselbe quälende Sorge aus, nur noch deutlicher, noch stärker als damals. Sie hatte es eilig, irgendwohin zu kommen, beschleunigte ihren Schritt immer mehr und blickte, sich am Rand des Gartens haltend, in jede Allee, in jede Schneise des Wäldchens hinein. Auch ich erwartete etwas. Auf einmal erscholl hinter uns Pferdegetrappel. Es war eine ganze Kavalkade von Reitern und Reiterinnen, die jenem Herrn N***oi das Geleit gaben, der unsere Gesellschaft so plötzlich verließ.

Unter den Damen befand sich auch meine Blondine, von der Herr M*** gesprochen hatte, indem er von ihren Tränen erzählte. Aber nach ihrer Gewohnheit lachte sie wie ein Kind und sprengte rasch auf einem schönen Braunen einher. Als sie uns eingeholt hatten, nahm Herr N***oi den Hut ab, hielt aber nicht an und sagte zu Frau M*** kein Wort. Bald war der ganze Schwarm unseren Blicken entschwunden. Ich sah Frau M*** an und hätte beinah laut aufgeschrien vor Erstaunen: Sie stand da, blass wie Leinwand, und große Tränen drangen aus ihren Augen. Zufällig begegneten sich unsere Blicke: Frau M*** errötete plötzlich, wandte sich einen Augenblick ab, und ein deutlicher Ausdruck von Beunruhigung und Verdruß huschte über ihr Gesicht. Ich war hier überflüssig, in noch höherem Grad als tags zuvor; das war sonnenklar, aber wo sollte ich hin?

Auf einmal schlug Frau M***, wie wenn sie meinen Wunsch erraten hätte, das Buch auf, das sie in der Hand trug; und indem sie errötete und sich offenbar Mühe gab, mich nicht anzusehen, sagte sie, wie wenn sie dessen eben erst inne würde:

»Ach! Das ist der zweite Band; ich habe mich vergriffen; bitte, hole mir doch den ersten!«

Wie hätte ich das nicht verstehen sollen! Meine Rolle war zu Ende, und es war nicht möglich, mich auf einfachere Weise fortzujagen.

Ich lief mit ihrem Buch fort und kehrte nicht wieder zurück. Der erste Band blieb an diesem Morgen ruhig auf dem Tisch liegen.

Aber ich war ganz verstört; das Herz klopfte mir heftig wie in beständiger Angst. Ich vermied es aus aller Macht, mit Frau M*** irgendwie zusammenzutreffen. Dafür betrachtete ich mit scheuer Neugier die selbstgefällige Person des Herrn M***, als ob an ihm jetzt unbedingt etwas Besonderes zu sehen sein müsse. Ich begreife absolut nicht, welchen Grund diese komische Neugier hatte; ich erinnere mich nur, dass ich in einem sonderbaren Erstaunen über all das befangen war, was ich an diesem Morgen zu sehen bekam. Aber dieser Tag hatte eben erst begonnen und war für mich überreich an Erlebnissen.

Das Mittagessen fand diesmal sehr früh statt. Für den Abend war eine gemeinsame Vergnügungspartie nach einem benachbarten Dorf geplant, zu einem ländlichen Fest, das dort gerade begangen wurde, und daher musste nach dem Mittagessen noch Zeit bleiben, um alles dazu vorzubereiten. Ich hatte mir schon seit drei Tagen von dieser Partie etwas vorfantasiert, von der ich mir außerordentlich viel Vergnügen versprach. Zum Kaffeetrinken versammelten sich fast alle auf der Terrasse. Ich schlich vorsichtig hinter den andern her und verbarg mich hinter der dreifachen Reihe von Lehnstühlen. Es zog mich die Neugier hin, und doch wollte ich um keinen Preis Frau M*** unter die Augen kommen. Aber der Zufall wollte, dass ich nicht weit von meiner Verfolgerin, der Blondine, zu sitzen kam. Diesmal war mit ihr ein Wunder geschehen, etwas Unmögliches hatte sich ereignet: Sie war noch einmal so schön geworden wie sonst. Ich weiß nicht, wie das geschieht, und woher es kommt, aber mit Frauen begeben sich solche Wunder gar nicht so selten. Es befand sich in jenem Augenblick ein neuer Gast unter uns, ein hochgewachsener junger Mann mit blassem Gesicht, ein ausgesprochener Verehrer unserer Blondine; er war soeben erst aus Moskau zu uns gekommen, gleichsam express um den abreisenden Herrn N***oi zu ersetzen, über den das Gerücht ging, dass er in unsere Schöne sterblich verliebt sei. Was den Ankömmling anlangt, so stand er schon lange mit ihr in denselben Beziehungen wie Benedikt mit Beatrice in Shakespeares »Viel Lärm um nichts«. Kurz, unsere Schöne feierte an diesem Tag einen großartigen Triumph. Ihre Scherze und ihr Geplauder waren so anmutig, von einer solchen zutraulichen Naivität, von einer solchen verzeihlichen Unvorsichtigkeit, und sie war mit einer so anmutigen Zuversicht davon überzeugt, der Gegenstand des allgemeinen Entzückens zu sein, dass ihr tatsächlich die ganze Zeit über eine Art von besonderer Verehrung dargebracht wurde. Um sie herum drängte sich ununterbrochen ein dichter Kreis erstaunter, bewundernder Zuhörer, und noch nie war sie so reizend gewesen. Jedes Wort von ihr war verführerisch und interessant, wurde begierig aufgenommen und in die Runde weitergegeben, und kein einziger ihrer Scherze, keine einzige ihrer mutwilligen Äußerungen fiel ins Wasser. Niemand hatte, wie es schien, von ihr so viel Geschmack, Witz und Geist erwartet. Alle ihre guten Eigenschaften lagen für gewöhnlich in dem ausgelassensten Unsinn, in dem eigensinnigsten Übermut vergraben, der beinah bis zur Possenreißerei ging; selten bemerkte jemand diese guten Eigenschaften, und wenn er sie bemerkte, so glaubte er nicht an sie, sodass jetzt ihr ungewöhnlicher Erfolg mit einem allgemeinen begeisterten Flüstern aufgenommen wurde.

Übrigens wirkte zu diesem Erfolg noch ein Umstand mit, ein ziemlich heikler Umstand, heikel wenigstens im Hinblick auf die Rolle, die dabei Frau N***s Mann spielte. Die schelmische Blondine hatte beschlossen (und ich muss hinzufügen: fast zum allgemeinen Vergnügen, oder wenigstens zum Vergnügen des gesamten jungen Volkes), eine grimmige Attacke auf ihn auszuführen; sie hatte dazu eine ganze Menge Gründe, die in ihren Augen wahrscheinlich sehr gewichtig waren. Sie vollführte gegen ihn ein ordentliches Schnellfeuer von

Witzen, Spöttereien und Sarkasmen, und zwar war das Charakteristische dieser Angriffe nicht nur ihre unwiderstehliche Heftigkeit, sondern auch ihre Gewandtheit, Hinterlist und schlangenartige Glätte; sie gehörten eben zur Gattung derjenigen Angriffe, die direkt ihr Ziel treffen, aber von keiner Seite dem Angegriffenen die Möglichkeit bieten, einzuhaken und sich zu verteidigen; das arme Opfer erschöpft nur seine Kräfte in nutzlosen Anstrengungen und wird zur Raserei und zur komischsten Verzweiflung gebracht.

Ich weiß es nicht mit Sicherheit, glaube es aber, dass dieser extravagante Streich vorher überlegt und nicht etwa improvisiert war. Schon beim Mittagessen hatte dieses hartnäckige Duell begonnen. Ich sage »hartnäckig«, weil Herr M*** nicht so bald die Waffen streckte. Er musste seine ganze Geistesgegenwart, seinen ganzen Witz, seine ganze seltene Schlagfertigkeit zusammennehmen, um nicht völlig aufs Haupt geschlagen zu werden und sich nicht mit Schimpf und Schande zu bedecken. Die Sache ging unter ununterbrochenem, unhemmbarem Gelächter aller Zeugen und Teilnehmer des Kampfes vor sich. Jedenfalls befand sich Herr M*** an diesem Tag in einer ganz anderen Situation als am vorhergehenden. Man konnte merken, dass Frau M*** mehrere Male den Versuch machte, ihre unbesonnene Freundin zurückzuhalten, die ihrerseits dem eifersüchtigen Gatten durchaus eine Schellenkappe aufsetzen, ihn als Blaubart kostümieren wollte. So fasse ich es wenigstens auf nach dem, was mir davon im Gedächtnis geblieben ist, und nach der Rolle, die mir selbst in dieser Affäre zu spielen beschieden war.

Dies geschah plötzlich, auf die lächerlichste Weise und ganz unerwartet; es traf sich gerade, dass ich in diesem Augenblick frei sichtbar dastand, ohne etwas Schlimmes zu argwöhnen; ich hatte sogar die Vorsichtsmaßregeln von vorhin ganz vergessen. Auf einmal wurde ich ganz in den Vordergrund gerückt durch die Behauptung, ich sei Herrn M***s geschworener Feind und natürlicher Nebenbuhler; ich sei in seine Frau ganz rasend verliebt, bis über die Ohren. Und das versicherte meine Tyrannin mit ihrem Wort und beschwor es und sagte, sie habe dafür Beweise und habe zum Beispiel erst heute im Wald gesehen, dass …

Aber ich ließ sie den Satz nicht zu Ende sprechen, sondern unterbrach sie in diesem für mich so entsetzlichen Augenblick. Dieser Streich war mit so schändlicher Berechnung ausgesonnen, so verräterisch gerade für das Ende, für einen spaßhaften Abschluss vorbereitet und in einer so humoristischen, komischen Weise ins Werk gesetzt, dass eine ganze Salve allgemeinen, unhemmbaren Gelächters diesen letzten tollen Angriff begrüßte. Und obwohl ich gleich damals ahnte, dass nicht ich derjenige war, dem die ärgerlichste Rolle dabei zugefallen war, so war ich doch dermaßen verwirrt, gereizt und erschrocken, dass ich mit weinenden Augen, voll Schmerz und Verzweiflung und fast erstickend vor Scham durch zwei Reihen von Stühlen hindurchdrang, vortrat und, zu meiner Tyrannin gewendet, mit einer Stimme, die mir vor Tränen und Entrüstung fast versagte, ausrief:

»Schämen Sie sich denn nicht … laut … vor den Ohren aller Damen … eine so hässliche Unwahrheit zu sagen!? … Wie ein kleines Mädchen … vor den Ohren aller Männer … Was werden die davon denken? … Und Sie sind doch schon erwachsen … und verheiratet! …«

Aber ich konnte nicht zu Ende sprechen, denn es erscholl ein betäubendes Beifallklatschen. Mein mutiges Auftreten rief einen wahren Sturm der Begeisterung hervor. Meine naiven Gebärden, meine Tränen und namentlich der Umstand, dass ich gewissermaßen als Herrn M***s Beschützer auftrat, alles dies erzeugte ein so gewaltiges, herzliches Gelächter, dass mir sogar jetzt bei der bloßen Erinnerung furchtbar lächerlich zumute wird. Ich war außer mir, fast von Sinnen vor Erregung; und mit brennendem Kopf, das Gesicht in den Händen verbergend, stürzte ich hinaus, stieß in der Tür einen hereinkommenden Diener so an, dass er sein Präsentierbrett fallen ließ, und lief nach oben, nach meinem Zimmer. Ich riss den Schlüssel, der von außen in der Tür steckte, heraus und schloss von innen zu. Daran hatte ich recht getan, denn ich wurde verfolgt. Es war noch keine Minute vergangen, als ein ganzer Schwarm unserer hübschesten Damen meine Tür belagerte. Ich hörte ihr helles Lachen, ihr munteres Reden, ihre wohlklingenden Stimmen; sie zwitscherten alle zusammen wie die Schwalben. Allesamt baten sie mich und flehten sie mich an, ich möchte doch wenigstens für eine Minute die Tür aufmachen; sie schworen, es werde mir nicht das geringste Üble widerfahren; sie wollten mich nur totküssen. Aber was konnte es noch Schrecklicheres geben als diese neue Drohung? Ich glühte vor Scham hinter meiner Tür, verbarg das Gesicht im Kopfkissen und schloss nicht auf; ja, ich antwortete nicht einmal. Sie klopften noch lange und baten mich, aber ich war gefühllos und taub, wie es ein Elfjähriger nur sein kann.

Aber was sollte ich jetzt tun? Alles war aufgedeckt, alles enthüllt, mein ganzes Geheimnis, das ich so eifersüchtig gehütet und verborgen hatte! Ich war für mein ganzes Leben mit Schimpf und Schande bedeckt! In Wahrheit war ich selbst nicht im Stande, dasjenige zu benennen, worum ich so gebangt hatte, und was ich so gern geheim gehalten hatte, aber doch hatte ich um etwas gebangt und vor der Enthüllung dieses »Etwas« wie Espenlaub gezittert. Nur eins hatte ich bis auf diesen Augenblick nicht gewusst: Wie beschaffen dieses Etwas sei, ob schicklich oder unschicklich, rühmlich oder schimpflich, löblich oder tadelnswert. Jetzt aber, in meiner Qual und in meinem schrecklichen Leid, erkannte ich, dass es lächerlich und schimpflich war! Instinktiv fühlte ich gleichzeitig, dass dieses Verdikt unrichtig und unmenschlich und roh war, aber ich war zerschlagen und vernichtet; der Denkprozess war in meinem Innern gewissermaßen in Verwirrung geraten und ins Stocken gekommen; ich war nicht im Stande, mich gegen dieses Verdikt aufzulehnen oder auch nur eine ordentliche Kritik an ihm zu üben: Mein Geist war wie in einen Nebel gehüllt; ich empfand nur, dass mein Herz in unmenschlicher, schamloser Weise verletzt worden war, und vergoss ohnmächtige Tränen. Ich befand mich in heftiger Erregung; in mir kochten Empörung und ein Hass, wie ich ihn bis dahin niemals gekannt hatte, weil ich jetzt zum ersten Mal in meinem Leben ernstes Leid, tiefe Kränkung und Beleidigung erfahren hatte; und alles dies war tatsächlich so, ohne alle Übertreibungen. In mir, dem Kind, war das erste, noch unerfahrene, erst keimende Gefühl mit rauer Hand berührt, das erste duftige, wirkliche Schamgefühl so früh entblößt und beschimpft und das erste, vielleicht sehr ernste ästhetische Empfinden verlacht worden. Allerdings kannten und ahnten diejenigen, die mich verspottet hatten, vieles von meinen Qualen nicht. Zur Hälfte wirkte dabei auch ein verborgener Umstand mit, den ich bisher noch nicht hatte klarlegen können; ja, ich fürchtete mich gewissermaßen, dies zu tun. In Kummer und Verzweiflung blieb ich auf meinem Bett liegen und verbarg mein Gesicht in den Kissen; Hitze und Frostschauer überliefen mich abwechselnd. Zwei Fragen waren es, die mich quälten: Was hatte die nichtswürdige Blondine heute im Wäldchen zwischen mir und Frau M*** vorgehen sehen, und was konnte sie überhaupt gesehen haben? Und dann die zweite Frage: Wie und mit welchen Augen und durch welches Mittel konnte ich jetzt Frau M*** ins Gesicht sehen, ohne in demselben Augenblick auf dem Fleck vor Scham und Verzweiflung zu vergehen?

Ein ungewöhnlicher Lärm auf dem Hof weckte mich schließlich aus der halben Bewusstlosigkeit, in der ich mich befand. Ich stand auf und trat an das Fenster. Der ganze Hof war gedrängt voll von Equipagen, Reitpferden und geschäftigen Dienern. Es schien, dass alle im Aufbruch begriffen waren; mehrere Reiter saßen schon auf ihren Pferden; andere Gäste nahmen in den Equipagen Platz. Da fiel mir der bevorstehende Ausflug ein, und allmählich füllte sich mein Herz mit einer starken Unruhe; ich hielt auf dem Hof eifrig Ausschau nach meinem Pferdchen, aber dieses war nicht da; man hatte mich also vergessen. Ich konnte mich nicht länger beherrschen und lief Hals über Kopf nach unten, ohne an die Möglichkeit unangenehmer Begegnungen oder an die mir soeben angetane Schmach zu denken.

Eine schreckliche Kunde erwartete mich. Es war diesmal für mich weder ein Reitpferd noch ein Platz in einem Wagen vorhanden: Alles war vergriffen und mit Beschlag belegt, und ich musste hinter anderen zurückstehen.

Bekümmert über dieses neue Unglück blieb ich auf den Stufen vor der Haustür stehen und blickte traurig auf die lange Reihe von Kutschen, Kabrioletts und Kaleschwagen hin, in denen für mich nicht das kleinste Plätzchen vorhanden war, und auf die geputzten Reiterinnen, unter denen die ungeduldigen Pferde von einem Bein auf das andere traten.

Einer der Reiter verspätete sich aus irgendwelchem Grund. Man wartete nur auf ihn, um aufzubrechen. An der Auffahrt stand sein Pferd, nagte am Gebiss, zerwühlte mit den Hufen die Erde, zuckte alle Augenblicke schreckhaft zusammen und bäumte sich. Zwei Stallknechte hielten es vorsichtig am Zügel, und alle hielten sich ängstlich in respektvoller Entfernung von ihm.

Es hatte in der Tat ein recht unangenehmer Vorfall stattgefunden, infolgedessen ich an der Partie nicht teilnehmen konnte. Abgesehen davon, dass neue Gäste eingetroffen waren und alle Wagenplätze und Pferde beschlagnahmt hatten, waren auch noch zwei Reitpferde erkrankt, von denen eines mein Pferdchen war. Aber ich war nicht der Einzige, der durch diesen Vorfall zu leiden hatte: Es hatte sich herausgestellt, dass für unsern neuen Gast, jenen blassen jungen Mann, von dem ich schon gesprochen habe, ebenfalls kein Reitpferd da war. Um aus der unangenehmen Lage herauszukommen, hatte sich unser Wirt genötigt gesehen, zum letzten Mittel seine Zuflucht zu nehmen, nämlich seinen wilden, nicht zugerittenen Hengst zur Verfügung zu stellen; allerdings hatte er, um sein Gewissen nicht zu beschweren, hinzugefügt, es sei unmöglich, auf dem Tier zu reiten, und er habe es schon längst wegen seiner Wildheit verkaufen wollen, wenn sich nur ein Käufer dafür gefunden hätte. Aber der Gast hatte dieser Warnung gegenüber erklärt, er sei ein tüchtiger Reiter und jedenfalls bereit, sich auf jedes beliebige Pferd zu setzen, um nur mitzureiten. Der Wirt hatte darauf geschwiegen; jetzt aber kam es mir so vor, als spiele ein zweideutiges, schlaues Lächeln um seine Lippen. In Erwartung des Reiters, der sich seiner Kunst gerühmt hatte, hatte er selbst sein Pferd noch nicht bestiegen, rieb sich ungeduldig die Hände und blickte alle Augenblicke nach der Tür hin. Etwas Ähnliches hatte sich sogar den beiden Stallknechten mitgeteilt, die den Hengst hielten und sich vor Stolz kaum zu lassen wussten, da das ganze Publikum sie bei einem Pferd sah, das jeden Augenblick ohne Weiteres einen Menschen zu Tode bringen konnte. Etwas dem schlauen Lächeln ihres Herrn Ähnliches spiegelte sich auch in ihren Augen wider, die sie vor gespannter Erwartung weit aufgerissen hatten und ebenfalls auf die Tür gerichtet hielten, durch die der kühne Gast erscheinen musste. Ja, auch das Pferd benahm sich so, als hätte es sich gleichfalls mit dem Wirt und den Knechten verabredet: Es betrug sich stolz und hochmütig, als fühle es, dass ein paar Dutzend neugieriger Augen es beobachteten, und als brüste es sich vor allen Leuten mit seinem schlechten Ruf, gerade wie mancher unverbesserliche Galgenstrick mit seinen üblen Streichen prahlt. Der Hengst schien den Wagehals herauszufordern, der so dreist wäre, ein Attentat auf seine Freiheit zu unternehmen.

Endlich erschien dieser Wagehals. Sich schämend, dass er auf sich hatte warten lassen, und sich eilig die Handschuhe anziehend, schritt er, ohne nach etwas hinzublicken, vorwärts, stieg die Stufen vor der Haustür hinab und hob die Augen erst dann in die Höhe, als er die Hand ausstrecken wollte, um das ungeduldig wartende Pferd am Rist zu fassen, wurde aber plötzlich durch dessen wütendes Aufbäumen und einen warnenden Zuruf der ganzen erschrockenen Zuschauerschaft in Bestürzung versetzt. Der junge Mann trat zurück und blickte befremdet das wilde Pferd an, das am ganzen Leib wie Espenlaub zitterte, vor Grimm schnaubte, mit den blutunterlaufenen Augen wild um sich sah und sich alle Augenblicke auf die Hinterbeine stellte und die Vorderbeine in die Höhe hob, wie wenn es sich anschickte, in die Luft hinaufzustürmen und die beiden haltenden Stallknechte mit sich fortzuführen. Eine kleine Weile stand der junge Mann ganz betroffen da; dann errötete er in leiser Verwirrung ein wenig, hob die Augen auf, schaute rings um sich und betrachtete die erschrockenen Damen.

»Ein sehr gutes Pferd!«, sagte er, wie wenn er zu sich selbst spräche, »und meiner Ansicht nach muss es sehr angenehm sein, auf ihm zu reiten, aber … aber wissen Sie was? Ich für meine Person werde nicht mitreiten«, schloss er, zu unserm Wirt gewendet, mit seinem breiten, gutmütigen Lächeln, das seinem guten, klugen Gesicht so gut stand.

»Und ich halte Sie dennoch für einen vorzüglichen Reiter; das schwöre ich Ihnen«, antwortete der erfreute Besitzer des unnahbaren Pferdes und drückte seinem Gast warm und sogar ordentlich dankbar die Hand, »dafür halte ich Sie gerade deswegen, weil Sie gleich von vornherein gemerkt haben, mit was für einer Bestie Sie da zu tun haben«, fügte er mit würdevollem Ernst hinzu. »Werden Sie es mir glauben: Ich bin dreiundzwanzig Jahre Husar gewesen und habe schon dreimal durch die Gnade dieses Rackers das Vergnügen gehabt, auf der Erde zu liegen, das heißt, gerade so oft, wie ich ihn bestiegen habe, diesen unnützen Fresser … Tankred, mein Freund, wir taugen hier alle nicht für dich; der Reiter, der dich zu bändigen vermag, ist offenbar noch nicht geboren. Na, dann führt ihn wieder weg! Er hat hier die Menschen genug erschreckt! Es ist zwecklos gewesen, dass ihr ihn hergeführt habt«, schloss er und rieb sich dabei wohlgefällig die Hände.

Ich muss dabei bemerken, dass Tankred ihm nicht den geringsten Nutzen brachte, sondern nur, ohne etwas zu leisten, sein Futter fraß; außerdem hatte der alte Husar durch ihn sein ganzes früheres Renommee als Remonteoffizier eingebüßt, da er einen fabelhaften Preis für einen nutzlosen Fresser bezahlt hatte, der nur durch seine Schönheit imponierte. Aber doch war unser Wirt jetzt darüber entzückt, dass sein Tankred seiner Würde nichts vergeben, sondern wieder einmal einen Reiter abgeschreckt und sich dadurch neue Lorbeeren, wenn auch von sinnloser Art, erworben hatte.

»Wie? Sie reiten nicht mit?«, rief die Blondine, die diesmal ihren cavalier servant unbedingt bei sich haben wollte. »Haben Sie wirklich Furcht?«

»Ja, die habe ich wahrhaftig!«, antwortete der junge Mann.

»Sagen Sie das im Ernst?«

»Hören Sie, wünschen Sie wirklich, dass ich mir den Hals breche?«

»Dann setzen Sie sich schnell auf mein Pferd: Seien Sie unbesorgt, es ist sehr fromm. Wir werden keinen Aufenthalt verursachen; die Sättel lassen sich in einem Augenblick vertauschen! Ich will versuchen, Ihr Pferd zu nehmen; Tankred wird doch gewiss nicht immer so unhöflich sein.«

Gesagt, getan! Der Tollkopf sprang aus dem Sattel und stand bei Beendigung des letzten Satzes schon vor uns.

»Da kennen Sie aber Tankred schlecht, wenn Sie glauben, er werde sich Ihren unbequemen Sattel auflegen lassen! Und ich werde auch nicht dulden, dass Sie sich den Hals brechen; das wäre doch wirklich schade!«, sagte unser Wirt, indem er in diesem Augenblick innerer Befriedigung seiner steten Gewohnheit gemäß die auch ohnedies schon affektierte und gekünstelte Derbheit, ja Grobheit seiner Ausdrucksweise geflissentlich noch mehr steigerte, was ihn seiner Meinung nach als einen guten Kerl und alten Militär erscheinen ließ und namentlich den Damen gefallen musste. Es war dies eine fixe Idee von ihm, sein uns allen wohlbekanntes Steckenpferd.

»Nun, und du, du weinerliches Jüngelchen, willst du es nicht probieren? Du hattest ja so große Lust mitzureiten«, sagte die mutige Reiterin, als sie mich bemerkte, und deutete spöttisch mit einer Kopfbewegung auf Tankred hin. Sie sagte das eigentlich nur, um nicht ganz unverrichteter Sache fortgehen zu müssen, da sie schon vergeblich vom Pferd gestiegen war, und um mich nicht ohne ein spitzes Wort davonzulassen, da ich selbst die Unachtsamkeit begangen hatte, ihr wieder vor Augen zu kommen.

»Du bist gewiss nicht so einer wie ... nun, was bedarf es da noch der Worte, du bist ja als Held bekannt und wirst dich schämen, dich feige zu zeigen, besonders wenn alle nach dir hinsehen, du schöner Page«, fügte sie mit einem schnellen Seitenblick nach Frau M*** hinzu, deren Equipage am nächsten an der Haustür stand.

Hass und Rachsucht hatten mein Herz geschwellt, als die schöne Amazone mit der Absicht, sich auf Tankred zu setzen, zu uns getreten war. Aber ich vermag nicht zu schildern, was ich bei dieser unerwarteten Herausforderung der mutwilligen Dame empfand. Es wurde mir ordentlich dunkel vor den Augen, als ich den Blick auffing, den sie auf Frau M*** richtete. In einem Augenblick flammte in meinem Kopf eine Idee auf ... ja, es war nur ein Augenblick, noch weniger als ein Augenblick, wie ein Aufblitzen von Schießpulver. Entweder war das Maß übervoll geworden, und ich empörte mich nun plötzlich mit meinem ganzen wiedererwachten Mut, und zwar so, dass ich auf einmal Lust bekam, alle meine Feinde schamrot zu machen und mich an ihnen für alles und vor aller Augen zu rächen, indem ich jetzt zeigte, was ich für ein Mensch sei; oder aber es unterrichtete mich durch eine Art von Wunder jemand in diesem Augenblick in der Geschichte des Mittelalters, von der ich bis dahin noch keine Ahnung gehabt hatte, und in meinem von Schwindel ergriffenen Kopf blitzten allerlei romantische Vorstellungen auf: Turniere, Paladine, Helden, schöne Damen, Schwerterklirren, Beifallsrufen und -klatschen der Menge, und zwischen all diesem Lärm ein schüchterner Aufschrei eines angstvollen Herzens, der dem stolzen Geist süßer und teurer ist als Sieg und Ruhm – ich weiß nicht mehr, ob all dieser Unsinn damals wirklich in meinem Kopf vorhanden war oder, wohl richtiger, nur eine Ahnung dieses Unsinns, den ich später einmal unvermeidlich kennenlernen musste: Ich war mir nur bewusst, dass meine Stunde geschlagen hatte. Mein Herz hüpfte und zitterte, und ich erinnere mich selbst nicht mehr, wie ich mit einem Satz die Stufen hinabsprang und nun neben Tankred stand.

»Glauben Sie, dass ich mich fürchte?«, rief ich dreist und stolz. Vor fieberhafter Erregung wurde es mir dunkel vor den Augen, der Atem stockte mir, und ich errötete so, dass mir die Tränen auf den Backen brannten. »Da! Sehen Sie her!« Und Tankred am Rist fassend, trat ich mit dem einen Fuß in den Steigbügel, ehe noch jemand die geringste Bewegung machen konnte, um mich zurückzuhalten, aber in diesem Augenblick richtete sich Tankred auf den Hinterbeinen auf, warf den Kopf in die Höhe, riss sich mit einem mächtigen Sprung aus den Händen der erstarrt dastehenden Stallknechte los und flog wie ein Wirbelwind davon, gefolgt von einem allgemeinen Aufschrei des Schreckens.

Gott weiß, wie es mir gelang, im vollen Dahinjagen den andern Fuß in den Steigbügel hineinzubringen; auch ist es mir unbegreiflich, wie es zuging, dass ich die Zügel nicht verlor. Tankred sprengte mit mir aus dem Gittertor hinaus, machte dann eine scharfe Wendung nach rechts und preschte am Gitter entlang, aufs Geratewohl, ohne sich um den Weg zu kümmern. Erst in diesem Augenblick hörte ich hinter mir das Geschrei von fünfzig Stimmen, und dieses Geschrei erweckte in meinem ersterbenden Herzen ein solches Gefühl der Befriedigung und des Stolzes, dass ich diesen tollen Moment meines Kinderlebens nie vergessen werde. Alles

Blut strömte mir nach dem Kopf, betäubte mich und überschwemmte und erstickte meine Furcht. Ich wusste nicht von mir selbst. Tatsächlich war, wie ich mich jetzt erinnere, in alledem gewissermaßen geradezu etwas Ritterhaftes.

Indessen begann und endete mein Rittertum in weniger als einem Augenblick; sonst wäre es auch dem Ritter übel ergangen. Auch so weiß ich nicht, wie ich gerettet wurde. Zu reiten verstand ich; das hatte ich gelernt. Aber mein Pferdchen hatte mehr Ähnlichkeit mit einem Schaf als mit einem richtigen Reitpferd. Selbstverständlich wäre ich von Tankred abgeflogen, wenn er nur Zeit gehabt hätte, mich abzuwerfen, aber nachdem er etwa fünfzig Schritte galoppiert war, scheute er plötzlich vor einem großen Steine, der ihm im Weg lag, und stürzte blindlings zurück. Er wendete so kurz auf dem Fleck um, dass es mir noch jetzt ein Rätsel ist, wie es zuging, dass ich nicht wie ein Ball zwölf Schritte weit aus dem Sattel flog und zerschmettert liegen blieb, und dass Tankred sich bei einer so kurzen Schwenkung nicht die Beine verrenkte. Er stürmte zum Tor zurück, indem er zornig mit dem Kopf herumschlug, von einer Seite zur andern sprang, sinnlos vor Wut die Beine, wie es sich traf, in die Luft schleuderte und bei jedem Sprung mich von seinem Rücken abzuschütteln versuchte, wie wenn ein Tiger auf ihn hinaufgesprungen wäre und die Zähne und die Krallen in sein Fleisch hineingeschlagen hätte. Noch ein Augenblick, und ich wäre heruntergeflogen; ich war bereits im Fallen begriffen, aber schon kamen einige Reiter zu meiner Rettung herbeigejagt. Zwei von ihnen versperrten dem Hengst den Weg ins freie Feld; zwei andere galoppierten auf beiden Seiten dicht neben ihm her und zwängten ihn mit den Flanken ihrer eigenen Pferde so zusammen, dass sie mir fast die Beine zerquetschten; beide hielten ihn schon an den Zügeln fest. In wenigen Sekunden waren wir wieder an der Haustür.

Bleich und kaum atmend wurde ich vom Pferd gehoben. Ich zitterte am ganzen Leib wie ein Grashalm im Wind; Tankred stand, sich mit dem ganzen Körper nach hinten stemmend, da, ohne sich zu rühren, als ob er mit den Hufen in der Erde festgewachsen wäre, stieß heftig den glühenden Atem aus den roten, dampfenden Nüstern, zitterte ebenfalls in kleinen Schauern am ganzen Leib wie ein Blatt und war gleichsam starr vor Empörung und Wut darüber, dass die Dreistigkeit des Kindes ungestraft geblieben war. Um mich herum erschollen Ausrufe der Bestürzung, des Erstaunens und des Schreckens.

In diesem Augenblick begegnete mein umherirrender Blick dem Blick der erregten, ganz blass gewordenen Frau M***, und ich kann das nie vergessen: Plötzlich wurde mein Gesicht von dunkler Röte übergossen und begann wie Feuer zu brennen; ich weiß nicht mehr, was mit mir geschah, aber verwirrt und erschreckt durch mein eigenes Gefühl schlug ich schüchtern die Augen zu Boden. Jedoch mein Blick war bemerkt, abgefasst, aufgefangen worden. Aller Augen wandten sich zu Frau M*** hin, und überrascht von der allgemeinen Aufmerksamkeit, die sich plötzlich auf sie richtete, errötete sie in einer unwillkürlichen, naiven Empfindung selbst wie ein Kind und bemühte sich mit großer Anstrengung, aber mit sehr geringem Erfolg, ihr Erröten durch Lachen zu verdecken.

Alles dies war natürlich vom Standpunkt eines Unbeteiligten aus sehr lächerlich, aber in diesem Augenblick rettete mich vor dem allgemeinen Gelächter eine sehr naive, unerwartete Handlung, die dem ganzen Ereignis ein besonderes Kolorit verlieh. Die Urheberin des ganzen aufregenden Vorfalls, sie, die bisher meine unversöhnliche Feindin gewesen war, meine schöne Tyrannin, stürzte auf einmal auf mich zu, um mich zu umarmen und zu küssen. Sie hatte ihren Augen nicht getraut, als sie sah, dass ich es wagte, ihre Herausforderung anzunehmen und den Handschuh aufzuheben, den sie mir mit einem Seitenblick auf Frau M*** zuwarf. Sie war vor Angst um mich und vor Gewissensbissen beinah gestorben, als ich auf Tankred dahinflog; jetzt aber, wo alles zu Ende war, und besonders wo sie mit den andern zusammen meinen Frau M*** zugeworfenen Blick aufgefangen und meine Verwirrung und mein plötzliches Erröten gesehen hatte, und wo sie es fertig gebracht hatte, meiner Handlungsweise vermöge der romantischen Veranlagung ihres leichtsinnigen Köpfchens eine neue, geheime, unausgesprochene Bedeutung beizulegen, jetzt, nach alledem, geriet sie über meine »Ritterlichkeit« in ein solches Entzücken, dass sie auf mich zustürzte und voller Rührung, voller Stolz auf mich und voller Freude mich an ihre Brust drückte. Einen Augenblick darauf hob sie ihr Gesichtchen, das einen sehr naiven, sehr ernsten Ausdruck trug, und auf dem zwei kleine, kristallhelle Tränchen zitterten und glänzten, zu allen, die um uns beide herumstanden, in die Höhe und sagte in einem würdig-ernsten Ton, wie man ihn von ihr noch nie gehört hatte, indem sie auf mich zeigte: »Mais c'est très sérieux, messieurs, ne riez pas!«, ohne zu bemerken, dass alle wie bezaubert vor ihr standen und sich an dem Anblick ihres reinen, aufrichtigen Entzückens weideten. Diese ganze unerwartete, schnelle Handlung von ihrer Seite, dieses ernste Gesichtchen, diese gutherzige Naivität, diese ernsthaften Tränen, die man ihr bisher nicht zugetraut hatte, und die jetzt ihre sonst immer lachenden Augen füllten, dies alles war an ihr ein so unerwartetes Wunder, dass alle, die vor ihr standen, von ihrem Blick und von ihren schnellen, lebhaften Worten und

Gebärden wie elektrisiert waren. Es schien, dass niemand die Augen von ihr abwenden mochte, weil er sich den seltenen Anblick der Begeisterung auf ihrem Gesicht nicht entgehen lassen wollte. Selbst unser Wirt wurde rot wie eine Tulpe, und manche versicherten, nachher aus seinem Mund das Geständnis gehört zu haben, er sei »zu seiner Schande« beinah eine ganze Minute lang in seinen schönen Gast verliebt gewesen. Nun, es versteht sich von selbst, dass ich nach allem, was vorgegangen war, als ein Ritter, als ein Held angesehen wurde.

»Delorges, Toggenburger!«, wurde ringsumher gerufen.

Es erscholl Händeklatschen.

»Donnerwetter, diese heranwachsende Generation!«, fügte unser Wirt hinzu.

»Aber er soll mitkommen, er soll unbedingt mit uns mitkommen!«, rief die Schöne. »Wir müssen und werden einen Platz für ihn finden. Er soll neben mir sitzen, auf meinem Schoß … oder nein, nein! Ich habe mich versprochen!«, verbesserte sie sich kichernd; sie konnte bei der Erinnerung an unsere erste Bekanntschaft das Lachen nicht unterdrücken. Aber während sie lachte, streichelte sie zärtlich meine Hand und bemühte sich aus allen Kräften, mich zu lieblosen, damit ich mich nicht beleidigt fühlen möchte.

»Unbedingt, unbedingt!«, stimmten ihr mehrere bei, »er muss mitkommen; er hat sich einen Platz erobert.«

Und die Angelegenheit wurde sofort in Ordnung gebracht. Eben jene alte Jungfer, die meine Bekanntschaft mit der Blondine herbeigeführt hatte, wurde sofort von allen jungen Leuten mit Bitten überhäuft, sie möchte doch zu Hause bleiben und mir ihren Platz abtreten, und sie sah sich genötigt, einzuwilligen, äußerlich lächelnd, innerlich vor Wut zischend. Ihre Gönnerin, um die sie herum zu sein pflegte, meine frühere Feindin und neue Freundin, rief ihr, während sie schon auf ihrem feurigen Pferd losgaloppierte und wie ein Kind lachte, zu, sie beneide sie und würde selbst gern mit ihr zu Hause bleiben, da es gleich regnen werde und wir alle nass werden würden.

Und den Regen hatte sie richtig prophezeit. Eine Stunde darauf brach ein gehöriger Platzregen los, und unsere Partie wurde gründlich verdorben. Wir mussten mehrere Stunden lang in Bauernhäusern warten und konnten erst nach neun Uhr in der noch vom Regen feuchten Luft die Rückfahrt antreten. Ich hatte ein wenig Fieber bekommen. Gerade in dem Augenblick, als wir einsteigen und abfahren wollten, trat Frau M*** zu mir und wunderte sich darüber, dass ich nur eine Jacke anhatte und in bloßem Hals war. Ich antwortete, ich hätte keine Zeit gehabt, meinen Mantel mitzunehmen. Sie nahm eine Nadel und steckte mir den Umlegekragen meines Hemdes weiter oben zusammen; dann nahm sie ein rotes Batisttüchlein von ihrem Hals und band es mir um, damit ich mir nicht den Hals erkälten möchte. Hierauf entfernte sie sich so eilig, dass ich nicht einmal Zeit hatte, ihr zu danken.

Als wir aber nach Hause gekommen waren, fand ich sie in dem kleinen Salon mit der Blondine und dem blassen jungen Mann zusammen, der sich an diesem Tag den Ruf eines tüchtigen Reiters dadurch erworben hatte, dass er sich gefürchtet hatte, Tankred zu besteigen. Ich trat zu ihr, um mich zu bedanken und ihr das Tuch zurückzugeben. Aber jetzt, nach all meinen Abenteuern, schämte ich mich gewissermaßen; ich wollte so schnell wie möglich nach oben gehen und dort in Ruhe alles überdenken und mit mir ins Klare kommen. Ich war übervoll von Gefühlen. Als ich ihr das Tuch zurückgab, wurde ich wie gewöhnlich rot bis über die Ohren.

»Ich wette darauf, dass er das Tuch gern behalten möchte«, sagte der junge Mann lachend, »man sieht es ihm an den Augen an, dass es ihm schmerzlich ist, sich von Ihrem Tuch zu trennen.«

»Gewiss, gewiss!«, fiel die Blondine ein. »Nein, so einer!«, sagte sie kopfschüttelnd mit fingiertem Ärger, hielt aber schnell vor einem ernsten Blick der Frau M*** inne, die nicht wünschte, dass der Scherz zu weit getrieben werde.

Ich ging so bald wie möglich weg.

»Na, aber was bist du für ein Mensch!«, sagte die Schelmin, die mich im anstoßenden Zimmer einholte und freundschaftlich meine beiden Hände ergriff. »Du hättest das Halstuch doch einfach nicht zurückgeben sollen, wenn dir an seinem Besitz so viel lag. Du konntest ja sagen, du hättest es irgendwo verlegt, und die Sache wäre erledigt gewesen. Was bist du für ein Mensch! Hast so etwas nicht zu machen verstanden! So ein schnurriger Kauz!«

Sie gab mir mit dem Finger einen leichten Schlag unter das Kinn und lachte darüber, dass ich rot wie eine Mohnblume wurde.

»Ich bin ja doch jetzt deine Freundin, nicht wahr? Unsere Feindschaft ist zu Ende, ja?«

Ich lachte und drückte ihr schweigend die Hand.

»Na also! … Wovon bist du denn jetzt so blass und zitterst so? Hast du Fieber?«

»Ja, ich bin nicht wohl.«

»Ach, du Armer! Das kommt von den starken Aufregungen! Weißt du was? Das Beste ist, wenn du dich schlafen legst, ohne auf das Abendbrot zu warten. Dann vergeht es über Nacht. Komm!«

Sie führte mich nach oben und schien sich in ihrer Sorge für mich gar nicht genug tun zu können. Sie verließ mich, damit ich mich auskleiden könne, lief nach unten, bestellte Tee für mich und brachte ihn mir selbst, nachdem ich mich schon hingelegt hatte. Sie brachte mir auch eine warme Decke. Ich war ganz überrascht und gerührt, dass sie mich in dieser Weise pflegte und wartete; oder war ich auch schon durch die Ereignisse des ganzen Tages, durch die Ausfahrt und das Fieber in eine solche Stimmung versetzt: Genug, als ich ihr Gute Nacht sagte, umarmte ich sie fest und innig wie den besten, nächsten Freund, und alle Empfindungen, die ich an diesem Tag durchgemacht hatte, drangen zugleich auf mein ganz matt gewordenes Herz ein; ich schmiegte mich an ihre Brust und weinte beinahe. Sie bemerkte meine empfindsame Stimmung, und sie, meine Schelmin, schien selbst ein bisschen gerührt zu sein.

»Du bist ein sehr guter Junge«, flüsterte sie und sah mich mit sanften Augen an. »Bitte, sei mir nicht mehr böse, nein?«

Kurz, wir waren die zärtlichsten, treuesten Freunde geworden.

Es war noch recht früh, als ich erwachte, aber die Sonne durchflutete schon das ganze Zimmer mit hellem Licht. Ich sprang aus dem Bett und fühlte mich vollständig gesund und frisch, als ob ich tags zuvor gar kein Fieber gehabt hätte; statt seiner empfand ich jetzt eine unaussprechliche Freude. Ich rief mir den vorhergehenden Tag ins Gedächtnis zurück und fühlte, dass ich wer weiß was darum gegeben hätte, wenn ich in diesem Augenblick meine neue Freundin, die blonde Schöne, wie gestern hätte umarmen können, aber es war noch sehr früh, und alle schliefen. Eilig zog ich mich an und ging hinunter in den Garten und von da in das Wäldchen. Ich durchschritt es bis zu einer Stelle, wo das Grün am dichtesten und der Harzgeruch der Bäume am kräftigsten war, und wohin die Sonnenstrahlen am lustigsten hineinschauten, sich freuend, dass es ihnen hier und da gelang, das neblige Dunkel des Laubwerks zu durchdringen. Es war ein herrlicher Morgen.

Unvermerkt kam ich immer weiter und weiter und gelangte schließlich an das andere Ende des Wäldchens, an die Moskwa. Sie floss ungefähr zweihundert Schritte vor mir, am Fuß des Berges. Am gegenüberliegenden Ufer wurde Gras gemäht Ich konnte mich gar nicht daran sattsehen, wie ganze Reihen scharfer Sensen bei jedem Ausholen der Schnitter gleichzeitig aufleuchteten und dann plötzlich wieder verschwanden, gleich feurigen Schlänglein, die sich irgendwohin versteckten, und wie das von der Wurzel abgeschnittene Gras in dichten, fetten Häufchen zur Seite flog und sich in langen, geraden Schwaden lagerte. Ich erinnere mich nicht mehr, wie viel Zeit ich mit diesem Zusehen verbracht hatte, als ich plötzlich zur Besinnung kam, da ich in dem Wäldchen, etwa zwanzig Schritte von mir entfernt, in einer Schneise, die sich von der Chaussee nach dem Gutshaus hinzog, das Schnauben und ungeduldige Stampfen eines Pferdes hörte, das mit dem Huf die Erde zerwühlte. Ich weiß nicht, ob ich dieses Pferd jetzt eben erst hörte und der Reiter soeben erst herbeigekommen war und angehalten hatte, oder ob das Geräusch schon lange an mein Ohr gedrungen war, dieses aber nur erfolglos gekitzelt hatte, ohne mich aus meinen Träumereien erwecken zu können. Neugierig trat ich in das Wäldchen zurück und vernahm, nachdem ich ein paar Schritte gegangen war, Stimmen, die schnell, aber leise sprachen. Ich ging noch näher heran, bog behutsam die Zweige der letzten Büsche auseinander, die die Schneise einsäumten, und prallte sogleich erstaunt zurück: Vor meinen Augen schimmerte ein wohlbekanntes weißes Kleid, und eine sanfte Frauenstimme widerhallte in meinem Herzen wie Musik. Es war Frau M***. Sie stand neben einem Reiter, der eilig vom Pferd herab zu ihr sprach, und zu meiner Verwunderung erkannte ich in ihm Herrn N***oi, jenen jungen Mann, der schon gestern Morgen von uns weggereist war, und mit dem Herrn M***s Gedanken so sehr beschäftigt gewesen waren. Aber damals hatte es geheißen, er reise sehr weit weg, irgendwohin, nach Südrußland, und darum wunderte ich mich sehr, ihn wieder bei uns zu sehen, so früh am Morgen und allein mit Frau M***.

Sie war so lebhaft und erregt, wie ich sie noch nie gesehen hatte, und auf ihren Wangen glitzerten Tränen. Der junge Mann hielt ihre Hand gefasst und küsste sie, indem er sich vom Sattel hinabbeugte. Ich hatte den Augenblick getroffen, wo sie bereits voneinander Abschied nahmen. Sie schienen große Eile zu haben. Zuletzt zog er einen versiegelten Brief aus der Tasche, reichte ihn ihr hin, umschlang sie mit einem Arm, und zwar wie vorher ohne vom Pferd zu steigen, und küsste sie lange und innig. Einen Augenblick darauf versetzte er seinem Pferd einen Schlag mit der Reitpeitsche und jagte wie ein Pfeil an mir vorüber. Frau M*** folgte ihm einige Sekunden lang mit den Augen und schlug dann nachdenklich und niedergeschlagen den Weg nach dem Haus ein. Aber nachdem sie einige Schritte in der Schneise gemacht hatte, schien sie sich plötzlich eines anderen zu besinnen, zerteilte eilig die Büsche und ging durch das Wäldchen.

Ich folgte ihr, verwirrt und erstaunt über alles, was ich gesehen hatte. Mein Herz schlug heftig wie vor Schreck. Ich war wie erstarrt, wie von einem Nebel umfangen; meine Gedanken waren zerstreut und wie zerschlagen, aber ich erinnere mich, dass mir furchtbar traurig zumute war. Ab und zu schimmerte vor mir ihr weißes Kleid durch die Büsche. Mechanisch folgte ich ihr, ohne sie aus den Augen zu lassen, aber ich zitterte bei dem Gedanken, dass sie mich bemerken könne.

Endlich trat sie auf den Steig hinaus, der in den Garten führte. Ich wartete eine halbe Minute und tat dann dasselbe, aber wie groß war mein Erstaunen, als ich plötzlich auf dem roten Sand des Steiges einen versiegelten Brief bemerkte, den ich auf den ersten Blick erkannte: Es war jener selbe Brief, den Frau M*** zehn Minuten vorher erhalten hatte.

Ich hob ihn auf: Er wies auf allen Seiten weißes Papier, ohne Aufschrift; dem Äußern nach war er nicht groß, aber dick und schwer, wie wenn drei oder noch mehr Bogen Briefpapier darin wären.

Was hatte dieser Brief zu bedeuten? Ohne Zweifel enthielt er die Erklärung des ganzen Geheimnisses. Vielleicht war darin das dargelegt, wovon Herr N***oi bei der Kürze des eiligen Rendezvous nicht hatte hoffen können, dass er die Möglichkeit haben werde, es auszusprechen. Er war ja nicht einmal vom Pferd gestiegen. Hatte er so große Eile gehabt, oder hatte er vielleicht gefürchtet, in der Stunde des Abschieds seinem Vorsatz untreu zu werden – Gott mochte es wissen …

Ich blieb stehen, ohne auf den Weg hinauszutreten, warf den Brief auf ihn an einer recht sichtbaren Stelle hin und wandte die Augen nicht von ihm ab, in der Annahme, Frau M*** werde, sobald sie den Verlust bemerke, umkehren und suchen. Aber nachdem ich ungefähr vier Minuten lang gewartet hatte, hielt ich es nicht mehr aus, hob meinen Fund wieder auf, steckte ihn in die Tasche und machte mich daran, Frau M*** einzuholen. Ich erreichte sie erst im Garten, in der großen Allee; sie ging geradeswegs nach dem Gutshaus, mit schnellen, eiligen Schritten, aber nachdenklich und die Augen auf den Boden geheftet. Ich wusste nicht, was ich tun sollte. Sollte ich an sie herantreten und ihr den Brief übergeben? Das hätte so viel geheißen als ihr sagen, dass ich alles wisse, alles gesehen hätte. Ich hätte mich beim ersten

Wort verraten. Und mit welchen Augen hätte ich sie ansehen sollen? Mit welchen Augen würde sie mich angesehen haben? Ich erwartete immer noch, dass sie an den Brief denken, nach ihm greifen, den Verlust bemerken und denselben Weg zurückgehen werde. Dann hätte ich unbemerkt den Brief auf den Weg werfen können, und sie hätte ihn gefunden. Aber nein! Wir näherten uns schon dem Haus; man hatte sie schon bemerkt …

Es traf sich, dass an diesem Morgen fast alle sehr früh aufgestanden waren, weil sie schon gestern infolge der verunglückten Partie eine neue in Aussicht genommen hatten, von der ich nichts wusste. Alle machten sich zum Aufbruch fertig und frühstückten auf der Terrasse. Ich wartete ungefähr zehn Minuten, um nicht mit Frau M*** zusammen gesehen zu werden, machte im Garten einen Umweg und kam von einer anderen Seite zum Haus, erheblich später als sie. Sie ging blass und erregt auf der Terrasse auf und ab; die Arme hielt sie auf der Brust verschränkt, und aus allen Anzeichen war zu ersehen, dass sie sich aus aller Kraft bemühte, den quälenden, verzweifelten Kummer in ihrem Innern zu ersticken, der sich in ihren Augen, in ihrem Gang, in jeder Bewegung deutlich bekundete. Manchmal stieg sie die Stufen hinab und ging einige Schritte zwischen den Blumenbeeten in der Richtung nach dem Garten zu; ihre Augen suchten hastig, unruhig, ja unvorsichtig etwas auf dem Sand der Steige und auf dem Fußboden der Terrasse. Es war kein Zweifel: Sie hatte den Verlust wahrgenommen und schien zu glauben, dass sie den Brief irgendwo dort, in der Nähe des Hauses, verloren habe; ja, so war es, sie war davon überzeugt!

Ihr blasses Aussehen und ihre Aufregung fielen jemandem, und dann auch anderen, auf. Sie wurde mit Fragen nach ihrem Befinden, mit lästigen Ausdrücken des Bedauerns überschüttet und musste scherzen, lachen, sich heiter stellen. Ab und zu warf sie einen Blick nach ihrem Mann hin, der im Gespräch mit zwei Damen am Ende der Terrasse stand, und die arme Frau wurde von demselben Zittern und derselben Verwirrung befallen wie damals, am ersten Abend seiner Ankunft. Ich stand, die Hand in der Tasche haltend und den Brief fest mit ihr umschließend, etwas entfernt von allen da und flehte das Schicksal an, dass Frau M*** mich bemerken möchte. Ich wollte sie gern ermutigen und beruhigen, wenn auch nur durch einen Blick, ihr flüchtig und verstohlen etwas sagen. Aber als sie mich zufällig ansah, fuhr ich zusammen und schlug die Augen nieder.

Ich sah ihre Qual und irrte mich nicht. Ich kenne auch heutigen Tages ihr Geheimnis nicht und weiß nichts als das, was ich selbst gesehen und soeben erzählt habe. Vielleicht war dieses Verhältnis gar nicht von der Art, wie man es auf den ersten Blick vermuten konnte. Vielleicht war dieser Kuss ein Abschiedskuss gewesen; vielleicht war er der letzte schwache Lohn für das Opfer gewesen, das Herr N***oi durch seine Abreise ihrer Ruhe und ihrer Ehre gebracht hatte. Er war abgereist; er hatte sie verlassen, vielleicht für immer. Und was schließlich sogar diesen Brief betraf, den ich in der Hand hielt, wer wusste, was er enthielt? Wie konnte man darüber urteilen, und wer durfte den Stab über sie brechen? Aber doch (daran war kein Zweifel) wäre die plötzliche Enthüllung des Geheimnisses ein Donnerschlag, eine Katastrophe in ihrem Leben gewesen. Ich erinnere mich noch deutlich an ihr Gesicht in jenem Augenblick: Es war kein tieferes Leid denkbar. Zu fühlen, zu wissen, dass das Unglück herannahte, davon überzeugt zu sein, wie auf die eigene Hinrichtung darauf zu warten, dass in einer Viertelstunde, in einer Minute vielleicht alles aufgedeckt werde, indem jemand den Brief finde und aufhebe; er war ohne Aufschrift; man würde ihn öffnen, und dann … was dann? Welche Hinrichtung konnte schrecklicher sein als die, welche ihrer wartete? Sie ging zwischen ihren künftigen Richtern umher. Im nächsten Augenblick würden ihre lächelnden, liebenswürdigen Gesichter sich in finstere, unerbittliche verwandeln. Sie würde Spott, Schadenfreude und eisige Verachtung auf diesen Gesichtern lesen, und dann würde in ihrem Leben eine stete Nacht anbrechen ohne einen nachfolgenden Morgen … Ja, ich begriff damals alles dies nicht so, wie ich jetzt darüber denke. Ich konnte nur vermuten und ahnen und mich im Herzen wegen ihrer Gefahr grämen, die ich nicht einmal ganz zu ermessen vermochte. Aber welches auch der Inhalt ihres Geheimnisses sein mochte, durch die traurigen Minuten, deren Zeuge ich war, und die ich nie vergessen werde, war vieles gesühnt, wenn überhaupt etwas gesühnt zu werden brauchte.

Aber da erscholl der fröhliche Ruf zur Abfahrt; alle gerieten in freudige Bewegung; von allen Seiten erklang munteres Reden und Lachen. Zwei Minuten darauf war die Terrasse leer geworden. Frau M*** hatte auf die Teilnahme an der Partie verzichtet, indem sie endlich eingestand, dass sie nicht wohl sei. Aber zum Glück hatten es alle mit dem Aufbruch sehr eilig und fanden keine Zeit mehr, ihr mit Ausdrücken des Bedauerns, Fragen und Ratschlägen lästig zu fallen. Nur wenige waren zu Hause geblieben. Ihr Mann sagte ein paar Worte zu ihr; sie antwortete, sie werde noch heute wieder gesund werden; er möge sich nicht beunruhigen; sie habe keinen Grund sich hinzulegen, sondern werde in den Garten gehen, allein … mit mir … Hier sah sie mich an. Nichts konnte sich glücklicher fügen! Ich errötete vor Freude. Eine Minute darauf waren wir unterwegs.

Sie ging dieselben Alleen, Steige und Fußpfade, auf denen sie kurz vorher aus dem Wäldchen zurückgekehrt war. Sie erinnerte sich instinktiv ihres früheren Weges, blickte starr vor sich hin, ohne die Augen von der Erde wegzuwenden und suchte etwas auf ihr; sie gab mir keine Antworten und hatte vielleicht überhaupt vergessen, dass ich mit ihr mitging.

Aber als wir beinahe zu der Stelle gelangt waren, wo ich den Brief aufgehoben hatte, und wo der Steig aufhörte, blieb Frau M*** plötzlich stehen und sagte mit schwacher, vor Kummer fast versagender Stimme, es sei ihr schlechter geworden, und sie wolle nach dem Haus zurückkehren. Als sie jedoch bis an das Gartengitter gelangt war, blieb sie wieder stehen und dachte ungefähr eine Minute lang nach; ein Lächeln der Verzweiflung zeigte sich auf ihren Lippen, und ganz entkräftet und zermartert, zu allem entschlossen und sich in alles ergebend, kehrte sie schweigend auf den ersten Weg zurück, wobei sie diesmal sogar vergaß, mir ein Wort darüber zu sagen.

Das Herz wollte mir brechen vor Gram, und ich wusste nicht, was ich tun sollte.

Wir gingen oder, richtiger gesagt, ich führte sie zu jener Stelle, von der aus ich eine Stunde vorher das Stampfen des Pferdes und ihr Gespräch gehört hatte. Hier befand sich bei einer dicht belaubten Ulme eine aus einem gewaltigen Steinblock gehauene Bank, mit Efeu umsponnen und von wildem Jasmin und Hundsrosen umwachsen. (Dieses ganze Wäldchen war mit Brückchen, Lauben, Grotten und ähnlichen Überraschungen übersät.) Frau M*** setzte sich auf die Bank und blickte gedankenlos auf die wundervolle Landschaft hin, die sich vor uns ausbreitete. Ein Weilchen darauf öffnete sie das Buch und starrte, ohne sich zu rühren und ohne die Blätter umzuschlagen, hinein; sie las nicht und wusste kaum, was sie tat. Es war schon halb zehn. Die Sonne war bereits hoch gestiegen und schwamm glänzend über uns am blauen, tiefen Himmel; es schien, als zerschmölze sie an ihrem eigenen Feuer. Die Mäher waren schon weit entfernt; man konnte sie von unserem Ufer aus kaum mehr sehen. Hinter ihnen zogen sich endlose Schwaden frisch gemähten Grases hin, und ab und zu trug ein kaum merklicher Windhauch den aromatischen Duft desselben zu uns herüber. Ringsumher ertönte das unermüdliche Konzert derer, die »nicht säen und nicht ernten«, sondern frei sind wie die Luft, die sie mit ihren munteren Flügeln durchschneiden. Es schien, als ob in diesem Augenblick jedes Blümchen und das geringste Hälmchen, von Opferduft dampfend, zu seinem Schöpfer sagte: »Vater, ich bin froh und glücklich!«

Ich blickte nach der armen Frau hin, die inmitten all dieses frohen Lebens einer Toten glich: An ihren Wimpern hingen unbeweglich zwei große Tränen, die der bittere Gram aus ihrem Herzen heraufgetrieben hatte. In meiner Macht stand es, dieses arme, fast vergehende Herz wiederzubeleben und glücklich zu machen, und ich wusste nur nicht, wie ich es angreifen, wie ich den ersten Schritt tun sollte. Ich zermarterte mein Gehirn. Hundertmal war ich nahe daran, zu ihr hinzutreten, und jedes Mal fing mir das Gesicht wie Feuer zu brennen an, und ich unterließ es.

Auf einmal erhellte mich ein glücklicher Gedanke. Das Mittel war gefunden; ich fühlte mich wie neugeboren.

»Wenn Sie erlauben, werde ich Ihnen ein Bukett pflücken!«, sagte ich in so freudigem Ton, dass Frau M*** plötzlich den Kopf in die Höhe hob und mich aufmerksam ansah.

»Tu das!«, sagte sie endlich mit schwacher Stimme und lächelte dabei leise; dann aber versenkte sie die Augen sogleich wieder in ihr Buch.

»Sonst wird auch hier womöglich das Gras abgemäht, und dann ist's mit den Blumen vorbei!«, rief ich und machte mich wohlgemut ans Werk.

Bald hatte ich mein Bukett beisammen; es war schlicht und ärmlich, und man hätte sich schämen müssen, es ins Zimmer zu bringen, aber wie fröhlich schlug mir das Herz, während ich es sammelte und band! Hundsrosen und wilden Jasmin pflückte ich gleich an der Stelle, wo wir waren. Ich wusste, dass nicht weit davon ein Feld mit reifem Roggen war. Dorthin lief ich, um Kornblumen zu holen. Ich untermengte sie mit langen Roggenähren, wobei ich die goldigsten und vollsten aussuchte. Ebendort, nicht weit davon, stieß ich auf einen ganzen Fleck voll Vergissmeinnicht, und mein Bukett begann bereits voll zu werden. Weiterhin auf dem Feld fanden sich blaue Glockenblumen und Feldnelken, und um gelbe Wasserlilien zu holen, lief ich an das Ufer des Flusses hinab. Endlich, als ich mich schon auf dem Rückweg nach der Bank befand und auf einen Augenblick in den Hain hineinging, um mir einige hellgrüne, handförmige Ahornblätter zu beschaffen und mit ihnen das Bukett einzufassen, da stieß ich zufällig auf eine ganze Kolonie von Stiefmütterchen, und in ihrer Nähe verriet mir zu meiner Freude der aromatische Duft eine Menge Veilchen, die in dem saftigen, dichten Gras verborgen und noch ganz mit glänzenden Tautropfen bedeckt waren. Das Bukett war fertig. Ich band es mit langen dünnen Grashalmen zusammen, die ich zu einer Art Schnur zusammendrehte, und steckte den Brief behutsam hinein; er war in den Blumen verborgen, aber so, dass man ihn sehr gut bemerken konnte, wenn man meinem Bukett auch nur ein wenig Aufmerksamkeit zuwandte.

Ich trug es zu Frau M*** hin.

Unterwegs schien es mir, dass der Brief gar zu sichtbar sei, und ich verbarg ihn etwas mehr. Als ich noch näher kam, schob ich ihn noch tiefer in die Blumen hinein, und endlich, als ich schon beinahe bis zur Bank hingelangt war, drückte ich ihn auf einmal so tief in das Innere des Buketts hinein, dass nun von außen gar nichts mehr davon zu bemerken war. Die Backen brannten mir wie Feuer. Ich hätte am liebsten das Gesicht mit den Händen bedeckt und wäre auf der Stelle davongelaufen, aber sie sah meine Blumen so an, als ob sie ganz vergessen hätte, dass ich sie ausdrücklich für sie gepflückt hatte. Mechanisch, fast ohne hinzublicken, streckte sie die Hand aus und nahm mein Geschenk entgegen, legte es aber sogleich auf die Bank, als hätte ich es ihr nur zu diesem Zweck übergeben, und versenkte, wie selbstvergessen, die Augen von Neuem in ihr Buch. Ich war nahe daran, über das Misslingen meines Plans in Tränen auszubrechen. »Aber wenn nur mein Bukett in ihrem Besitz bleibt«, dachte ich, »wenn sie es nur nicht vergisst!« Ich legte mich nicht weit davon auf das Gras, schob den rechten Arm unter den Kopf und schloss die Augen, als ob mich der Schlaf überkäme. Aber ich verwandte keinen Blick von ihr und wartete.

So vergingen etwa zehn Minuten; es kam mir so vor, als ob sie immer blasser und blasser würde … Auf einmal kam mir ein gesegneter Zufall zu Hilfe.

Es war dies eine große, goldfarbene Biene, die ein gütiger Windhauch zu meinem Glück herführte. Sie summte zuerst über meinem Kopf herum und flog dann zu Frau M*** hin. Diese suchte sie einmal und noch einmal mit der Hand wegzuscheuchen, aber die Biene wurde wie mit Absicht immer zudringlicher. Endlich ergriff Frau M*** mein Bukett und schwenkte es vor ihrem Gesicht hin und her. In diesem Augenblick flog der Brief aus den Blumen heraus und fiel gerade auf das aufgeschlagene Buch. Ich fuhr zusammen. Eine kleine Weile blickte Frau M***, vor Erstaunen sprachlos, bald nach dem Brief, bald nach den Blumen hin, die sie in der Hand hielt; sie schien ihren Augen nicht zu trauen. Auf einmal wurde sie dunkelrot und sah nach mir hin. Aber ich hatte ihren Blick rechtzeitig bemerkt, machte die Augen fest zu und stellte mich schlafend; um keinen Preis der Welt hätte ich ihr jetzt gerade ins Gesicht gesehen. Mein Herz wollte vergehen und zuckte wie ein Vögelchen, das einem kraushaarigen Bauernjungen in die derben Hände geraten ist. Ich erinnere mich nicht, wie lange ich so mit geschlossenen Augen dalag: Es mochten zwei oder drei Minuten sein. Endlich wagte ich es, sie wieder zu öffnen. Frau M*** las begierig den Brief, und aus ihren brennenden Wangen, aus ihrem glänzenden, tränenfeuchten Blick, aus ihrem strahlenden Gesicht, in welchem jeder Muskel vor freudiger Rührung bebte, aus alledem konnte ich entnehmen, dass dieser Brief sie glücklich machte und ihr ganzer Gram wie leichter Rauch verflogen war. Ein schmerzlich-wonniges Gefühl erfüllte mein Herz; es wurde mir schwer, meine Verstellung beizubehalten.

Nie werde ich diesen Augenblick vergessen!

Auf einmal ließen sich, noch fern von uns, Stimmen vernehmen:

»Frau M***! Natalie! Natalie!«

Frau M*** antwortete nicht, aber sie erhob sich schnell von der Bank, trat zu mir und beugte sich über mich. Ich fühlte, dass sie mir gerade ins Gesicht blickte. Meine Wimpern zuckten, aber ich beherrschte mich und öffnete die Augen nicht. Ich bemühte mich, möglichst gleichmäßig und ruhig zu atmen, aber das aufgeregte Schlagen meines Herzens erstickte mich fast. Ihr heißer Atem brannte auf meinen Backen; sie bückte sich ganz nahe zu meinem Gesicht herab, als ob sie es prüfend betrachtete. Endlich küsste sie meine Hand, diejenige, die auf meiner Brust lag, und ihre Tränen fielen darauf. Sie küsste sie zweimal.

»Natalie! Natalie! Wo bist du?«, wurde von Neuem gerufen, und jetzt schon sehr nahe bei uns.

»Ich komme gleich!«, sagte Frau M*** mit ihrer silberhellen Stimme, die aber von Tränen gedämpft war und zitterte, und so leise, dass nur ich allein dieses »Ich komme gleich!« hören konnte.

Aber in diesem Augenblick verriet mich mein Herz endlich doch und trieb mir, wie ich glaube, alles Blut ins Gesicht. In demselben Augenblick brannte ein schneller, heißer Kuss auf meinen Lippen. Ich schrie leise auf und öffnete die Augen, aber sogleich senkte sich das Batisttüchlein von gestern über sie herab – als ob sie mich damit vor der Sonne schützen wollte. Einen Augenblick darauf war sie schon nicht mehr da. Ich hörte nur das leise Geräusch sich eilig entfernender Schritte. Ich war allein …

Ich riss ihr Tüchlein von meinem Gesicht und küsste es, ganz außer mir vor Entzücken; mehrere Minuten lang war ich wie von Sinnen! Kaum im Stande zu atmen, stützte ich mich mit dem Ellbogen auf das Gras und blickte unbewusst und regungslos vor mich hin: Auf die umliegenden, von bunten Wiesen und Feldern bedeckten Hügel, auf den Fluss, der sie in Krümmungen umfloss und in der Ferne, soweit das Auge nur reichte, sich zwischen neuen Hügeln und Dörfern dahinschlängelte, die wie Pünktchen in der ganz von Licht übergossenen Ferne schimmerten, auf die blauen, nur schwach sichtbaren Wälder, die am Rand des glühenden Himmels zu dampfen schienen, und ein süßer Friede, den mir die feierliche Stille des Landschaftsbildes gleichsam zuwehte, beruhigte allmählich mein aufgeregtes Herz. Es wurde mir leichter zumute, und ich atmete freier.

Aber meine ganze Seele war von einer dumpfen, süßen Pein erfüllt, wie in Voraussicht oder Vorahnung von etwas Künftigem. Mein erschrockenes Herz erriet irgendetwas schüchtern und freudig und zitterte leise vor Erwartung. Und auf einmal erbebte meine Brust wie von einem sie durchdringenden Schmerz, und Tränen, süße Tränen stürzten aus meinen Augen. Ich bedeckte das Gesicht mit den Händen, und am ganzen Leib zitternd wie ein Grashalm, überließ ich mich widerstandslos dem ersten Bewusstsein und der ersten Offenbarung meines Herzens, der ersten noch unklaren Erkenntnis meiner Natur. Meine erste Kindheit endete mit diesem Augenblick.

Als ich zwei Stunden darauf nach Hause zurückkehrte, fand ich Frau M*** nicht mehr vor. Sie war aus irgendwelchem plötzlich eingetretenen Anlass mit ihrem Mann nach Moskau gefahren. Ich bin nie wieder mit ihr zusammengetroffen.

Das Krokodil

I

Am 13. Januar des Jahres 1865, um halb ein Uhr nachmittags, äußerte Jelena Iwanowna, Gattin Iwan Matwejewitschs, meines hochgebildeten Freundes und Kollegen, der zugleich mein entfernter Verwandter ist, den Wunsch, das Krokodil zu sehen, das gegen Eintrittsgeld in der Passage gezeigt wurde. Da Iwan Matwejewitsch bereits die Fahrkarte für eine bevorstehende Reise ins Ausland in der Tasche hatte und infolgedessen für dienstlich beurlaubt galt, fühlte er sich diesen Morgen vollkommen frei und widersetzte sich daher nicht dem Wunsche seiner Gattin, sondern wurde selbst Opfer der Neugier. »Fein«, sagte er wohlgelaunt, »betrachten wir das Krokodil! Wenn man sich nach Europa begibt, sollte man sich vorher mit seiner Heimat bekannt machen.« Hiermit schob er den Arm seiner Gattin unter den seinen und begab sich mit ihr in die Passage. Ich, als alter Hausfreund, ging wie gewöhnlich mit. Ich kann mich nicht erinnern, Iwan Matwejewitsch jemals in so guter Stimmung gesehen zu haben wie an jenem für mich denkwürdigen Morgen. Ja, man weiß eben nie, was einem bevorsteht! Sobald wir die Passage betreten hatten, fing er an, sich an der Pracht des Gebäudes zu ergötzen, und als wir uns vor dem Geschäft befanden, wo das erst kürzlich in die Hauptstadt gebrachte Ungeheuer gezeigt wurde, wünschte er das Eintrittsgeld für mich selbst dem Krokodilmann zu entrichten, wozu er sonst nie aufgelegt gewesen wäre. Wir betraten einen engen Raum und bemerkten, dass er außer dem Krokodil noch einige Papageien von der fremdländischen Gattung des Kakadu und überdies noch in einer Nische einen Käfig mit Affen beherbergte. Linker Hand, dicht am Eingang, stand ein wannenähnlicher Behälter, der mit einem Drahtnetz bedeckt und wohl zollhoch mit Wasser gefüllt war. In dieser seichten Pfütze wurde ein riesenhaftes Krokodil gehalten. Es lag regungslos wie ein Balken da; unser raues Klima schien es aller seiner Fähigkeiten beraubt zu haben. Dieses Ungeheuer erregte zunächst in keinem von uns ein besonderes Interesse.

»Also das ist das Krokodil«, meinte Jelena Iwanowna gedehnt, »ich habe es mir anders vorgestellt!« Vermutlich hatte sie sich ein Krokodil aus Brillanten vorgestellt. Der Wirt und Eigentümer des Krokodils, ein Deutscher, war herangetreten und betrachtete uns mit außerordentlicher Herablassung.

»Er hat Recht«, flüsterte mir Iwan Matwejewitsch zu, »denn er ist sich dessen wohl bewusst, dass er zur Zeit der Einzige in Russland ist, der ein lebendes Krokodil vorzuweisen hat.« Diese überflüssige Bemerkung führe ich gleichfalls auf die gute Laune zurück, die sich Iwan Matwejewitschs bemächtigt hatte, der sonst recht neidisch war.

»Ihr Krokodil ist ja nicht lebendig!«, bemerkte Jelena Iwanowna wieder. Sie war durch die Unzugänglichkeit des Eigentümers pikiert und wandte sich nun von Neuem mit anmutigem Lächeln an ihn, um den Klotz zu bezaubern (ein bekanntes Manöver der Frauenzimmer).

»Oh nein, Madame«, antwortete jener in gebrochenem Russisch. Er hob ein wenig das Netz vom Behälter und begann das Krokodil mit einem Stäbchen zu reizen. Das tückische Ungeheuer gab ein Lebenszeichen von sich, indem es Tatzen und Schwanz ein wenig bewegte, den Kopf hob und einen Laut ausstieß, der wie verhaltenes Schnaufen klang.

»Nicht gleich so böse, Karlchen«, sagte der Deutsche. Sein Ehrgeiz war befriedigt.

»Was für ein ekliges Krokodil! Es hat mich erschreckt!«, flüsterte Jelena Iwanowna, wenn möglich noch koketter. »Jetzt wird es mich im Traum verfolgen!«

»Aber im Traum wird es Sie nicht beißen, Madame«, flocht der Deutsche galant ein und lachte als Erster über seinen Witz. Doch keiner von uns ging darauf ein.

»Kommen Sie, Semjon Semjonowitsch!«, fuhr Jelena Iwanowna fort, sich ausschließlich an mich wendend. »Wir wollen uns lieber die Affen ansehen. Ich liebe die Affen leidenschaftlich; einige sind so süß! Aber das Krokodil ist grässlich.«

»Oh, fürchte dich nicht, meine Teure!«, rief uns Iwan Matwejewitsch nach, seinen Mut vor der Gattin herauskehrend. »Dieser schläfrige Einwohner des Pharaonenreiches wird uns nichts tun!«, rief's und blieb bei dem Krokodilbehälter stehen; nicht genug damit, er nahm seinen Handschuh und fing an, damit die Nüstern des Krokodils zu kitzeln; wie er später gestand, mit dem Wunsch, es wieder zum Schnaufen zu bringen. Der Besitzer aber folgte höflich Jelena Iwanowna zum Affenkäfig.

Auf dies Weise verlief alles glänzend, und nichts Schlimmes vorauszusehen. Jelena Iwanowna ergötzte sich auf das Lebhafteste an den Affen und war, wie es schien, von ihnen hingerissen. Sie jauchzte vor Vergnügen, sich beständig an mich wendend und den Krokodilmann scheinbar außer Acht lassend. Sie wollte sich ausschütten vor Lachen, indem sie Beobachtungen anstellte über die Ähnlichkeit der Affen mit ihren nächsten Bekannten und Freunden. Ihre Heiterkeit griff auch auf mich über, denn die Ähnlichkeit war unverkennbar. Der

Deutsche wusste nicht, ober er mitlachen sollte oder nicht, und blickte daher düster drein.

In diesem Augenblick durchdrang ein grässlicher, ein unnatürlicher Schrei den Raum. Was war das?! Ich erstarrte. Doch als mir klar wurde, dass auch Jelena Iwanowna einen Schrei ausgestoßen hatte, wandte ich mich um – und was sah ich? Ich sah, oh Gott! Ich sah den unglücklichen Iwan Matwejewitsch im grässlichen Krokodilsrachen, von den Zähnen des Ungeheuers bis zur Mitte des Rumpfes erfasst, horizontal in die Luft gehoben und verzweifelt mit den Beinen strampelnd. – Noch einen Augenblick, und er war verschwunden. Ich will den Vorgang genauer beschreiben, da ich unbeweglich stand und ihm mit der allergrößten Aufmerksamkeit folgte. Denn wie – dachte ich in jenem verhängnisvollen Moment –, wenn das, was Iwan Matwejewitsch traf, mir zugestoßen wäre? Wie wäre mir dann wohl zumute gewesen. – Doch nun zur Sache. Das Krokodil begann damit, dass es den bedauernswerten Iwan Matwejewitsch in seinem grässlichen Rachen zuerst von den Füßen her verschluckte und ihn dann halb von sich gab, um den sich verzweifelt Wehrenden und sich mit den Händen am Kasten Anklammernden aufs Neue, diesmal bis zu den Hüften, zu verschlingen. Dann gab es ihn nochmals halb wieder und machte nochmals eine Schlingbewegung. Auf diese Weise entschwand Iwan Matwejewitsch zusehends unseren Blicken. Schließlich gelang es dem Krokodil, meinen armen hochgebildeten Freund endgültig in sich aufzunehmen, diesmal restlos. Es war am Krokodil deutlich zu sehen, wie Iwan Matwejewitsch mit allen seinen Umrissen dessen Eingeweide passierte. Ich machte mich zu einem neuen Schreckensruf bereit, als ein tückisches Schicksal uns noch einmal narren wollte. Das Krokodil setzte noch einmal an, wohl an der Größe des verschlungenen Gegenstandes würgend. Es riss seinen ganz entsetzlichen Rachen auf, und aus ihm hervor, wie bei einem letzten Aufstoßen, wurde für eine Sekunde der Kopf Iwan Matwejewitschs mit angstverzerrtem Gesicht sichtbar, wobei seine Brille ihm von der Nase glitt und auf den Boden des Behälters fiel. Es schien, dass dieser unselige Kopf nur deswegen hervorsprang, um noch einen letzten Blick auf die Umgebung zu werfen und sich von allen Freuden der Welt zu verabschieden. Doch es gelang nicht. Das Krokodil raffte sich noch einmal auf, machte eine verzweifelte Schlingbewegung, und augenblicklich verschwand der Kopf, diesmal endgültig. Dieses letzte Auftauchen war so entsetzlich, und zugleich barg dieser Moment, entweder wegen der überraschenden Wirkung des Vorgangs oder wegen der Geschichte mit der Brille, so viel Lächerliches, dass ich, mir selbst ganz unerwartet, herausplatzte. Da es mir aber sofort zum Bewusstsein kam, dass in einem solchen Augenblick für mich, als dem Hausfreund, das Lachen nicht angebracht sei, wandte ich mich zu Jelena Iwanowna und sagte teilnahmsvoll: »Dahin ist unser Iwan Matwejewitsch!«

Die Aufregung Jelena Iwanownas während dieses Vorgangs kann ich nicht beschreiben. Anfangs, nach dem ersten Schrei, stand sie wie erstarrt und sah, scheinbar gleichgültig, nur mit weit aufgerissenen Augen auf das grässliche Bild; dann brach sie plötzlich in ein herzzerreißendes Jammergeheul aus. Auch der Eigentümer, der bis dahin scheinbar vor Schreck versteinert war, rang plötzlich die Hände und rief mit zum Himmel erhobenem Blick: »Oh mein Krokodil! Oh mein herzallerliebstes Karlchen! Mutter! Mutter! Mutter!« Auf diesen Ruf hin öffnete sich eine Nebentür, und seine Ehehälfte erschien auf der Schwelle; ältlich, rotwangig, die Haube schief auf dem Kopf, und stürzte jammernd auf ihren Mann zu.

Und nun begann ein Sodom und Gomorra. Jelena Iwanowna zeterte wie besessen: »Geht ihm zu Leibe! Geht ihm zu Leibe!« und lief vom Eigentümer zu dessen Ehehälfte, die beiden in ihrer Verzweiflung anflehend, jemandem zu Leibe zu gehen. Doch diese beiden kümmerten sich gar nicht um uns; sie standen am Behälter und heulten wie die Schlosshunde.

»Es ist aus mit ihm! Er wird gleich platzen, weil er einen ganzen Beamten verschluckt hat!«, rief der Besitzer.

»Oh, unser Karlchen, unser allerliebstes Karlchen wird sterben!«, wimmerte seine Frau.

»Geht ihm zu Leibe! Geht ihm zu Leibe!«, zeterte Jelena Iwanowna, sich an die Rockschöße des Deutschen klammernd.

»Er hat es gereizt! Warum hat Ihr Mann es gereizt!«, schrie der Besitzer, sich verzweifelnd wehrend. »Wenn Karlchen stirbt, müssen Sie bezahlen! Es war wie mein Sohn, mein einziger Sohn!«

Ich muss gestehen, dass ich über den Egoismus des zugereisten Deutschen und die Hartherzigkeit der zerzausten Mutter einigermaßen aufgebracht war, doch die ununterbrochenen Rufe Jelena Iwanownas: »Geht ihm zu Leibe! Geht ihm zu Leibe!«, regten mich so auf, dass mir zuletzt bange wurde. Ich schicke voraus, dass ich diese Worte Jelena Iwanownas missdeutete: Mir schien, sie sei von Sinnen und schlüge, im Verlangen, sich an dem Krokodil für den Untergang ihres geliebten Mannes zu rächen, vor, dieses zu ihrer Genugtuung durchpeitschen zu lassen. Stattdessen meinte sie etwas ganz anderes. Nicht ohne Bangen die Tür im Auge behaltend, flehte ich nun Jelena Iwanowna an, sich zu beruhigen und das kitzlige Wort »zu Leibe gehen« nicht zu benutzen, da ein so rückständiger Wunsch an diesem Ort, im Herzen der Passage und der feinen Gesellschaft, wenige Schritte von dem Saal entfernt, in dem Herr Lawrow eben vielleicht einen fortschrittlichen Vortrag hielt, nicht nur unmöglich, nein, geradezu undenkbar wäre und jederzeit das Hohngelächter von Seiten der hochgebildeten Leute zur Folge haben könnte; auch könnte es Herrn Stepanow veranlassen, eine Karikatur von uns zu machen.

Zu meinem Entsetzen erwies es sich, dass meine ängstlichen Vermutungen gerechtfertigt waren. Der Vorhang, welcher den Krokodilraum von dem Vorstübchen trennte, wo das Eintrittsgeld kassiert wurde, teilte sich plötzlich, und auf der Schwelle erschien ein schnauzbärtiger Jemand mit der Mütze in der Hand. Der Jemand bog seinen Oberkörper weit vor und war ängstlich bemüht, seine Füße jenseits der Schwelle zu lassen, um so um den Eintrittsgroschen herumzukommen.

»Ein so rückständiger Wunsch, meine Gnädige«, sagte der Fremde, mit dem Bestreben, das Gleichgewicht nicht zu verlieren und auf neutralem Boden zu bleiben, »ein so rückständiger Wunsch macht Ihren Fähigkeiten keine Ehre und ist durch Mangel an Phosphor in Ihrem Gehirn bedingt. Die Chronik des Fortschritts und die satirischen Blätter werden Sie verlachen und verspotten!« Er kam nicht zum Schluss. Der Eigentümer, der sich endlich besonnen hatte, gewahrte mit Entsetzen ein Subjekt, das im Krokodilraum sprach, ohne dafür bezahlt zu haben, stürzte sich auf den fortschrittlichen Fremden und drängte ihn mit den Fäusten aus der Bude. Für einen Moment verschwanden die beiden hinter dem Vorhang, und nun erst wurde mir klar, dass der ganze Radau ohne jede Ursache war. Jelena Iwanowna erwies sich als vollständig unschuldig. Sie hatte, wie ich schon früher bemerkte, gar nicht daran gedacht, das Krokodil der demütigenden und rückschrittlichen Züchtigung zu unterwerfen, sie wollte nur den Wunsch äußern, man möge ihm mit einem Messer den Leib aufschlitzen, um den armen Iwan Matwejewitsch aus seinen Eingeweiden zu befreien.

»Was, Sie wollen meinem Krokodil den Garaus machen?«, zeterte der Wirt, der wieder hereingelaufen kam. »Nein, erst mag Ihr Mann draufgehen und dann mein Krokodil. Mein Vater hat das Krokodil gezeigt, mein Großvater hat es gezeigt, und mein Sohn soll auch noch das Krokodil zeigen. Ganz Europa kennt mich, aber Sie kennt ganz Europa nicht. Sie werden mir für das Krokodil bezahlen!«

»Ja! ja!«, keifte die boshafte Deutsche, »wir lassen Sie nicht fort! Strafe zahlen, wenn Karlchen platzt!«

»Aufschlitzen wird auch nichts nützen«, fügte ich gelassen hinzu, um Jelena Iwanowna schneller heimwärts zu locken, »denn aller Wahrscheinlichkeit nach schwebt unser lieber Iwan Matwejewitsch schon irgendwo in den seligen Gefilden!«

»Mein Bester!«, ertönte plötzlich und ganz unerwartet die Stimme Iwan Matwejewitschs, welche uns bis aufs Äußerste überraschte, »meiner Meinung nach ist es das Beste, direkt durch die Polizei zu wirken, da der Kerl ohne polizeiliche Nachhilfe die Sachlage nicht erfassen wird!«

Diese mit großem Nachdruck gesprochenen Worte, die außergewöhnliche Geistesgegenwart bekundeten, setzten uns derart in Staunen, dass wir kaum unseren Ohren trauten. Selbstverständlich eilten wir sofort an den Krokodilbehälter und lauschten mit ebenso viel Andacht wie Verwunderung der Stimme des unglücklichen Gefangenen. Sie klang gedämpft, hoch und piepend, als ob sie aus einer bedeutenden Entfernung zu uns dränge. Es schien, als ob ein Schelm aus dem Nebenzimmer, der sich ein Kissen vor den Mund genommen, zu rufen anfinge, um dem Publikum im anderen Zimmer darzustellen, wie zwei Bauern in der Wüste oder durch einen Abgrund getrennt einander etwas zurufen – was ich einst in den Weihnachtstagen das Vergnügen hatte, bei meinen Bekannten zu hören.

»Iwan Matwejewitsch, mein Liebster, du lebst also!«, flüsterte Jelena Iwanowna.

»Ich lebe und bin wohlbehalten«, antwortete Iwan Matwejewitsch, »und dank der gütigen Vorsehung bin ich unverletzt verschlungen worden. Mich beunruhigt nur, wie die Obrigkeit diesen Vorfall auffassen wird, denn mit einer Fahrkarte über die Grenze geriet ich in ein Krokodil hinein, was nicht besonders geistreich ist.«

»Mein Lieber, kümmere dich nicht um Geist, vor allen Dingen muss man dich irgendwie hier herausholen!«, unterbrach ihn Jelena Iwanowna.

»Herausholen?!«, rief der Eigentümer. »Ich lasse mein Krokodil nicht aufschlitzen! Jetzt wird sehr viel Publikum kommen, und ich werde fünfzig Kopeken Eintrittsgeld nehmen, und Karlchen wird nicht platzen!«

»Gott sei Dank«, ergänzte die Frau.

»Die Leute haben Recht«, bemerkte Iwan Matwejewitsch kaltblütig, »das ökonomische Prinzip geht vor!«

»Mein Freund!«, rief ich, »ich eile zu deinen Vorgesetzten und werde mich beschweren, denn ich fühle, dass wir allein diese Suppe nicht auslöffeln können!«

»Das glaube ich auch«, bemerkte Iwan Matwejewitsch, »aber in unserem Zeitalter der wirtschaftlichen Krisis dürfte es schwierig sein, umsonst den Bauch eines Krokodils aufzutrennen; wir stehen also nun vor der unvermeidlichen Frage: Wie viel will der Eigentümer für sein Krokodil haben? Und zweitens: Wer wird dafür zahlen? Denn du weißt, dass ich keine Mittel habe …«

»Vielleicht wäre ein Vorschuss auf dein Gehalt zu erlangen?«, meinte ich schüchtern; doch der Eigentümer unterbrach mich sofort: »Ich verkaufe mein Krokodil nicht! Ich verkaufe es nicht für dreihundert Rubel, für vierhundert Rubel verkaufe ich es nicht! Jetzt wird viel Publikum kommen. Ich verkaufe das Krokodil nicht für fünfhundert Rubel.«

Kurz, er wurde ganz unausstehlich – Gewinnsucht und schäbiger Geiz funkelten freudig in seinem Blick.

»Ich eile!«, rief ich entrüstet.

»Und ich auch, ich auch«, zeterte Jelena Iwanowna. »Ich werde zu Andrej Ossipowitsch fahren. Meine Tränen werden ihn erweichen.

»Tu das nicht, meine Liebste!«, unterbrach Iwan Matwejewitsch sie eilig, weil er schon längst glaubte, begründeten Verdacht zur Eifersucht diesem Herrn gegenüber zu haben, und wusste, dass seine Gattin ganz gerne einem so hochstehenden Mann etwas vorweinen würde, wohl wissend, dass Tränen ihr gut standen.

»Auch dir, mein Freund«, fuhr er fort, sich an mich wendend, »rate ich nicht, so mir nichts, dir nichts hinzufahren, wer weiß, was noch dabei herauskommt; sprich lieber heute bei Timofej Semjonowitsch vor, so ganz privatim. Er ist zwar altmodisch und nicht sehr klug, aber zuverlässig und vor allem – aufrichtig. Grüß ihn von mir und beschreibe die Sachlage. Da ich ihm für den letzten Whist noch sieben Rubel schuldig bin, übergib sie ihm bei dieser Gelegenheit. Das wird den griesgrämigen Alten erweichen. In jedem Fall kann sein Rat uns die Richtung weisen. Nun aber führe vorläufig Jelena Iwanowna nach Hause.«

»Beruhige dich, meine Teure«, wandte er sich wieder an sie, »ich bin müde von diesem Lärm und Weibergeschrei und wünsche ein wenig zu schlummern. Hier ist es warm und mollig, obwohl ich noch nicht dazugekommen bin, mich genauer in diesem unerwarteten Nachtquartier umzusehen.«

»Umsehen? Hast du denn Licht da?«, rief die erfreute Jelena Iwanowna.

»Mich umgibt finstere Nacht«, entgegnete der arme Gefangene, »doch kann ich tasten und mich sozusagen mit den Händen umsehen. Lebe wohl denn! Sei ruhig und amüsiere dich. Du aber, Semjon Semjonowitsch, komm gegen Abend zu mir, und weil du zerstreut bist und es etwa vergessen könntest, binde dir einen Knoten ins Taschentuch!«

Ich muss gestehen, ich war froh fortzukommen, weil ich zu müde war; auch fing es an, mir langweilig zu werden. Ich ergriff also den Arm der betrübten Jelena Iwanowna, die übrigens durch die Aufregung hübscher geworden war, und führte sie aus dem Krokodilraum hinaus. – »Am Abend wieder einen Groschen Eintrittsgeld«, rief uns der Besitzer nach.

»Oh, wie geldgierig sind diese Leute!«, plauderte Jelena Iwanowna, während sie jedem Spiegel an den Wänden der Passage Blicke zuwarf und selbst zu fühlen schien, wie gut sie aussah.

»Ja, das ist das ökonomische Prinzip!«, entgegnete ich mit einer gewissen Regung von Stolz auf meine hübsche Gefährtin.

»Ökonomisches Prinzip?«, säuselte sie. »Ich habe nichts davon verstanden, was Iwan Matwejewitsch eben über dieses garstige ökonomische Prinzip sagte.«

»Das kann ich Ihnen erklären«, antwortete ich und fing sofort an, ihr von den wohltätigen Resultaten der Hinzuziehung auswärtiger Kapitalien in unser Vaterland zu erzählen, worüber ich heute früh erst einen Artikel in den ›Petersburger Nachrichten‹ und im ›Wolos‹ gelesen hatte.

»Wie sonderbar das alles ist!«, unterbrach sie mich nach kurzer Zeit. – »Sie garstiger Mensch, hören Sie doch auf, über solche Dinge zu sprechen! Sagen Sie – sehe ich sehr echauffiert aus?«

»Rosig – wie eine Rose –«, benutzte ich die Gelegenheit, ihr ein Kompliment zu machen.

»Sie Schelm!«, lispelte sie geschmeichelt. – »Armer Iwan Matwejewitsch«, fügte sie nach einer Minute hinzu, ihr Köpfchen kokett zur Seite neigend. – »Er tut mir wirklich leid! Ach Gott«, rief sie plötzlich aus, »sagen Sie, wie wird er denn heute dort essen? Und was, wenn … wenn … er da was nötig hat?«

»Das ist eine unerwartete Frage«, antwortete ich, gleichfalls überrascht. Aufrichtig gesagt, war mir so etwas gar nicht in den Sinn gekommen. Die Frauen sind eben um vieles praktischer als die Männer, wenn es sich um Lebensfragen handelt.

»Der Ärmste! Dass das ihm passieren musste! Und keinen Zeitvertreib hat er da, finster ist's auch … Wie schade, dass ich keine Fotografie von ihm habe! Ich bin also jetzt beinahe eine Witwe«, fügte sie mit einem bezaubernden Lächeln hinzu. Offenbar fand sie diesen neuen Zustand ganz interessant. – »Hm … er tut mir doch leid! …«

Kurz, sie gab sich dem begreiflichsten und allernatürlichsten Schmerz einer jungen und hübschen Frau über den Verlust ihres Gatten hin. Ich brachte sie endlich nach Hause, tröstete sie und ging, nachdem ich noch bei ihr zu Mittag gegessen und eine Tasse duftenden Kaffee getrunken hatte, so gegen sechs Uhr zu Timofej Semjonowitsch, in der Berechnung, dass alle Familienväter von bestimmtem Beruf um diese Zeit zu Hause zu sitzen oder zu liegen pflegen.

II

Der ehrenwerte Timofej Semjonowitsch empfing mich ein wenig eilig und war scheinbar etwas verwirrt. Er führte mich in sein enges Studierzimmer und drückte die Türe fest ins Schloss – »damit die Kinder nicht stören«, fügte er mit sichtbarer Unruhe hinzu. Nachdem er mich gebeten hatte, auf einem Stuhl am Schreibtisch Platz zu nehmen, sank er selbst in seinen Lehnstuhl und schlug die Schöße seines alten gesteppten Schlafrocks an den Knien übereinander, wobei er für alle Fälle eine offiziöse, ja beinahe strenge Miene aufsetzte, obgleich er weder mein noch Iwan Matwejewitschs Vorgesetzter war und bis jetzt als unser Kollege und sogar guter Bekannter gegolten hatte.

»Vor allem«, begann er, »muss ich Sie darauf aufmerksam machen, dass ich keine hochgestellte Persönlichkeit bin. Ich bin ebenso gut ein subordinierter Beamter wie Sie oder Iwan Matwejewitsch … und ich habe durchaus nicht die Absicht, mich irgendwie einzumischen.«

Ich wunderte mich, dass er scheinbar schon alles wusste. Doch dessen ungeachtet erzählte ich ihm die ganze Geschichte von Anfang an und mit allen Einzelheiten. Ich sprach sogar mit einiger Bewegung, denn ich erfüllte in diesem Augenblick eine heilige Freundespflicht.

»Glauben Sie«, sagte er, nachdem er mich angehört hatte, »ich habe immer gedacht, dass ihm so etwas zustoßen müsste!«

»Warum denn, Timofej Semjonowitsch? Der Vorfall an und für sich ist doch höchst ungewöhnlich.«

»Einverstanden. Aber während seiner ganzen Dienstzeit neigte Iwan Matwejewitsch immer zu so einem Schlusseffekt. Er ist zu hitzig, sogar ein wenig herausfordernd. Spricht immer von Fortschritt und anderen Ideen. Na, da haben wir's, wohin der Fortschritt einen bringt!«

»Aber dieser Vorfall ist ja ganz ungewöhnlich und kann nicht als Regel für alle Fortschrittler gelten …!«

»Nein, das ist nun einmal so … Das kommt von zu großer Bildung, glauben Sie mir! Denn die überklugen Leute müssen ihre Nasen überall hineinstecken, und am liebsten dahin, wo es am wenigsten nötig ist ... Aber vielleicht wissen Sie selbst darüber mehr als ich«, fügte er, scheinbar gekränkt, hinzu. – »Ich bin ein alter Mann und nicht so hochgebildet ... Habe ganz klein angefangen und werde in diesem Jahr mein fünfzigjähriges Dienstjubiläum feiern ...«

»Oh nein, Timofej Semjonowitsch, entschuldigen Sie, bitte! Im Gegenteil, Iwan Matwejewitsch bedarf Ihres Rates, fleht um Ihre Führung, sozusagen mit Tränen in den Augen ...!«

»Sozusagen mit Tränen. So, so ... Nun, das sind Krokodilstränen, und man braucht ihnen nicht allzu viel Glauben zu schenken ... Sagen Sie nur, warum zog es ihn ins Ausland? Und mit welchen Mitteln wollte er reisen, er hat ja gar keine?«

»Von seinem Ersparten, Timofej Semjonowitsch, die letzten Gratifikationen –«, antwortete ich kläglich, »er wollte nur auf drei Monate verreisen, in die Schweiz, die Heimat Wilhelm Tells.«

»Wilhelm Tells? Hm, so – so ...«

»In Neapel wollte er den Frühling erleben; die Museen besuchen, die Sitten und die Fauna beobachten ...«

»So, so – also die Fauna wollte er beobachten! Meiner Ansicht nach nur aus Hochmut. Welche Fauna? Tiere? Haben wir denn nicht genug Tiere hier? Es gibt doch Menagerien, Museen, Kamele. In der nächsten Umgebung Petersburgs leben Bären. Und jetzt ist er gar selbst in einem Krokodil stecken geblieben!«

»Timofej Semjonowitsch, erbarmen Sie sich! Ein Mensch ist in Not, wendet sich an Sie als einen Freund, einen Vater, fleht um einen Rat – und Sie machen ihm Vorwürfe. Denken Sie wenigstens an die unglückliche Jelena Iwanowna.«

»Ach, Sie meinen die Gattin? Ein nettes Dämchen!«, meinte Timofej Semjonowitsch, sichtlich erweicht, und nahm eine Prise Tabak. »Ein feines Persönchen! Und wie rundlich. Und wie sie das Köpfchen immer so schräg auf die Seite hält; sehr nett! Andrej Ossipowitsch sprach von ihr erst vorgestern.«

»Sprach von ihr?«

»Ja, und in sehr schmeichelhaften Wendungen. ›Die Büste‹, sagte er, ›der Blick, die Coiffure – kurz‹, sagte er, ›ein Bonbon‹, und lachte dazu. Ja, ja, er ist jung!« Und Timofej Semjonowitsch schneuzte sich geräuschvoll. – »Und doch, sehen Sie, welche Karriere dieser junge Mann macht!«

»Hier handelt es sich aber um ganz etwas anderes, Timofej Semjonowitsch!«

»Gewiss, gewiss!«

»Also, bitte, Timofej Semjonowitsch?«

»Was kann ich denn dabei tun?«

»Raten Sie, helfen Sie! Als ein Mann der Erfahrung, als Vater! Was soll ich unternehmen? Soll ich zu den Vorgesetzten gehen?«

»Zu den Vorgesetzten? Nein, auf keinen Fall«, meinte Timofej Semjonowitsch hastig. – »Wenn ich Ihnen raten soll, muss man die Sache vertuschen und sozusagen als Privatperson handeln. Der Fall ist verdächtig und nie da gewesen. Vor allem: Nie da gewesen! Man hat noch kein Exempel, und es ist auch eine schlechte Empfehlung. Darum – vor allem: Vorsicht, Vorsicht, Vorsicht ... Mag er lieber eine Weile dort liegen bleiben. Abwarten, abwarten!!«

»Wieso abwarten, Timofej Semjoliowitsch? Er kann ja dort ersticken!«

»Aber woran denn? Sie meinten doch, glaube ich, dass er es dort ganz bequem hätte?«

Ich erzählte wieder alles von Anfang an. Timofej Semjonowitsch dachte nach.

»Hm«, meinte er, mit der Tabaksdose spielend. »Meine Ansicht ist, dass es für ihn ganz gut wäre, ein Weilchen dort zu liegen, statt ins Ausland zu reisen. Er kann da in Muße nachdenken … Natürlich soll er nicht ersticken, und darum muss man die entsprechenden Maßnahmen zur Aufrechterhaltung seiner Gesundheit treffen, als da sind: sich vor Husten schützen und so weiter. Was den Deutschen anlangt, so hat er, meiner Meinung nach, Recht, und sogar mehr als die anderen, denn man ist ohne Erlaubnis in sein Krokodil hineingekrochen; es ist ja nicht er in Iwan Matwejewitschs Krokodil hineingekrochen, der übrigens, soviel ich mich entsinne, auch gar kein Krokodil hatte. Nun, und ein Krokodil stellt einen gewissen Besitz dar und darf nicht ohne Entschädigung aufgeschlitzt werden.«

»Aber zur Rettung eines Menschenlebens, Timofej Semjonowitsch?«

»Das ist Sache der Polizei, mit der Sie sich in Verbindung setzen müssen.«

»Aber man kann unterdessen im Dienst nach Iwan Matwejewitsch verlangen. Man kann ihn suchen.«

»Nach Iwan Matwejewitsch fragen? Ha, ha! Außerdem hat er ja Urlaub, wir können infolgedessen die ganze Geschichte ignorieren, und er kann sich ›Europa ansehen‹. Etwas anderes ist es, wenn er nicht rechtzeitig zurückkehrt; dann werden wir Erkundigungen einziehen, nach ihm forschen.«

»Es sind aber drei Monate bis dahin, Timofej Semjonowitsch, erbarmen Sie sich!«

»Seine Schuld! Was wollte er da! Wenn er sich so aufführt, müsste der Staat für ihn eine Wärterin engagieren, was im Etat nicht vorgesehen ist. Und vor allem: Das Krokodil ist ein Eigentum, folglich tritt hier das sogenannte ökonomische Prinzip in Kraft. Und das ökonomische Prinzip geht vor. Noch vorgestern Abend hat Ignatij Prokojewitsch in einer Gesellschaft bei Luca Andrejitsch darüber gesprochen. Kennen Sie

Ignatij Prokofjewitsch? Ein Kapitalist! Ein Geschäftsmann! Und spricht so glatt und fließend! Wissen Sie, was er gesagt hat? Wir brauchen die Industrie, sagte er, die ist bei uns zu wenig entwickelt. Die Industrie muss also bei uns geschaffen werden. Der Mittelstand, die sogenannte Bourgeoisie, muss bei uns geschaffen werden. Und weil bei uns kein Kapital ist, muss es aus dem Ausland herangezogen werden. Vor allen Dingen muss man den ausländischen Landeinkaufsgesellschaften bei uns Konzessionen geben. Das Gemeindewesen ist ein Gift, sagte er, ein Ruin für das Volk. Und Sie sollten sehen, mit welchem Eifer er spricht; nun, er kann es sich leisten, hat Geld und ist nicht im Dienst. Er meint, dass bei der Gemeindewirtschaft weder die Industrie noch die Landwirtschaft einen Aufschwung nehmen werden. Es ist notwendig, sagt er, dass die ausländischen Gesellschaften unseren ganzen Grundbesitz stückweise aufkaufen, und dann parzelliert man und parzelliert in möglichst kleine Teile. Und wie er das so energisch ausspricht, par-zel-liert, sagt er, und dann verkauft man es als persönlichen Besitz – oder besser: Man verpachtet es. Dann, sagt er, wird das ganze Land in den Händen der herangezogenen Firmen sein, und die Pacht kann beliebig hoch angesetzt werden. Folglich wird der Bauer noch einmal so viel arbeiten müssen, um sein Geld herauszuschlagen, man kann ihm jederzeit kündigen, und das wird er fühlen, wird gefügig und fleißig sein und noch einmal so viel für denselben Preis leisten. Aber worum braucht er sich bei der Gemeindewirtschaft zu kümmern? Er weiß, dass er nicht verhungern wird, faulenzt und trinkt deshalb. Inzwischen wird das Geld hereingezogen, Kapitalien werden gesammelt, und die Bourgeoisie wird sich bilden. Vor einiger Zeit meinte doch die englische politische und literarische Zeitung ›Times‹, dass unsere Finanzen deshalb nicht wüchsen, weil wir keinen Mittelstand, keine großen Geldsäcke, keine dienstbeflissenen Proletarier hätten ... Ja, gut spricht er, der Ignatij Prokofjewitsch, ein Redner von Gottes Gnaden! Er will selbst bei der Regierung ein Memorandum darüber erreichen und es dann in den ›Nachrichten‹ drucken lassen. Das ist doch mehr als die Verse von Iwan Matwejewitsch.«

»Ja, was wird dann mit Iwan Matwejewitsch?«, warf ich ein, nachdem ich den Alten ein wenig hatte reden lassen. Timofej Semjonowitsch liebte es nämlich, abzuschweifen und damit zu beweisen, dass auch er nicht hinter der Zeit zurückstehe und in allem Bescheid wisse.

»Iwan Matwejewitsch? Ja, davon rede ich doch gerade. Sie sehen doch, dass wir selbst uns um die Heranziehung ausländischer Kapitalien bemühen, und jetzt urteilen Sie selbst: Das Kapital des zugezogenen Krokodilbesitzers hat sich soeben durch Iwan Matwejewitsch verdoppelt, und nun denken wir, statt den ausländischen Eigentümer zu protegieren, daran – seinem Grundkapital den Bauch aufzuschlitzen. Ist das logisch? Als ein treuer Sohn seines Vaterlands müsste Iwan Matwejewitsch sich, meiner Ansicht nach, noch freuen, dass er mit seiner Person den Preis des ausländischen Krokodils verdoppelt hat. Das ist ja zur Anlockung nötig. Wenn es einem gelungen ist, kommt, eh' man sich's versieht, ein Zweiter, und der Dritte bringt vielleicht gleich zwei oder drei mit, und um sie herum gruppiert sich das Kapital. Und da haben wir die Bourgeoisie. Nein, das muss alles unterstützt werden.«

»Erbarmen Sie sich, Timofej Semjonowitsch«, rief ich aus. »Sie verlangen ja eine beinah unnatürliche Selbstaufopferung von dem armen Iwan Matwejewitsch!«

»Gar nichts verlange ich, und ich bitte Sie vor allem, zu bedenken, dass ich kein Vorgesetzter bin und folglich von niemandem etwas verlangen kann. Ich spreche als getreuer Sohn meines Vaterlands, das heißt nicht wie ›der Sohn des Vaterlands‹*, sondern, ganz einfach, wie ein Sohn des Vaterlands, sage ich. Warum musste er denn in das Krokodil hinein? Er ist doch ein gutsituierter Mann, hat eine Frau, und auf einmal so ein Schritt? Das verstehe einer!«

»Aber das ist doch ganz aus Versehen passiert!«

»Wer weiß? Und aus welchen Mitteln soll denn der Eigentümer des Krokodils bezahlt werden?«

»Vielleicht als Vorschuss, Timofej Semjonowitsch?«

»Wird denn das ausreichen?«

»Nein, Timofej Semjonowitsch«, entgegnete ich bedrückt, »der Eigentümer erschrak erst und meinte, sein Krokodil würde platzen; als er sich aber überzeugt hatte, dass alles in bester Ordnung sei, wurde er hochfahrend und freute sich, dass er nun den Eintrittspreis verdoppeln könne.«

»Was verdoppeln! Verdreifachen, vervierfachen kann er den Preis! Das Publikum wird jetzt in Massen hingehen, und die Menageriebesitzer sind geriebene Leute. Zudem ist jetzt Karneval, man neigt zu Vergnügungen, und deshalb wiederhole ich, es ist am besten, dass Iwan Matwejewitsch vorläufig das Inkognito wahrt und sich nicht beeilt. Meinetwegen mögen alle wissen, dass er im Krokodil sitzt, doch es braucht nicht offiziell bekannt zu sein. In dieser Hinsicht ist Iwan Matwejewitsch sogar in einer besonders günstigen Lage. Man wird sagen, dass er im Krokodil ist, aber wir brauchen es nicht zu glauben. Es könnte unangenehme Folgen haben. Vor allem aber soll er warten, er hat ja keine Eile!«

»Aber wenn …«

»Oh, sorgen Sie sich nicht, er ist recht wohlgenährt.«

* Anm. d. Ü.: Eine Zeitschrift.

»Nun, und wenn er es abgewartet hat, was dann?«

»Nun, ich kann nicht leugnen, der Fall ist äußerst schwierig. Es ist schwer, sich hineinzudenken, und was das Schlimmste ist, es ist noch nie da gewesen. Hätten wir wenigstens ein Beispiel, so könnten wir uns daran halten. Aber was soll man hier tun? Man denkt darüber nach, und die Sache zieht sich in die Länge.«

Ein glücklicher Gedanke kam mir.

»Könnte es nicht so eingerichtet werden«, sagte ich, »dass er, wenn es ihm beschieden sein sollte, im Innern des Krokodils bleiben zu müssen und, so Gott will, sein Leben erhalten bliebe, dass er dann ein Gesuch einreichte, im Dienst belassen zu werden?«

»Hm, so, so! Vielleicht als beurlaubt und ohne Gehalt.«

»Oh nein, könnte es nicht mit Beibehaltung des Gehalts sein?«

»Warum?«

»In Gestalt eines besonderen Auftrags vielleicht?«

»Welches Auftrags? Und wohin?«

»Nun, in das Innere, in das Krokodilsinnere. Sozusagen zum Studium der Bedingungen an Ort und Stelle. Natürlich wäre das neu, aber es ist fortschrittlich und würde zugleich unser Interesse für die Volksaufklärung beweisen …«

Timofej Semjonowitsch dachte ein Weilchen nach, dann meinte er endlich: »Einen Beamten für besondere Aufträge in das Innere eines Krokodils zu senden, ist meiner Ansicht nach unsinnig. Es ist im Etat nicht vorgesehen. Und welche Aufträge könnten es denn sein?«

»Nun, zur Erforschung der Natur an Ort und Stelle und bei lebendigem Leib, im Lebenden sozusagen. Jetzt sind ja die Naturwissenschaften obenauf, Botanik und so weiter. Er könnte dort leben und Bericht erstatten, über die Verdauung zum Beispiel oder die Sitten im Allgemeinen. Zur Sammlung von Tatsachenmaterial.«

»Das fällt also in das Gebiet der Statistik. Nun, das ist nicht meine Stärke; auch bin ich kein Philosoph. Sie sprechen da von Tatsachen, wir sind schon ohnedies überhäuft mit Tatsachen und wissen nicht, was wir damit anfangen sollen. Zudem ist diese Art von Statistik gefährlich.«

»Wieso?«

»Gefährlich. Und, das müssen Sie einsehen, er wird die Tatsachen mitteilen, gleichsam ohne etwas zu tun; und kann man denn im Dienst sein, ohne etwas zu tun? Das ist wieder eine Neuerung, und zudem eine gefährliche; auch hat sie kein Vorbild. Wenn wir nur irgendein Exempelchen hätten, könnte man ihn vielleicht danach abkommandieren.«

»Aber, Timofej Semjonowitsch, lebendige Krokodile sind bis jetzt noch nie hier gewesen!«

»Hm, ja!« Er versank wieder in Nachdenken. »Wenn Sie wollen, ist dieser Einwand ganz richtig und könnte sogar als Grundlage zur weiteren Bearbeitung der Sache dienen. Aber andererseits müssen Sie auch gestehen, wenn beim Erscheinen lebendiger Krokodile die Beamten anfangen zu verschwinden und sich, nur weil es dort warm und mollig ist, dorthin abkommandieren lassen und nichts tun … Das wäre ein schlimmes Beispiel, Sie müssen das selbst einsehen. Dann wird vielleicht ein jeder da reinkriechen, um umsonst Geld zu verdienen!«

»Seien Sie doch barmherzig, Timofej Semjonowitsch! Übrigens bat mich Iwan Matwejewitsch, Ihnen seine kleine Schuld von der letzten Whistpartie zu überreichen.«

»Ach, die hat er neulich bei Nikifor Nikiforowitsch verspielt! Ich erinnere mich. Wie ausgelassen er damals war, wie er uns lachen machte! Und nun ...« – Der Alte war wirklich gerührt.

»Oh bitte, Timofej Semjonowitsch! Tun Sie etwas für ihn.«

»Ich werde mich bemühen. Werde von mir aus sprechen, ganz privatim. So als Erkundigung. Übrigens, suchen Sie doch ganz inoffiziell zu erfahren, welchen Preis wohl der Eigentümer für das Krokodil verlangen wird.«

»Unbedingt«, erwiderte ich, »und ich werde Ihnen sofort darüber Bescheid sagen.«

»Nun, und was macht die Frau Gemahlin? Ist wohl allein und grämt sich?«

»Sie müssen sie doch besuchen, Timofej Semjonowitsch!«

»Ja, das werde ich tun. Ich habe erst neulich daran gedacht, und die Gelegenheit wäre jetzt günstig. Und warum, warum trieb es ihn denn so, das Krokodil zu sehen?! Übrigens hätte ich auch nicht übel Lust, es mir anzusehen.«

»Besuchen Sie den Unglücklichen, Timofej Semjonowitsch.«

»Das werde ich. Natürlich möchte ich ihm damit keine Hoffnungen machen. Werde als Privatperson kommen. Nun, auf Wiedersehen! Ich gehe wieder zu Nikifor Nikiforowitsch. Werden wir uns dort treffen?«

»Nein, ich gehe jetzt zu unserem Gefangenen.«

»Ja, jetzt ist er auch ein Gefangener. Ja, ja, der Leichtsinn!«

Ich verabschiedete mich von dem alten Herrn. Die verschiedensten Gedanken durchkreuzten mein Hirn. Timofej Semjonowitsch ist einer der besten und ehrlichsten Leute, und doch freute ich mich sehr, als ich von ihm fortging, dass schon sein fünfzigjähriges Jubiläum bevorstünde, und dass solche Menschen wie er bei uns jetzt zu den Seltenheiten zählen. Es versteht sich, dass ich sofort in die Passage eilte, um dem ärmsten Iwan Matwejewitsch alles zu berichten. Auch plagte mich die Neugier, wie er sich wohl im Krokodil eingerichtet hätte und wie es wohl möglich sei, darin zu leben. Wäre es wohl überhaupt möglich, in einem Krokodil zu leben? Es schien mir wahrhaftig alles wie ein ungeheurer Traum, besonders, da es sich ja auch um ein Ungeheuer handelte.

III

Und doch war es kein Traum, sondern nackte, unzweifelhafte Wirklichkeit. Würde ich denn sonst davon erzählen? Doch ich fahre fort.

In die Passage gelangte ich erst spät, gegen neun Uhr, und war genötigt, um in den Krokodilraum zu kommen, die Hintertür zu benutzen, weil der Deutsche das Geschäft vorzeitig geschlossen hatte. Er spazierte behaglich in einem schäbigen Hausröckchen auf und ab und war noch viel zufriedener als am Vormittag. Man sah es ihm an, dass er jetzt nichts mehr befürchtete und viel Publikum da gewesen war. Die Frau erschien erst später, offenbar, um mich zu beobachten. Der Deutsche flüsterte häufig mit ihr. Obwohl das Geschäft bereits geschlossen war, verlangte er von mir den Groschen Eintrittsgeld.

»Sie werden jedes Mal zahlen«, sagte er. »Das Publikum wird einen Rubel zahlen und Sie einen Groschen, denn Sie sind ein guter Freund Ihres guten Freundes, und ich schätze Ihren Freund sehr hoch.«

»Lebt er noch? Lebt er noch, mein hochgeschätzter Freund?«, rief ich laut, mich dem Krokodil nähernd, in der Hoffnung, dass meine Worte noch aus der Entfernung Iwan Matwejewitsch erreichen könnten und ihm wohltun würden.

»Er lebt und ist wohl!«, antwortete er, scheinbar von ferne oder wie unter einem Bett liegend, obgleich ich nahe bei ihm stand. »Er lebt und ist wohl, doch davon später. Wie stehen die Dinge?«

Ich tat absichtlich, als wenn ich diese Frage nicht gehört hätte, und fing selbst an, ihn eilig und teilnahmsvoll auszufragen: wie es ihm gehe und was es im Krokodilsinnern gäbe und wie es dort aussähe. Das verlangte die Pflicht der Freundschaft und Höflichkeit. Doch er unterbrach mich heftig und aufgeregt.

»Wie stehen die Dinge?«, rief er, wie gewöhnlich im Kommandoton mit einer schrillen, diesmal höchst unangenehmen Stimme.

Ich erzählte ihm ganz genau meine Unterhaltung mit Timofej Semjonowitsch, wobei ich versuchte, in möglichst gekränktem Ton zu sprechen.

»Der Alte hat Recht«, entschied Iwan Matwejewitsch in dem scharfen Ton, den er mir gegenüber zu gebrauchen pflegte. »Ich liebe die praktischen Leute und kann die Süßholzraspler nicht leiden. Ich bin aber bereit einzuräumen, dass deine Idee mit dem Sonderauftrag nicht ganz blödsinnig ist. Ich kann wirklich vieles berichten, sowohl in wissenschaftlicher als in moralischer Hinsicht. Doch nun nimmt alles eine ganz neue und unerwartete Wendung, und es lohnt sich nicht, sich wegen des Gehalts zu bemühen. Höre aufmerksam zu! Sitzt du?«

»Nein, ich stehe.«

»Setz dich irgendwohin, meinetwegen auf den Fußboden, und höre aufmerksam zu.«

Ich ergriff ärgerlich einen Stuhl und stieß ihn beim Hinstellen grimmig auf den Fußboden.

»Nun höre«, begann er im Befehlston. »Es war heute eine Unmenge Publikum da. Gegen Abend war kein

Platz mehr, sodass die Polizei eingreifen musste. Schon um acht Uhr, das heißt früher als gewöhnlich, hielt der Besitzer es für geraten, das Geschäft zu schließen und die Vorstellung zu beenden, um das eingenommene Geld zu zählen und sich für morgen einzurichten. Ich weiß, dass morgen hier ein ganzer Jahrmarkt sein wird. Man muss also voraussetzen, dass die allergebildetsten Leute der Stadt hierherkommen werden, Damen aus den besten Häusern, Juristen und so weiter. Nicht genug damit, aus allen Ecken und Enden unseres unermesslichen und neugierigen Vaterlands werden Leute herbeiströmen. Das Ergebnis ist, dass ich, obwohl verborgen, doch vor aller Augen die erste Rolle spielen werde. Ich werde die müßige Menge belehren, werde ihr das Beispiel der seelischen Größe und Ergebenheit in das Schicksal zeigen. Werde sozusagen die Kanzel sein, von welcher ich beginne, die Menschheit zu belehren. Schon die naturgeschichtlichen Mitteilungen, die ich über das von mir bewohnte Ungeheuer machen kann, sind wertvoll. Und darum murre ich nicht über das Schicksal und hoffe fest auf eine glänzende Laufbahn.«

»Wenn es dir nur nicht langweilig wird«, bemerkte ich giftig. Mich ärgerte am meisten seine Wichtigtuerei. Trotzdem machte mich alles etwas irre. Warum, warum renommiert der Leichtfuß so?, knirschte ich vor mich hin. Er müsste weinen und nicht renommieren.

»Nein!«, antwortete er scharf auf meine Bemerkung. »Denn ich bin ganz von großen Ideen durchdrungen, kann erst jetzt in Muße über die Verbesserung des menschlichen Daseins nachdenken. Wahrheit und Licht werden nun von dem Krokodil ausstrahlen. Ich werde zweifellos eine ganz neue und eigene Theorie der ökonomischen Beziehungen erfinden und stolz auf sie sein, was mir bis jetzt nicht möglich war, da der Dienst und meine gesellschaftlichen Verpflichtungen mich daran hinderten. Übrigens, hast du Timofej Semjonowitsch die sieben Rubel gegeben?«

»Von meinem eigenen Geld«, erwiderte ich, indem ich mich bemühte, mit der Stimme auszudrücken, dass ich mit *meinem* Geld bezahlt hatte.

»Wir werden abrechnen«, entgegnete er hochfahrend. »Ich erwarte bestimmt eine Gehaltszulage, denn wer soll sonst Zulagen erhalten? Der Nutzen, den ich bringe, ist jetzt unermesslich. Doch nun zur Sache. Was macht sie?«

»Du fragst wohl nach Jelena Iwanowna?«

»Ja, sie?«, kreischte er diesmal schrill.

Da war nichts zu machen. Scheinbar geduldig, jedoch innerlich mit den Zähnen knirschend, erzählte ich ihm, wie ich Jelena Iwanowna verlassen hatte. Er hörte mich nicht einmal bis zu Ende an.

»Ich habe besondere Pläne für sie«, begann er ungeduldig. »Wenn ich *hier* berühmt werde, so soll sie *dort* berühmt sein. Gelehrte, Dichter, Philosophen, durchreisende Mineralogen, Staatsmänner werden sie, nach einem Morgenstündchen bei mir, abends in ihrem Salon besuchen. Von der nächsten Woche an muss sie jeden Abend einen Empfang haben. Das verdoppelte Gehalt wird die Mittel zum Empfang der Gäste bestreiten, der sich auf Tee und Lohndiener beschränken muss. Hier wie dort wird man von mir sprechen. Ich habe schon lange auf die Gelegenheit gewartet, berühmt zu werden, konnte es aber nicht erreichen wegen meiner zu geringen Mittel und zu wenig bedeutenden Stellung. Jetzt aber ist es durch eine ganz gewöhnliche Schlingbewegung eines Krokodils gelungen. Jedes Wort von mir wird angehört werden, jeden Ausspruch wird man bedenken, weitererzählen, drucken. Ich werde ihnen schon zeigen, wer ich bin. Sie werden endlich begreifen, welche Fähigkeiten sie in dem Innern eines Ungeheuers verschwinden ließen! ›Dieser Mensch hätte im Ausland ein Minister sein und ein Königreich regieren können‹, werden die einen sagen. ›Und hat dieser Mann nicht einen Staat regiert?‹, werden sich die andern fragen. Bin ich etwa weniger als irgendein Garnier-Pagessy, oder wie er heißt? Meine Frau muss ein Gegenstück zu mir sein. Ich habe den Verstand, sie die Schönheit und Liebenswürdigkeit. ›Sie ist schön, und *darum* ist sie seine Gattin‹, werden die einen sagen, und die andern werden verbessern: ›Sie ist schön, *weil* sie seine Gattin ist.‹ Jedenfalls muss Jelena Iwanowna sich morgen schon das enzyklopädische Wörterbuch kaufen, das von Andrej Krajewskij herausgegeben wurde, um über alle Dinge reden zu können. Am häufigsten müsste sie die Leitartikel in den ›Petersburger Nachrichten‹ lesen und sie täglich mit dem ›Wolos‹ vergleichen. Ich vermute, dass der Krokodilbesitzer einverstanden sein wird, mich zuweilen samt dem Krokodil in den glänzenden Salon meiner Frau zu bringen. Ich werde im Behälter im prunkvollen Saal stehen und werde von geistreichen Wortspielen sprühen, die ich mir schon am Morgen überlegt habe. Dem Staatsmann werde ich meine neuen Projekte mitteilen, mit dem Dichter werde ich in Versen sprechen, zu den Damen werde ich unterhaltend und anziehend sein, weil ich für ihre Ehemänner vollständig ungefährlich bin. Allen anderen werde ich ein Beispiel der Ergebenheit in den Willen der Vorsehung bedeuten. Meine Frau will ich zur glänzenden literarischen Dame machen. Ich werde sie hervorheben und dem Publikum erklären. Sie muss als meine Gattin alle Tugenden besitzen, und wenn man gerechterweise Andrej Alexandrowitsch den ›russischen Alfred de Musset‹ nennt, wird man sie als unsere russische Eugenie Tour feiern.«

Ich muss gestehen, dass dieser Unsinn, obgleich er dem alltäglichen Iwan Matwejewitsch ähnlich sah, mich doch sehr in Erstaunen setzte, sodass ich glaubte, er habe

Fieber und rede irre. Es war derselbe gewöhnliche Iwan Matwejewitsch, aber wie durch ein zwanzigfaches Vergrößerungsglas gesehen.

»Mein Freund«, fragte ich ihn, »hoffst du denn auf Unsterblichkeit? Und sage mir überhaupt, ob du gesund bist, was du isst, wie du schläfst und wieso du atmest. Ich bin dein Freund, und du wirst einsehen, dass der Vorfall zu ungewöhnlich und meine Neugier daher höchst erklärlich ist.«

»Müßige Neugier, weiter nichts!«, erwiderte er hochfahrend. »Doch sie soll befriedigt werden. Du fragst, wie ich mich im Innern des Krokodils eingerichtet habe? Erstens hat sich das Krokodil zu meinem Erstaunen als vollkommen hohl erwiesen. Sein Inneres besteht aus etwas, was einem großen, leeren Gummisack ähnlich sieht, wie sie bei uns in der Erbsenstraße oder der Seestraße und, wenn ich nicht irre, auf dem Himmelfahrtsprospekt verkauft werden. Bedenke, ob ich sonst wohl dort Platz finden könnte?«

»Ist es möglich?«, rief ich voll Staunen. »Ist das Krokodil wirklich ganz hohl?«

»Vollkommen!«, bestätigte Iwan Matwejewitsch streng und lehrhaft. »Und vermutlich ist es nach den Gesetzen der Natur so eingerichtet. Das Krokodil hat nur einen mit spitzen Zähnen bewaffneten Rachen und als Fortsetzung des Rachens einen ziemlich langen Schwanz, und das ist eigentlich alles. In der Mitte aber zwischen diesen beiden Endpunkten befindet sich ein Raum, der mit etwas Gummiartigem bezogen ist. Höchstwahrscheinlich ist es wohl auch Gummi.«

»Aber die Rippen, der Magen, die Gedärme, die Leber, das Herz, wo bleiben die alle?«, unterbrach ich, innerlich wütend.

»Nichts, gar nichts dergleichen, und wahrscheinlich hat es nie so etwas gegeben. Das alles waren müßige

Einbildungen leichtsinniger Reisender. So wie man ein Gummikissen mit Luft füllt, so fülle ich jetzt das Krokodil mit mir selbst. Es ist unglaublich dehnbar. Sogar du, in deiner Eigenschaft als Hausfreund, könntest darin neben mir Platz finden, wenn du so großmütig wärst. Ich habe sogar daran gedacht, im äußersten Fall Jelena Iwanowna hierher zu beordern. Übrigens ist diese hohle Einrichtung des Krokodils vollkommen im Einklang mit den Naturgesetzen. Denn, gesetzt den Fall, dass es dir befohlen würde, ein neues Krokodil herzustellen, würdest du dich naturgemäß zuerst fragen: Welches ist die Grundeigenschaft eines Krokodils? Die Antwort ist klar: das Menschenverschlingen. Wodurch erreicht man aber, dass es Menschen verschlingt? Die Antwort ist noch einfacher: Man stellt es eben hohl her. Die Physik hat schon längst nachgewiesen, dass die Natur keine leeren Räume verträgt. Darum muss auch das Innere des Krokodils hohl sein, damit es den leeren Raum fürchtet und infolgedessen alles verschlingt, was es erreichen kann, um sich zu füllen. Das ist der einzige vernünftige Grund, warum alle Krokodile unseresgleichen verschlingen. Bei den Menschen ist es nicht so. Je hohler zum Beispiel ein Menschenschädel ist, umso weniger verspürt er das Bedürfnis, sich zu füllen, und das ist die einzige Ausnahme von der Regel. All das ist mir jetzt sonnenklar. Ich habe das alles begriffen, während ich mich, sozusagen, im Schoße der Natur, in ihrer Retorte befand und ihrem Pulsschlag lauschte. Sogar die Etymologie stimmt mir zu, denn schon die Bezeichnung ›Krokodil‹ bedeutet Gefräßigkeit. Das Wort Krokodil – crocodillo – ist vermutlich italienischen Ursprungs, vielleicht aus der Zeit der ältesten ägyptischen Pharaonen, und kommt offenbar von der französischen Wurzel ›croquer‹, was so viel bedeutet wie aufessen, auffressen oder überhaupt knacken. Das soll etwa der Inhalt des ersten Vortrags sein, den ich dem Publikum in Jelena Iwanownas Salon zu halten gedenke, wenn man mich im Behälter dorthin bringt.«

»Mein Freund! Willst du nicht wenigstens ein Abführmittel einnehmen?«, rief ich besorgt. »Er hat hohes Fieber, er redet irre«, wiederholte ich verzweifelt.

»Unsinn!«, erwiderte er verächtlich. »Außerdem wäre das in meiner gegenwärtigen Lage höchst unbequem. Ich wusste übrigens schon, dass du von Abführmitteln sprechen würdest.«

»Aber, mein Freund, wie ernährst du dich jetzt? Hast du heute zu Mittag gegessen oder nicht?«

»Nein, doch bin ich satt und werde vermutlich nie mehr Speise zu mir nehmen. Das ist auch vollkommen verständlich. Indem ich das ganze Innere des Krokodils ausfülle, mache ich es für immer satt. Man braucht es jetzt mehrere Jahre nicht zu füttern. Andererseits, da es von mir gesättigt ist, wird es mir natürlich alle Lebenssäfte seines Körpers mitteilen, so wie einige raffinierte Kokotten ihren Körper nachts mit rohen Koteletts belegen und nach dem Morgenbad frisch, strotzend und verführerisch werden. Indem ich ihm Nahrung gebe, werde ich vom Krokodil ernährt, wir ernähren uns sozusagen gegenseitig. Doch da es sogar einem Krokodil schwerfällt, einen Menschen wie mich zu verdauen, muss es selbstverständlich eine gewisse Schwere im Magen, den es übrigens nicht hat, empfinden, und deshalb drehe ich mich nur selten von einer Seite auf die andere, um dem Ungeheuer keine unnützen Schmerzen zu bereiten. Ich tue das aus Menschenliebe. Es ist der einzige Übelstand meiner jetzigen Lage, und im allegorischen Sinn hat Timofej Semjonowitsch Recht, wenn er mich einen Nichtstuer nennt. Allein ich werde ihm beweisen, dass man auch nichtstuend, ja vielmehr nur durch Nichtstun das Schicksal der Menschheit verändern kann. Alle großen Ideen und geistigen Strömungen unserer Zeitungen und Journale sind augenscheinlich von Nichtstuern erfunden, darum nennt man sie auch Studierzimmerideen. Doch es ist einerlei, wie man sie nennt. Ich werde jetzt ein neues soziales System erfinden, und du glaubst gar nicht, wie leicht das ist. Man braucht sich nur in die Einsamkeit zurückzuziehen oder auch in das Innere eines Krokodils zu geraten, die Augen zu schließen, und sofort erfindet man ein Paradies auf Erden. Als ihr heute Morgen weggingt, begann ich gleich zu erfinden und habe schon drei Systeme erdacht, jetzt arbeite ich am vierten. Allerdings muss man vorerst alles umstürzen, doch das ist aus dem Krokodil heraus leicht zu tun, ja es scheint alles noch viel übersichtlicher. Übrigens gibt es noch einige Übelstände in meiner Lage, obwohl es nur Kleinigkeiten sind. Das Innere des Krokodils ist nämlich ein wenig feucht und schleimig, auch riecht es ein wenig nach Gummi, wie meine vorjährigen Gummischuhe. Das ist alles, andere Unannehmlichkeiten gibt es nicht.«

»Iwan Matwejewitsch«, unterbrach ich, »das sind alles Wunderdinge, die ich kaum zu glauben vermag. Und gedenkst du denn wirklich, dein Leben lang nichts mehr zu essen?«

»An welchen Unsinn dein müßiges, leichtsinniges Gehirn denkt! Ich teile dir meine großen Ideen mit, und du – wisse denn, dass ich allein durch meine großen Ideen gesättigt bin, welche die mich umgebende Finsternis erleuchten. Übrigens hat der gutmütige Eigentümer des Ungeheuers nach einer Beratung mit seiner biederen Frau beschlossen, dass sie jeden Morgen ein gebogenes Metallröhrchen, einer Flöte ähnlich, in den Schlund des Ungeheuers stecken werden, durch welches ich Fleischbrühe oder Kaffee mit darin aufgeweichtem Weißbrot zu mir nehmen kann. Das Röhrchen ist bereits bei einem Nachbarn bestellt. Doch glaube ich, dass es ein unnützer Luxus ist. Ich hoffe mindestens tausend Jahre zu leben, wenn es wahr ist, dass die Krokodile dieses Alter erreichen. Übrigens, da ich es gerade erwähnt habe, schlage in einer Naturgeschichte darüber nach und teile es mir morgen mit, denn ich könnte mich ja geirrt und das Krokodil mit einem anderen vorsintflutlichen Tier verwechselt haben. Nur ein Gedanke beunruhigt mich. Da ich in Tuch gekleidet bin und Stiefel an den Füßen habe, kann das Krokodil mich offenbar nicht verdauen. Außerdem bin ich am Leben und widersetze mich daher mit aller Willenskraft der Verdauung; ich will nicht verwandelt werden wie die gewöhnliche Nahrung, das wäre zu demütigend. Doch ich befürchte *eines*: Im Lauf von tausend Jahren kann das Tuch, aus dem mein Rock genäht ist, und das leider russische Ware ist, morsch werden, und unbekleidet werde ich dann vielleicht, ungeachtet meines Unwillens, allmählich verdaut werden. Tags werde ich es jedenfalls nicht zulassen, aber nachts, wenn im Schlaf der Wille den Menschen verlässt, kann mir das erniedrigende Los einer Kartoffel oder eines Stücks Kalbfleisch beschieden sein. Dieser Gedanke allein macht mich rasend. Schon aus diesem Grund müsste der Zolltarif verändert und die Einfuhr englischer Stoffe gestattet werden, die haltbarer sind und daher eher der Natur standhalten werden, falls man in ein Krokodil geraten sollte. Diesen Gedanken will ich bei erster Gelegenheit einem Staatsmann und einem der politischen Berichterstatter unserer Tageszeitungen mitteilen. Mögen sie darüber reden! Ich hoffe, dass nicht sie allein jetzt von mir lernen werden. Ich sehe voraus, dass jeden Morgen eine ganze Schar von ihnen mit Reportermappen bewaffnet mich umdrängen wird, um meine Ansichten über die gestrigen Neuigkeiten zu erhaschen. Kurz – ich sehe meine Zukunft in rosigem Licht vor mir liegen.«

»Er hat das Delirium«, murmelte ich vor mich hin.

»Mein Freund – und die Freiheit?«, fragte ich laut, in der Absicht, seine Meinung zu erfahren. »Du bist doch sozusagen im Gefängnis, während der Mensch doch Freiheit genießen muss.«

»Du bist töricht«, erwiderte er, »die Wilden lieben die Unabhängigkeit, die Weisen lieben die Ordnung, und wo keine Ordnung ist …«

»Iwan Matwejewitsch, erbarme dich!«

»Schweig und höre zu«, schrie er auf, wütend, dass ich ihn unterbrochen hatte. »Niemals noch hat mein Geist sich zu solcher Höhe erhoben wie jetzt. Vor einem nur fürchte ich mich in meiner engen Zelle, und das ist die Kritik unserer dicken Journale und das Johlen unserer satirischen Zeitschriften. Ich fürchte eben, dass die leichtfertigen Besucher, Dummköpfe und Neider, überhaupt die Nihilisten, mich lächerlich machen. Aber ich werde Maßregeln dagegen ergreifen. Mit Spannung erwarte ich die Zeitungsnachrichten und die Meinung des Publikums. Vor allem die Zeitungen. Teile mir morgen alles darüber mit.«

»Schön, morgen bringe ich einen ganzen Stoß Zeitungen her.«

»Morgen ist es noch zu früh, Zeitungsnachrichten zu erwarten, denn die Neuigkeiten erscheinen erst am übernächsten Tag. Doch komme von heute an jeden Abend durch die Hofpforte her. Ich gedenke dich als meinen Sekretär zu benutzen. Du wirst mir die Zeitungen und Wochenschriften vorlesen, und ich werde dir meine Gedanken diktieren und Aufträge geben. Vor allem vergiss nicht, die Telegramme mitzubringen. Ich wünsche, täglich die letzten europäischen Telegramme zu hören. Doch nun genug. Du bist wohl schon schläfrig. Geh nach Hause und vergiss, was ich dir eben über die Kritik gesagt habe. Ich fürchte sie nicht, denn sie befindet sich selbst in einer kritischen Lage. Man braucht nur weise und tugendhaft zu sein, um über die Allgemeinheit emporgehoben zu werden. Meine zukünftige Rolle in der Geschichte der Menschheit ist die eines Sokrates oder eines Diogenes, vielleicht beider zusammen.«

In dieser leichtsinnigen und flüchtigen Weise beeilte sich Iwan Matwejewitsch (allerdings im Delirium), mir seine Ansichten mitzuteilen, ähnlich den charakterlosen Weibern, von denen das Sprichwort sagt, dass sie kein Geheimnis für sich behalten können. Auch schien mir das, was er über das Krokodil berichtete, höchst verdächtig. Freilich war er krank, und mit Kranken muss man Geduld haben, doch ich gestehe, dass ich Iwan Matwejewitsch nie recht leiden mochte. Von Kindheit an wollte ich von der Bevormundung durch ihn loskommen und konnte es nicht. Tausendmal wollte ich ganz mit ihm brechen, und tausendmal zog es mich wieder zu ihm zurück, als ob ich immer noch hoffte, ihm etwas zu beweisen oder mich an ihm zu rächen. Es ist eine sonderbare Freundschaft! Ich kann wirklich behaupten, dass ich zu neun Zehnteln aus Ärger mit ihm befreundet war. Diesmal jedoch war unser Abschied gefühlvoll.

»Ihr Freund ist ein sehr kluger Mensch«, sagte der Deutsche halblaut, als er mich hinausbegleitete. Er hatte fleißig unserem Gespräch gelauscht.

»Apropos«, sagte ich, »um es nicht zu vergessen – wie viel würden Sie für das Krokodil verlangen, wenn es uns einfiele, es Ihnen abzukaufen?«

Iwan Matwejewitsch, der die Frage gehört hatte, erwartete mit Spannung die Antwort. Offenbar wollte er nicht, dass der Deutsche einen geringen Preis nenne, jedenfalls räusperte er sich bei meiner Frage ganz bedeutungsvoll.

Der Deutsche wollte anfangs nichts davon hören, er schien sogar ärgerlich.

»Niemand darf mein Krokodil kaufen!«, schrie er wütend und wurde krebsrot. »Ich will mein Krokodil nicht verkaufen. Ich will nicht einmal eine Million Taler für das Krokodil haben. Heute habe ich hundertdreißig Taler eingenommen, morgen werde ich zehntausend Taler einnehmen und dann jeden Tag hunderttausend. Nein, ich will es nicht verkaufen.«

Iwan Matwejewitsch kicherte vor Vergnügen. –

Kaltblütig und vernünftig, weil ich eine heilige Freundespflicht erfüllte, erklärte ich dem verdrehten Deutschen, dass seine Berechnungen falsch seien, dass, wenn er jeden Tag hunderttausend Taler einnähme, ganz Petersburg im Lauf von vier Tagen schon bei ihm gewesen sein werde und niemand weiter zahlen würde; dass Gott über Tod und Leben verfüge, und dass das Krokodil doch noch bersten oder Iwan Matwejewitsch erkranken und sterben könne usw. …

Der Deutsche dachte ein Weilchen nach.

»Ich werde ihm Tropfen aus der Apotheke geben«, meinte er endlich, »und Ihr Freund wird nicht sterben.«

»Lassen wir die Tropfen«, sagte ich, »und nehmen wir an, dass es zu einem Prozess kommen könnte. Die Gattin Iwan Matwejewitschs kann ihren legitimen Gatten zurückfordern. Sie wollen sich doch bereichern, aber haben Sie die Absicht, Jelena Iwanowna eine Pension auszusetzen?«

»Nein! Die Absicht habe ich nicht«, antwortete der Deutsche kurz und bündig.

»Nein!«, ergriff seine Ehehälfte mit einer gewissen Wut das Wort.

»Wäre es dann für Sie nicht besser, sofort eine zwar mäßige, doch feste und solide Summe zu erhalten, als sich in ungewissen Hoffnungen zu wiegen? Ich halte es für meine Pflicht, hinzuzufügen, dass ich nicht allein aus müßiger Neugier danach frage.«

Der Deutsche nahm seine Frau beiseite und entfernte sich mit ihr zu einem Kriegsrat in den entlegensten Winkel des Raums, wo der Käfig mit dem größten und hässlichsten Affen der Sammlung stand.

»Du wirst schon sehen«, sagte mir Iwan Matwejewitsch.

Was mich anbelangt, kämpfte ich in diesem Augenblick mit dem Verlangen: Erstens den Deutschen, zweitens die Frau noch kräftiger und drittens, am meisten und nachdrücklichsten, Iwan Matwejewitsch zu verprügeln, als Strafe für seine schrankenlose Selbstsucht. Doch das alles bedeutete nichts im Verhältnis zur Antwort des geldgierigen Deutschen.

Nachdem dieser sich mit seiner Frau beraten hatte, forderte er für sein Krokodil 50 000 Rubel in Papieren der letzten inneren Lotterieanleihe, ein steinernes Haus mit einer eigenen Apotheke in der Erbsenstraße und außerdem noch den Titel eines russischen Obersten.

»Siehst du«, rief Iwan Matwejewitsch, »habe ich es dir nicht gesagt? Außer dem letzten wahnwitzigen Wunsch hat er mit seinen Ansprüchen Recht, denn er kennt vollkommen den gegenwärtigen Wert des von ihm gezeigten Ungeheuers.«

»Mensch«, fuhr ich den Deutschen wütend an, »wozu wollen Sie denn den Oberstt itel? Welche Heldentat haben Sie denn begangen? Welche besonderen Dienste geleistet? Welche militärischen Ehrenzeichen erworben? Sind Sie denn wahnsinnig?«

»Wahnsinnig?«, rief der Deutsche empört aus. »Nein, ich bin bei vollem Verstand, Sie aber sind recht töricht, es nicht zu verstehen. Ich habe den Obersttitel verdient, weil ich ein Krokodil zeige, in dem ein lebendiger Hofrat sitzt, und kein Russe kann ein solches Krokodil zeigen. Ich bin ein sehr gescheiter Mann und will auch gerne Oberst sein.«

»So leb denn wohl, Iwan Matwejewitsch«, schrie ich zitternd vor Wut und stürzte aus dem Krokodilraum hinaus. Ich fühlte, dass ich einen Augenblick später alle Gewalt über mich verloren hätte. Die aberwitzigen Hoffnungen dieser beiden Idioten waren unerträglich. Die kühle Luft erfrischte mich und mäßigte ein wenig meinen Unwillen. Endlich, nachdem ich wohl fünfzigmal nach beiden Seiten ausgespien hatte, nahm ich mir eine Droschke, fuhr nach Hause, zog mich aus und warf mich auf mein Lager. Am ärgerlichsten war mir, dass ich sein Sekretär geworden war. Jetzt konnte ich mich dort jeden Abend langweilen, während ich die Pflichten eines wahren Freundes erfüllte. Ich war bereit, mich dafür zu bestrafen, und ich tat es auch wirklich: Nachdem ich das Licht ausgelöscht hatte und unter die Decke geschlüpft war, hieb ich mir vor Wut mehrmals mit der Faust auf den Kopf und auf andere Körperteile. Das erleichterte mich einigermaßen; ich schlief endlich sogar recht fest, weil ich sehr müde war. Die ganze Nacht durch träumte ich nur von Affen, aber gegen Morgen sah ich Jelena Iwanowna im Traum.

IV

Ich vermute, dass ich von den Affen geträumt habe, weil sie im Käfig bei dem Krokodilmann waren; mit Jelena Iwanowna hatte es allerdings eine andere Bewandtnis.

Ich schicke voraus, dass ich diese Dame liebte; doch ich eile, und zwar mit Extrapost, mich zu verbessern …

ich liebte sie wie ein Vater, nicht mehr und nicht weniger. Ich schließe dies daraus, dass es mir schon mehrmals begegnete, den unbezwinglichen Wunsch zu haben, ihr Köpfchen oder ihr rosiges Wänglein zu küssen. Und obgleich ich so etwas nie getan habe, muss ich gestehen, dass ich nichts dagegen gehabt hätte, ihr Mündchen zu küssen, und nicht so sehr das Mündchen als die Zähnchen, die sich immer beim Lachen so zeigten und wie eine Reihe gleicher regelmäßiger Perlen aussahen. Und sie lachte erstaunlich oft. Im Scherz pflegte Iwan Matwejewitsch sie immer »seinen lieben Unsinn« zu nennen – eine Bezeichnung, die wirklich im höchsten Grad zutreffend und charakteristisch war. Sie war ein Bonbon von einer Dame und nichts weiter. Darum kann ich gar nicht begreifen, warum es auf einmal Iwan Matwejewitsch einfallen konnte, in seiner Gattin eine russische Eugenie Tour zu erblicken. Wenn man die Affen aus dem Spiel lässt, machte mein Traum auf mich jedenfalls einen höchst angenehmen Eindruck, und während ich mir bei meinem Morgentässchen die Ereignisse des gestrigen Tags vergegenwärtigte, beschloss ich, auf dem Weg in den Dienst unbedingt bei Jelena Iwanowna vorzusprechen, wozu ich übrigens auch in meiner Eigenschaft als Hausfreund verpflichtet war.

In einem winzigen Zimmerchen vor dem Schlafzimmer, im sogenannten »Kleinen Salon« (obwohl auch ihr großer Salon klein war), saß auf einem netten kleinen Diwan vor einem Teetischchen Jelena Iwanowna in einem luftigen Morgenjäckchen und trank Kaffee aus einem winzigen Tässchen, in das sie ein Zwiebäckchen tauchte. Sie war bezaubernd niedlich, doch schien sie mir ein wenig nachdenklich.

»Ah, Sie sind es, Sie Schelm«, empfing sie mich mit einem zerstreuten Lächeln, »setzen Sie sich, Sie Wildfang, und trinken Sie Kaffee. Nun, was haben Sie denn gestern getan? Waren Sie auf dem Maskenball?«

»Waren Sie denn dort? Ich besuche ja keine Bälle … zudem war ich gestern noch bei unserem Gefangenen.«

Ich seufzte und machte ein frommes Gesicht, während ich den Kaffee entgegennahm.

»Bei wem? Bei welchem Gefangenen? Ach ja, der arme Junge! Nun, wie geht es ihm? Er ist wohl traurig? Ja, wissen Sie, ich wollte Sie fragen: … ich darf doch jetzt die Scheidung einreichen?«

»Die Scheidung?«, rief ich bestürzt und hätte beinahe meinen Kaffee dabei verschüttet. ›Das ist der Schwarzkopf!‹ dachte ich grimmig.

Es gab so einen jungen Schwarzkopf mit einem kleinen Schnurrbärtchen, er war am Bauamt angestellt, kam fast zu oft und verstand es ganz ausgezeichnet, Jelena Iwanowna zum Lachen zu bringen. Ich gestehe, dass ich ihn hasste, und zweifle nicht daran, dass er Jelena Iwanowna bereits gestern auf dem Maskenball oder womöglich auch hier gesehen und ihr eine Menge Unsinn eingeredet hatte.

»Ja, was bildet er sich denn eigentlich ein?«, plapperte Jelena Iwanowna plötzlich wie eingelernt. »Was soll denn das? Er wird da die ganze Zeit im Krokodil sitzen und kommt vielleicht sein Lebtag nicht heraus, und ich soll hier auf ihn warten? Der Mann soll zu Hause leben und nicht in einem Krokodil!«

»Aber es ist doch ein unvorhergesehener Unfall«, begann ich in begreiflicher Aufregung.

»Ach nein, lassen Sie das, lassen Sie das!«, rief sie plötzlich ganz erzürnt. »Sie widersprechen mir immer, Sie Windbeutel. Mit Ihnen kann man nichts besprechen. Sie geben nie einen Rat. Fremde Menschen sagten mir schon, dass ich jetzt die Scheidung erwirken könnte, weil Iwan Matwejewitsch kein Gehalt mehr bekommen wird.«

»Jelena Iwanowna! Sprechen Sie so?«, rief ich pathetisch. »Welcher Bösewicht konnte Ihnen dergleichen weismachen! Scheidung aus einem so geringfügigen Grund, wie das Gehalt, ist ganz unmöglich, und der arme, arme Iwan Matwejewitsch, er brennt sozusagen von Liebe zu Ihnen, sogar im Innern des Ungeheuers. Nicht genug, er schmilzt vor Liebe zu Ihnen wie ein Stückchen Zucker. Noch gestern Abend, während Sie sich auf dem Maskenball amüsierten, erwähnte er, dass er sich im äußersten Fall dazu entschließen werde, Sie in Ihrer Eigenschaft als seine legitime Gattin zu sich ins Innere kommen zu lassen, umso mehr, als das Krokodil sich als sehr geräumig erwiesen hat, nicht nur für zwei, sondern auch für drei Personen.« Und ich erzählte ihr diesen Teil meiner gestrigen Unterhaltung mit Iwan Matwejewitsch.

»Wie? Was?«, rief sie erstaunt. »Sie wollen, dass auch ich da hineinkrieche zu Iwan Matwejewitsch? Was für eine Idee! Und wie soll ich das denn anfangen, im Hut und in der Krinoline? Gott! Welche Dummheit! Welch ein Bild werde ich denn abgeben, wenn ich da hineinsteige! Und jemand wird mir vielleicht noch zusehen … Das ist zu komisch! Und was werde ich denn dort essen? Und … und wie wird es denn sein, wenn ich … ich … Oh Gott! Was Sie sich da ausgedacht haben! Und welche Vergnügungen gibt es dort? Sie sagen, es rieche dort nach Gummi? Und wie, wenn wir uns dort streiten? Müssen wir dann auch nebeneinander liegen? Pfui, wie das garstig ist!«

»Beste Jelena Iwanowna, ich bin mit Ihren Einwänden vollkommen einverstanden«, unterbrach ich sie in dem begreiflichen Bestreben, mich auszusprechen, das immer den Menschen befällt, wenn er fühlt, dass das Recht auf seiner Seite ist. »Doch eines haben Sie bei alledem außer Acht gelassen, Sie haben nicht bedacht, dass er ohne Sie wohl nicht leben kann, da er Sie zu sich ruft. Es ist die Liebe, leidenschaftliche, treue Liebe. Sie haben die Liebe nicht bedacht, Jelena Iwanowna, die Liebe!«

»Ich will nichts, nichts, nichts davon hören!« Und sie winkte abwehrend mit ihrer hübschen kleinen Hand, an der die frisch gewaschenen und gebürsteten rosigen Nägelchen blitzten.

»Sie Garstiger! Sie werden mich noch bis zu Tränen rühren! Steigen Sie doch selbst hinein, wenn es Ihnen angenehm ist. Sie sind ja sein Freund, also bleiben Sie aus Freundschaft zu ihm da liegen und streiten Sie Ihr Leben lang über langweilige Wissenschaften …«

»Sie lachen vergeblich über diesen Einfall«, unterbrach ich das Frauchen. »Iwan Matwejewitsch hat mich ohnehin zu sich gerufen. Sie zieht natürlich die Pflicht hin, mich dagegen nur die Großmut. Aber als Iwan Matwejewitsch mir gestern von der Dehnbarkeit des Krokodils erzählte, machte er eine sehr klare Andeutung, dass nicht nur Sie allein, sondern auch ich in meiner Eigenschaft als Hausfreund mit Ihnen zusammen dort unterkommen könnte, zu dritt, wenn ich es wünschte, und darum …«

»Wieso? Zu dritt?«, rief Jelena Iwanowna, mich erstaunt anblickend. »Wie denn … dann werden wir dort alle drei zusammen sein? Hahaha! Wie dumm sie beide sind! Hahaha! Ich werde Sie da die ganze Zeit kneifen, Sie Nichtsnutz, hahaha! Hahaha!«

Sie lehnte sich an das Rückenpolster des Diwans und lachte bis zu Tränen. Und das alles, die Tränen und das Lachen, war so bezaubernd, dass ich nicht widerstehen konnte, ihr Händchen zu ergreifen und mit Hingebung zu küssen. Sie wehrte mir nicht, obwohl sie mich als Zeichen der Versöhnung sanft an den Ohren zauste. Nun wurden wir beide vergnügt, und ich erzählte ihr ganz genau Iwan Matwejewitschs gestrige Pläne. Die

Idee mit den Empfangsabenden und dem Salon gefiel ihr sehr gut.

»Aber ich brauche dann sehr viel neue Kleider«, bemerkte sie, »und darum muss Iwan Matwejewitsch möglichst bald und möglichst viel Geld schicken. Allein«, fügte sie nachdenklich hinzu, »wie wird man ihn denn in einem Behälter zu mir bringen? Das ist sehr lächerlich. Ich will nicht, dass man meinen Mann in Behältern herumträgt. Ich werde mich vor den Gästen schämen ... Nein, ich will nicht, *ich will nicht!*«

»Übrigens, um es nicht zu vergessen, war Timofej Semjonowitsch gestern Abend bei Ihnen?«

»Ach ja, er war da! Und wir haben mit ihm Karten gespielt, er setzte Konfekt, und wenn ich verlor ... küsste er mir die Hände. So einer! Und denken Sie sich, beinah wäre er mit mir auf den Maskenball gefahren, wirklich!«

»Verliebtheit!«, bemerkte ich. »Und wer ist nicht in Sie verliebt, Sie schönste Zauberin!«

»Ach, gehen Sie mit Ihren Komplimenten! Halt, ich werde Sie auf den Weg kneifen; ich habe jetzt famos gelernt zu kneifen; nun, wie war's? Übrigens, sagen Sie, hat Iwan Matwejewitsch gestern viel von mir gesprochen?«

»Nnn ... ein! Das kann man nicht behaupten ... Offen gesagt, denkt er eigentlich mehr an das Schicksal der ganzen Menschheit und will ...«

»Nun, Gott mit ihm! Sprechen Sie nicht davon; wahrscheinlich ist es entsetzlich langweilig. Ich werde ihn einmal besuchen. Morgen gehe ich bestimmt hin. Nur heute nicht, heute habe ich Kopfweh, und dann wird da so viel Publikum sein ... Man wird sagen: Seht, das ist seine Frau, und wird mich in Verlegenheit bringen. – Adieu! Abends sind Sie wohl ... dort?«

»Bei ihm, bei ihm! Er hat mir befohlen, zu kommen und Zeitungen zu bringen.«

»Das ist nett. Gehen Sie zu ihm und lesen Sie ihm vor! Und zu mir kommen Sie heute nicht. Ich bin nicht ganz gesund, vielleicht mache ich auch einen Besuch. Nun adieu, Schelm!«

›Das ist gewiss der Schwarzkopf, der heute Abend bei ihr ist‹, dachte ich mir.

In der Kanzlei zeigte ich natürlich mit keiner Miene, von welchen Sorgen und Aufregungen ich verzehrt wurde. Bald aber bemerkte ich, dass einige von unseren fortschrittlichen Blättern mit einer ganz besonderen Geschwindigkeit unter meinen Kollegen von Hand zu Hand gingen und mit außerordentlich ernsthaften Mienen gelesen wurden. Das Erste, das ich sah, war der ›Listok‹, ein Käseblättchen ohne besondere Richtung, bloß allgemein menschenfreundlich, wofür es in der Regel bei uns verachtet wurde, obwohl man es auch las. Nicht ohne Staunen las ich Folgendes:

»Gestern verbreiteten sich in unserer großen und mit herrlichen Gebäuden verzierten Stadt ganz ungewöhnliche Gerüchte. Herr N …, ein bekannter Feinschmecker aus der besten Gesellschaft, vermutlich der Küche Boreis und des … Klubs überdrüssig, trat in das Gebäude der Passage, in den Raum, wo ein riesenhaftes, eben erst hergebrachtes Krokodil ausgestellt wird, und verlangte, dass dieses ihm zum Mittag zubereitet würde. Nachdem er mit dem Eigentümer handelseinig geworden, begann er alsbald, dieses bei lebendigem Leib aufzuessen, indem er mit einem Federmesser die saftigsten Stücke abschnitt und diese mit ungeheurer Geschwindigkeit verschlang. Allmählich verschwand das ganze Krokodil in seinem geräumigen Innern, sodass er begann, sich an das Ichneumon, den ständigen Begleiter der Krokodile, zu machen, wohl in der Vermutung, dass dieses ebenso wohlschmeckend sei. Wir haben nichts gegen dieses neue Nahrungsmittel einzuwenden, das den ausländischen Feinschmeckern schon längst bekannt ist. Wir haben es sogar vorausgesehen. Die englischen Lords und Reisenden fangen in Ägypten Krokodile scharenweise und genießen das Rückenstück des Ungeheuers in Gestalt von Beefsteaks mit Senf, Zwiebeln und Kartoffeln. Die Franzosen, die mit Lesseps hinübergekommen sind, ziehen die in Asche gebackenen Pfoten vor, was sie übrigens aus Trotz gegen die Engländer tun, die sie verlachen. Vermutlich wird man bei uns beides zu würdigen wissen. Unsrerseits freuen wir uns über den neuen Zweig der Industrie, an der es ja sonst unserem weiten und mannigfaltigen Vaterland so mangelt. Nach diesem ersten, im Innern des Petersburger Gastronomen verschwundenen Krokodil wird vermutlich kaum ein Jahr vergehen, bis ihrer Hunderte hierhergebracht werden, und warum sollte man wohl das Krokodil nicht in Russland akklimatisieren? Wenn das Newa-Wasser für diese interessanten Fremdländer zu kalt sein sollte, so gibt es doch in der Hauptstadt Teiche und außerhalb derselben Flüsse und Seen. Warum zum Beispiel könnte man nicht eine Krokodilzucht in Pargolowo oder in Pawlowsk einrichten? Und in Moskau in den ›Presninskij Prudy‹ und im ›Ssamotek‹. Indem sie unseren Feinschmeckern eine angenehme und gesunde Nahrung liefern, können sie zugleich den an diesen Teichen lustwandelnden Damen eine angenehme Abwechslung bieten und die Kinder durch ihren Anblick in der Naturgeschichte belehren. Aus dem Krokodilsleder könnte man Futterale, Handkoffer, Zigarettenetuis und Brieftaschen herstellen, und wohl mehr als ein russischer Kaufmann wird schmunzelnd seine geliebten fettigen Tausender in einer Krokodilledertasche verwahren. Wir hoffen dieses interessante Thema nochmals zu berühren.«

Obschon ich etwas Derartiges geahnt habe, war ich doch durch die Voreiligkeit dieser Mitteilung verblüfft. Da ich niemanden fand, mit dem ich meine Eindrücke austauschen konnte, wandte ich mich an den mir gegenübersitzenden Prochor Ssawitsch und bemerkte, dass er mich schon lange mit seinen Blicken verfolgte und den ›Wolos‹ in der Hand hielt, bereit, ihn mir zu überreichen. Schweigend nahm er von mir den ›Listok‹ entgegen und übergab mir den ›Wolos‹, in dem er mit dem Fingernagel einen Aufsatz kräftig angestrichen hatte. Dieser Prochor Ssawitsch war ein äußerst sonderbarer Mensch. Er war ein schweigsamer alter Hagestolz, trat zu keinem von uns in irgendwelche Beziehungen, sprach im Büro fast mit niemandem und hatte immer und überall seine eigene Meinung, konnte es jedoch nicht leiden, sie jemandem mitzuteilen. Er lebte einsam. In seiner Wohnung war fast keiner von uns gewesen.

Folgendes las ich in dem mir bezeichneten Aufsatz des ›Wolos‹: »Es ist bekannt, dass wir progressiv und human sind und danach streben, es in jeder Beziehung Europa gleichzutun. Doch ungeachtet aller Anstrengungen und Bemühungen unserer Zeitung sind wir noch lange nicht reif, wie folgender empörende Fall beweist, der sich gestern in der Passage abspielte, und den wir vorhergesehen haben. Es kommt in die Hauptstadt ein ausländischer Menageriebesitzer und bringt ein Krokodil mit, das er in der Passage ausstellt. Wir begrüßten diesen neuen Erwerbsweg, der im Allgemeinen unserem mächtigen und mannigfaltigen Vaterland fehlt. Da erscheint plötzlich gestern gegen halb fünf Uhr nachmittags eine Persönlichkeit von außerordentlichem Umfang und in stark angeheitertem Zustand im Geschäft des Ausländers, zahlt für den Eintritt und kriecht sofort, ohne jegliche vorherige Mitteilung, in den Rachen des Krokodils, das natürlich gezwungen war, ihn zu verschlingen, um nicht zu ersticken. Weder die Hilferufe des Ausländers noch das Jammergeschrei seiner erschrockenen Angehörigen, noch Drohungen, die Polizei zu rufen, wirken. Aus dem Innern des Krokodils erschallt nichts als Gelächter und Versprechungen, mit der Knute kurzen Prozess zu machen, und das arme Säugetier, welches gezwungen war, eine solche Fleischmasse zu verschlingen, vergießt vergebliche Tränen. Ein ungebetener Gast ist schlimmer als ein Tatar – sagt ein altes Sprichwort. Doch dessenungeachtet will der unverschämte Eindringling nicht heraus. Wir können uns derartige barbarische Vorfälle nicht erklären, die unsere politische Unreife bezeugen und uns in den Augen der Ausländer herabsetzen. Das Draufgängertum der russischen Natur hat eine würdige Anwendung gefunden. Es fragt sich, was der ungebetene Gast eigentlich haben wollte? Brauchte er einen warmen und gemütlichen Winkel? Aber in der Hauptstadt gibt es ja viele herrliche Häuser mit billigen und sehr gut eingerichteten Wohnungen, mit Wasserleitung und mit Gasbeleuchtung auf der Treppe, für die der Hauswirt oft sogar einen Portier hält. Wir machen unsere Leser auch auf die barbarische Behandlung der Haustiere aufmerksam. Dem zugereisten Krokodil ist es selbstverständlich sehr beschwerlich, eine solche Masse auf einmal zu verdauen, und jetzt liegt es hochaufgetrieben da und erwartet unter unsagbaren Qualen den Tod. In Europa wird Tierquälerei schon lange gesetzlich verfolgt. Jedoch ungeachtet unserer europäischen Beleuchtung, unserer europäischen Trottoire und europäischen Bauweise sind wir noch weit davon entfernt, unsere altgewohnten Vorurteile abzustreifen.

›Neu sind die Häuser, doch alt die Vorurteile‹, heißt es in einem Gedicht, und nicht einmal die Häuser sind neu, zum Mindesten nicht die Treppen. Wie wir schon mehrmals in unserem Blatt erwähnt haben, sind im Haus des Kaufmanns Lukjanow auf der Petersburger Seite die hölzernen Aufgangsstufen verfault und durchgebrochen und stellten schon lange eine Lebensgefahr für die bei ihm bedienstete Soldatenfrau Afimja Skapidarowa vor, die oft genötigt ist, die Treppe mit Wassereimern oder Holzbündeln zu betreten. Unsere Warnungen haben sich endlich bestätigt. Gestern um 10 Uhr vormittags brach eine Stufe unter der Afimja Skapidarowa durch, welche mit ihrem Suppennapf hinstürzte und sich ein Bein brach. Wir wissen nicht, ob Lukjanow jetzt seine Treppe reparieren wird. Die Russen denken immer zu spät an vorbeugende Maßregeln. Das Opfer der russischen Nachlässigkeit ist bereits in ein Hospital gebracht worden. Wir werden gleichfalls nicht müde, zu behaupten, dass die Hausknechte, welche auf der Wiborger Seite die Trottoire kehren, nicht die Füße der Vorübergehenden beschmutzen sollten, sondern den Unrat in Haufen schichten, wie es in Europa beim Stiefelputzen getan wird …«

»Was ist denn das?«, fragte ich Prochor Ssawitsch einigermaßen verwundert. »Was ist denn das?«

»Was denn?«

»Nun, dass man das Krokodil beklagt, anstatt Iwan Matwejewitsch zu bedauern.«

»Aber wieso? Ein Tier, ein Säugetier sogar hat man bedauert, ist das nicht europäisch? Dort werden die Krokodile auch sehr bedauert. Hi-hi-hi …«

Damit vertiefte sich der Sonderling Prochor Ssawitsch in seine Akten und sagte kein Wort weiter.

Den ›Wolos‹ und den ›Listok‹ steckte ich zu mir, raffte noch zur Abendlektüre für Iwan Matwejewitsch so viele alte ›Nachrichten‹ und ›Wolos‹ zusammen, wie ich finden konnte, und obwohl es noch lange bis zum

Abend war, entwischte ich möglichst früh aus dem Dienst, um in die Passage zu gehen und mir wenigstens aus der Entfernung das Treiben dort anzusehen und die verschiedenen Meinungen und Ansichten zu erlauschen.

Ich sah voraus, dass dort wohl ein großes Gedränge sein würde und vergrub daher mein Gesicht tief in meinen Mantelkragen, weil es mir peinlich war – so wenig sind wir an die Öffentlichkeit gewöhnt.

Doch ich fühle mich nicht berechtigt, meine eigenen prosaischen Gefühle angesichts eines so bemerkenswerten und originellen Vorgangs weiterhin zu äußern.

Bobok*

Diesmal** setze ich die »Aufzeichnungen eines Unbekannten« hierher. Ich bin dieser Unbekannte nicht; der ist eine ganz andere Persönlichkeit. Ich glaube, einer weiteren Vorrede bedarf es nicht.

Aufzeichnungen eines Unbekannten

Semjon Ardaljonowitsch sagte vorgestern auf einmal zu mir:

»Aber sage mir um des Himmels willen, Iwan Iwanowitsch, wirst du denn jemals nüchtern werden?«

Ein sonderbares Verlangen. Ich fühle mich nicht beleidigt; ich bin ein stiller, bescheidener Mensch, aber allerdings hat man aus mir schon einen Verrückten gemacht. Ein Maler malte mein Porträt, so gelegentlich, »du bist ja doch ein Schriftsteller«, sagte er. Ich ließ es mir gefallen, und er stellte das Bild auch aus. Da las ich denn: »Das Publikum wolle kommen und sich dieses kranke, dem Irrsinn nahe Gesicht ansehen.«

* Diese und die folgenden Erzählungen sind von Dostojewski nicht als besondere Erzählungen veröffentlicht worden, sondern sind Einlagen in seinen literarhistorischen Schriften aus den Jahren 1873–1877.

** Anm. d. Ü.: Diese Erzählung bildet den sechsten Abschnitt des »Tagebuches eines Schriftstellers« für 1873, das in dem genannten Jahr in der Zeitschrift Graschdanin Nr. 1 ff. erschien.

Na, meinetwegen, aber wie konnte er das nur so geradezu drucken lassen? Was man drucken lässt, muss doch alles edel klingen, muss ideal sein, aber da hat er nun …

Er hatte doch wenigstens nur andeutungsweise reden sollen; dazu sind doch die stilistischen Kunstgriffe erfunden. Aber nein, das hat er nicht gewollt. Heutzutage sind Humor und guter Stil von der Welt verschwunden, und Schimpfworte werden für Esprit gehalten. Ich fühle mich nicht beleidigt: Ich bin nicht Gott weiß was für ein großer Schriftsteller, dass ich den Verstand verlieren sollte. Ich habe einmal eine Novelle geschrieben, aber die wurde nicht gedruckt. Ich schrieb ein Feuilleton; das wurde abgelehnt. Solcher Feuilletons habe ich viele nach verschiedenen Redaktionen hingetragen; sie wurden überall abgelehnt: »Es fehlt Ihnen an Salz«, hieß es.

»Was wollt ihr denn für Salz?«, fragte ich die Leute spöttisch, »attisches Salz?«

Sie verstanden mich gar nicht einmal. Ich mache hauptsächlich Übersetzungen aus dem Französischen für die Verlagsbuchhändler. Ich schreibe auch Ankündigungen für Kaufleute: »Eine Seltenheit! Roter Tee von eigenen Pflanzungen …« Für einen Panegyrikus auf Seine Exzellenz den verstorbenen Peter Matwjejewitsch habe ich einen guten Batzen Geld bekommen. Auf Bestellung eines Verlegers habe ich ein Büchelchen verfasst: »Die Kunst, den Damen zu gefallen.« Derartiger Büchelchen habe ich in meinem Leben ein Stücker sechs vom Stapel gelassen. Ich möchte gern Voltaires Bonmots sammeln, aber ich fürchte, dass sie unseren Zeitgenossen fade vorkommen werden. Voltaires Art passt nicht in die Gegenwart hinein; heutzutage haut man mit dem Knüppel drein, statt in Voltaires Art zu schreiben! Die letzten Zähne schlagen sie einer dem andern aus! Na, das ist also meine ganze schriftstellerische

Tätigkeit. Ich könnte höchstens noch hinzufügen, dass ich in uneigennütziger Weise den Redaktionen Briefe zuschicke, Briefe mit meiner vollen Namensunterschrift. Ich erteile ihnen darin immer Ermahnungen und Ratschläge, kritisiere sie und weise ihnen den Weg. An eine Redaktion habe ich in der vorigen Woche den vierzigsten Brief innerhalb zweier Jahre abgesandt; ich habe also vier Rubel allein für Briefmarken ausgegeben. Ich habe nun einmal einen hässlichen Charakter; das ist die Sache.

Ich denke mir, dass der Maler mich nicht wegen meiner Schriftstellerei gemalt hat, sondern wegen der beiden symmetrischen Warzen auf meiner Stirn: Das nennt man ein Phänomen. Ideen haben sie keine; so reiten sie denn jetzt auf Phänomenen herum. Na, aber wie sind ihm auch meine Warzen auf dem Porträt gelungen – wie sie leiben und leben! Dafür hat man jetzt den Ausdruck »Realismus«.

Was aber die Verrücktheit anlangt, so haben sie bei uns im vorigen Jahr viele für verrückt erklärt. Und in was für einem Stil: »Bei einem so eigenartigen Talent«, heißt es da, »… und nun sehe man, was am letzten Ende herausgekommen ist … übrigens musste man das schon längst vorhersehen …« Das ist ein ziemlich schlaues Verfahren, sodass man es vom rein künstlerischen Standpunkt aus sogar loben könnte. Na, sie selbst aber erscheinen auf einmal noch klüger als vorher. Ja, ja, jemanden verrückt zu machen, das versteht man bei uns, aber klüger haben sie noch niemanden gemacht.

Der Klügste ist meiner Ansicht nach derjenige, der wenigstens einmal im Monat sich selbst einen Dummkopf nennt – eine Fähigkeit, die heutzutage so gut wie unerhört ist! Früher wurde sich ein Dummkopf wenigstens einmal im Jahre dessen bewusst, dass er ein Dummkopf war, aber jetzt niemals, niemals. Und man hat jetzt alles derartig durcheinander gewirrt, dass es unmöglich ist, einen Dummkopf von einem klugen Menschen zu unterscheiden. Das haben sie absichtlich so gemacht.

Da fällt mir ein Witz ein, den die Spanier machten, als die Franzosen vor drittehalb Jahrhunderten bei sich das erste Irrenhaus erbauten: »Sie haben alle ihre Dummköpfe in ein besonderes Haus eingesperrt, um den Glauben zu erwecken, dass sie selbst klug seien.« Es ist ganz richtig: Dadurch, dass man einen andern in ein Irrenhaus einsperrt, beweist man noch nicht seinen eigenen Verstand. »K*** ist verrückt geworden; folglich sind wir jetzt klug.« Nein, das folgt noch nicht daraus.

Aber hol's der Teufel … warum paradiere ich denn mit meiner eigenen Verstandestätigkeit? Ich vollführe ja ein endloses Geklapper. Sogar meiner Dienstmagd ist es langweilig geworden. Gestern besuchte mich ein Freund: »Dein Stil verschlechtert sich«, sagte er, »er ist ganz zerhackt. Du hackst und hackst – das ist dann eine einleitende Vorrede; darauf kommt noch eine Einleitung zu dieser Einleitung; darauf setzt du noch etwas in Klammern, und darauf hackst und hackst du wieder weiter.«

Mein Freund hat Recht. Es geht mit mir etwas Sonderbares vor. Sowohl mein Charakter ändert sich, als auch tut mir der Kopf weh. Ich fange an, seltsame Dinge zu sehen und zu hören. Nicht eigentlich, dass ich Stimmen vernähme, aber es ist mir, als gäbe jemand neben mir einen Laut von sich, der wie »Bobok, Bobok, Bobok« klänge!

Was hat das zu bedeuten: »Bobok«? Ich muss mich zerstreuen.

Ich ging aus, um mich zu zerstreuen, und es machte sich so, dass ich an einer Beerdigung teilnahm. Der Tote war ein entfernter Verwandter von mir gewesen, aber Kollegienrat. Eine Witwe und fünf Töchter, sämtlich unverheiratet. Wenn man nur an das Schuhzeug denkt, das die alle brauchen; was kostet das! Der Verstorbene hatte das nötige Geld verdient, aber jetzt müssen sie von der kleinen Pension leben. Da wird es sich einschränken heißen. Mich haben sie immer unfreundlich aufgenommen. Und ich wäre auch jetzt nicht hingegangen, wenn nicht ein solcher besonderer Fall vorgelegen hätte. Ich gab dem Sarg mit den andern zusammen bis zum Kirchhof das Geleite, aber diese wandten sich von mir ab und taten stolz. Meine Dienstuniform ist allerdings recht schäbig. Ich glaube, seit fünfundzwanzig Jahren bin ich nicht auf dem Kirchhof gewesen; das ist mal ein Ort!

Erstens der Geruch. Es waren etwa fünfzehn Leichen in die Kirche zusammengebracht. Die Ausstattung der Särge war von verschiedenem Preis; es waren sogar zwei Katafalke da: einer für einen General und einer für eine vornehme Dame. Viele traurige Gesichter, auch viel geheuchelte Trauer, aber auch viel unverhohlene Fröhlichkeit. Die Geistlichkeit hatte sich nicht zu beklagen: Sie hatte eine gute Einnahme. Aber der Geruch, der Geruch! Ich möchte hier nicht Geistlicher sein.

Die Gesichter der Leichen betrachtete ich nur mit Vorsicht, da ich zu der Festigkeit meiner Nerven kein rechtes Zutrauen hatte. Manche hatten einen sanften Ausdruck, manche auch einen unangenehmen. Im Allgemeinen war das Lächeln hässlich; bei einigen sogar in hohem Grad. Ich mag das nicht sehen; ich träume davon.

Während der Messe ging ich aus der Kirche hinaus in die frische Luft; es war ein grauer, aber trockener Tag. Dabei wars auch kalt; na, wir haben ja auch schon Oktober. Ich ging bei den offenen Grüften umher. Viele

Rangklassen. Die dritte Klasse zu dreißig Rubeln: recht anständig und nicht allzu teuer. Die beiden ersten, die allerfeinsten, waren in der Kirche und in der Vorhalle; na, die kosteten gehörig was. In der dritten Klasse wurden diesmal sechs Leichen bestattet, darunter der General und die vornehme Dame.

Ich blickte in die Grüfte hinein – schauderhaft: Wasser, und was für Wasser! Ganz grün und … na, ich will nicht mehr darüber sagen! Der Totengräber schöpfte fortwährend das Wasser mit einer Schaufel heraus. Während der Gottesdienst noch fortdauerte, schlenderte ich aus dem Kirchhofstor hinaus. Da steht sogleich ein Armenhaus und nicht viel weiter ein Restaurant. Letzteres ganz leidlich, nicht übel: kalte Speisen und alles. Es war gedrängt voll von Leuten, die den Toten das Geleit gegeben hatten. Ich bemerkte viel Fröhlichkeit und echte Lebenslust. Ich aß einen Bissen und trank ein Glas Schnaps.

Darauf beteiligte ich mich eigenhändig an dem Tragen des Sarges aus der Kirche nach dem Grab. Woher kommt es, dass die Leichen im Sarg so schwer werden? Man sagt, infolge der Starrheit; der Körper könne sich nicht mehr selbst regieren … oder andern derartigen Unsinn; das widerspricht der Mechanik und dem gesunden Menschenverstand. Ich kann es nicht leiden, wenn bei uns Leute, die nur eine allgemeine Bildung besitzen, es unternehmen, spezielle Fragen zu entscheiden, aber das geschieht bei uns massenhaft. Zivilbeamte lieben es, über militärische Gegenstände, ja sogar über solche, die zum Ressort eines Feldmarschalls gehören, ihr Urteil abzugeben, und Leute mit technischer Bildung urteilen mit Vorliebe über Philosophie und Nationalökonomie.

Zum Leichenmahl fuhr ich nicht hin. Ich habe meinen Stolz; und wenn mich Leute nur im Fall äußerster

Notwendigkeit empfangen, warum soll ich mich dann zu ihren Mahlzeiten einstellen, selbst wenn es Leichenmahle sind? Ich verstehe nur nicht, warum ich auf dem Kirchhof blieb; ich setzte mich auf einen Grabstein und versank in Gedanken.

Ich begann mit der Moskauer Ausstellung und endete damit, über das Staunen als Thema nachzudenken. Über das Staunen gelangte ich zu folgendem Resultat.

»Über alles zu staunen ist natürlich dumm; über nichts zu staunen macht sich weit hübscher und gilt daher als guter Ton. Aber schwerlich ist das in Wirklichkeit so. Meiner Ansicht nach ist über nichts zu staunen weit dümmer als über alles zu staunen. Außerdem: Über nichts zu staunen ist fast dasselbe wie vor nichts Achtung zu empfinden. Ein dummer Mensch kann eben keine Achtung empfinden.«

»Vor allen Dingen möchte ich Achtung empfinden. Ich dürste ordentlich danach, Achtung zu empfinden«, sagte einmal dieser Tage ein Bekannter zu mir.

Er dürstet danach, Achtung zu empfinden! Oh Gott, dachte ich, was würde aus dir werden, wenn du jetzt wagtest, das drucken zu lassen!

Ich vergaß ganz mich und meine Umgebung. Ich liebe es nicht, Grabschriften zu lesen; es ist immer ein und dasselbe. Auf dem Grabstein neben mir lag der Rest eines Butterbrotes: dumm und zu dem Ort nicht passend. Ich warf ihn auf die Erde, da es nicht »Brot«, sondern nur ein »Butterbrot« war. Übrigens ist es, wie ich glaube, keine Sünde, Brot auf die Erde zu krümeln, wohl aber auf den Fußboden. Ich will doch in Suworins Kalender* nachsehen.

* Anm. d. Ü.: Der angesehene Schriftsteller Suworin gab seit dem Jahre 1872 den »Russischen Kalender« heraus.

Es ist anzunehmen, dass ich lange so dasaß, sogar sehr lange; ja, ich streckte mich sogar in halb liegender Haltung auf den langen Stein hin, der die Gestalt eines marmornen Sarges hatte. Aber wie ging es nur zu, dass ich auf einmal allerlei Laute zu hören begann? Zuerst schenkte ich dem keine Beachtung und verhielt mich gleichgültig. Aber das Gespräch dauerte fort. Ich hörte dumpfe Töne, als ob die Redenden Kissen vor dem Mund hätten, aber trotzdem waren die Töne vernehmlich und sehr nah. Ich kam zu mir, richtete mich auf und begann aufmerksam zu horchen.

»Exzellenz, aber das ist doch einfach unmöglich! Sie haben Coeur angesagt; ich gehe mit, und auf einmal spielen Sie Carreau Sieben. Das hätte doch vorher verabredet werden müssen, wegen Carreau.«

»Na, soll ich denn die ganze Partie vorher auswendig lernen? Wo bleibt da der Reiz?«

»Nein, so geht das nicht, Exzellenz; ohne Sicherung geht es wirklich nicht. Wir müssen unbedingt einen Dummkopf als dritten Mann nehmen und manchmal falsch geben.«

»Na, einen Dummkopf werden wir hier nicht auftreiben.«

Was waren das für wunderliche Worte! Seltsam und unerwartet! Die eine Stimme klang fest und bestimmt; die andere hatte etwas Weiches und Süßliches; ich würde es nicht glauben, wenn ich es nicht selbst gehört hätte. Ich befand mich doch meiner Ansicht nach nicht beim Leichenmahl. Aber wie ging es zu, dass hier Preference gespielt wurde, und was war das für eine Exzellenz? Dass die Stimmen aus den Gräbern kamen, daran konnte kein Zweifel bestehen. Ich beugte mich hinab und las die Inschrift auf dem Denkmal.

»Hier ruht die irdische Hülle des Generalmajors Perwojedow … Ritters der und der Orden.« Hm! »Gestorben am …ten August des Jahres … im Alter von siebenundfünfzig … Ruhe sanft, du teure Asche, bis zum fröhlichen Auferstehungstag!«

Hm! Hol's der Teufel, wirklich ein General! Auf dem andern Grab, aus dem die schmeichlerische Stimme herausgekommen war, befand sich noch kein Denkmal: Es lag nur eine Steinplatte darauf; es musste also wohl ein erst kürzlich Begrabener sein. Nach der Stimme zu urteilen ein Hofrat.

»Och-ho-ho-ho!«, ertönte nun eine ganz neue Stimme, etwa zwanzig Schritte von der Ruhestätte des Generals, aus einem ganz frischen Grabhügel hervor. Es war eine Männerstimme, die Stimme eines Mannes aus dem gewöhnlichen Volk, aber in einer andächtig gerührten Manier abgeschwächt.

»Och-ho-ho-ho!«

»Ach, schon wieder hat er Aufstoßen!«, ließ sich auf einmal die gereizte, angeekelt und hochmütig klingende Stimme einer anscheinend den höchsten Kreisen angehörigen Dame vernehmen. »Es ist eine wahre Strafe für mich, neben diesem Krämer liegen zu müssen!«

»Es hat mir gar nicht aufgestoßen; ich habe ja auch gar keine Nahrung zu mir genommen; sondern das ist nur so meine Natur. Und Sie, gnädige Frau, können immer noch nicht von Ihren Kapricen lassen und sich beruhigen.«

»Warum haben Sie sich denn gerade hierher gelegt?«

»Ich bin hierher gelegt worden; meine Frau und meine kleinen Kinderchen haben mich hierher gelegt, nicht ich mich selbst. Das ist das Geheimnis des Todes! Ich hätte mich um keinen Preis neben Sie gelegt, für kein Geld der Erde, aber ich liege hier für mein eigenes Geld, dem bezahlten Preis entsprechend. Denn das können wir uns immer leisten, ein Grab dritter Klasse für uns zu bezahlen.«

»Ja, Sie haben Geld zusammengescharrt; haben wohl immer den Käufern zu wenig herausgegeben?«

»Wie könnte ich Ihnen zu wenig herausgeben, da Sie seit dem Januar, glaub ich, nie bei uns bezahlt haben? In meinem Laden liegt noch eine hübsche kleine Rechnung für Sie.«

»Na, das ist doch ein dummes Benehmen; hier zu untersuchen, wie viel einer schuldig ist, das ist doch meiner Ansicht nach sehr dumm! Gehen Sie nach oben! Bringen Sie Ihre Forderung bei meiner Nichte an; die ist meine Erbin.«

»Aber wie kann ich jetzt Forderungen anbringen, und wo kann ich hingehen? Wir haben doch beide unser Lebensziel erreicht und sind vor Gottes Gericht in gleicher Weise Sünder.«

»Sünder!«, spottete ihm die Tote verächtlich nach. »Unterstehen Sie sich nicht, weiter mit mir zu reden!«

»Och-ho-ho-ho!«

»Aber der Krämer gehorcht der Dame doch, Exzellenz.«

»Warum sollte er ihr auch nicht gehorchen?«

»Nun ja, Exzellenz; indessen, es besteht hier doch eine neue Ordnung.«

»Was ist denn das für eine neue Ordnung?«

»Aber wir sind doch sozusagen gestorben, Exzellenz.«

»Ach ja! Na, aber es geht doch wenigstens ordnungsmäßig zu …«

Na, sie hatten mir einen Dienst erwiesen, das war nicht zu leugnen, hatten mich unterhalten! Wenn es schon hier so zuging, was konnte man dann im oberen Stockwerk verlangen? Aber was war das für ein Benehmen! Ich fuhr jedoch fort zu horchen, wiewohl mit großem Unwillen.

Nein, ich müsste wieder lebendig werden! Nein … ich, wissen Sie … ich müsste wieder lebendig werden!«, ertönte plötzlich eine neue Stimme irgendwo in dem Zwischenraum zwischen dem General und der reizbaren Dame.

»Hören Sie nur, Exzellenz, unser Nachbar stimmt wieder sein altes Lied an. Drei Tage lang schweigt er immer mäuschenstill, und dann auf einmal geht es los: ›Ich müsste wieder lebendig werden; nein, ich müsste wieder lebendig werden!‹ Und wissen Sie, das bringt er mit solchem Appetit heraus, hi-hi!«

»Und mit solcher Leichtfertigkeit!«

»Das überkommt ihn so, Exzellenz, und wissen Sie, er schläft ein, schläft schon ganz ein; er ist ja schon seit dem April hier; und da kommt er auf einmal mit seinem ›Ich müsste wieder lebendig werden!‹«

»Das ist aber langweilig«, bemerkte Seine Exzellenz.

»Freilich, Exzellenz. Soll ich vielleicht Awdotja Ignatjewna wieder ein bisschen hänseln, hi-hi?«

»Nein, bitte, unterlassen Sie das! Ich kann dieses zänkische Weibsbild nicht ausstehen.«

»Und ich meinerseits kann Sie beide nicht ausstehen!«, rief ihnen das zänkische Weibsbild verächtlich zurück. »Sie sind beide ein Paar langweilige Gesellen und verstehen nicht von idealen Gegenständen zu reden. Ich kenne von Ihnen, Exzellenz (bitte, tun Sie nur nicht stolz!), ich kenne von Ihnen ein Geschichtchen, wie ein Bedienter Sie am Morgen mit dem Besen unter einem Ehebett hervorgefegt hat.«

»Ein grässliches Frauenzimmer!«, murmelte der General zwischen den Zähnen.

»Verehrte Awdotja Ignatjewna«, begann auf einmal wieder der Kaufmann in weinerlichem Ton, »meine Gnädigste, sagen Sie mir, ohne mir etwaiges Böses nachzutragen: Macht meine Seele noch allerlei Läuterungspein durch, oder was geschieht sonst?«

»Ach, kommt er wieder mit seiner alten Leier; ich habe es doch geahnt, denn ich spüre einen Geruch von ihm, einen Geruch; das kommt davon, dass er sich hin und her dreht!«

»Ich drehe mich nicht hin und her, meine verehrte Dame, und es geht von mir keinerlei besonderer Geruch aus, denn mein ganzer Körper hat sich noch in seinem früheren Zustand erhalten. Aber Sie selbst, gnädige Frau, sind schon etwas angegangen, denn der Geruch ist wirklich unerträglich, sogar für den hiesigen Ort. Ich schweige davon nur aus Höflichkeit.«

»Ach, der schändliche Verleumder! Er selbst stinkt schauderhaft, und da schiebt er die Schuld auf mich.«

»Och-ho-ho-ho! Wenn doch meine Gedächtnisfeier recht bald herankäme*; dann werde ich über mir die tränenerstickten Stimmen der Meinigen hören, das Schluchzen meiner Frau und das leise Weinen meiner Kinder! ...«

»Na, und worüber weint er nun? Die werden sich bei der Gedächtnisfeier die Kutja** gut schmecken lassen. Ach, wenn doch jemand erwachte!«

»Awdotja Ignatjewna«, begann der schmeichlerische Beamte, »warten Sie nur noch einen Augenblick; es werden gleich einige Neuangekommene zu reden anfangen!«

»Sind auch jüngere Leute darunter?«

»Jawohl, auch jüngere Leute, Awdotja Ignatjewna. Sogar Jünglinge sind dabei.«

»Ach, das ist ja wunderschön!«

* Anm. d. Ü.: Sie wird vierzig Tage nach dem Tod abgehalten.

**Anm. d. Ü.: Das dabei übliche Gericht aus Graupen oder Reis mit Honig und Rosinen.

»Nun? Haben sie denn noch nicht angefangen?«, erkundigte sich Seine Exzellenz.

»Aber sogar die Vorgestrigen sind noch nicht zu sich gekommen, Exzellenz; Sie wissen ja selbst, manchmal schweigen sie eine ganze Woche lang. Nur gut, dass ihrer gestern, vorgestern und heute gleich eine ganze Menge hergebracht ist. Sonst sind ja bei uns etwa vierzig Schritt in der Runde fast lauter Vorjährige.«

»Ja, das kann interessant werden.«

»Sehen Sie, Exzellenz, da ist heute der Wirkliche Geheimrat Tarasewitsch begraben worden. Ich habe es an den Stimmen erkannt. Sein Neffe ist ein Bekannter von mir, und der hat vorhin den Sarg mit herabgelassen.«

»Hm, wo liegt er denn?«

»Etwa fünf Schritte von Ihnen entfernt, Exzellenz, links. Fast dicht an Ihrem Fußende … Mit dem sollten Sie sich bekannt machen, Exzellenz.«

»Hm, nein … ich kann doch dabei nicht den ersten Schritt tun.«

»Er wird selbst den Anfang machen, Exzellenz. Er wird sich sogar geschmeichelt fühlen; überlassen Sie die Sache nur mir, Exzellenz; ich werde …«

»Ach, ach … ach, was geht nur mit mir vor?«, stöhnte auf einmal ein Neuangekommener mit schwacher, ängstlicher Stimme.

»Ein Neuer, Exzellenz, ein Neuer, Gott sei Dank; und wie schnell er wieder zu sich gekommen ist! Manchmal schweigen sie eine Woche lang.«

»Ach, wie es scheint, ist es noch ein junger Mensch!«, kreischte Awdotja Ignatjewna entzückt.

»Ich … ich … ich bin an einer Komplikation gestorben, und so plötzlich!«, stammelte der junge Mensch wieder. »Dr. Schulz sagte mir noch tags zuvor: ›Sie haben eine Komplikation‹, und am andern Morgen starb ich plötzlich. Ach! Ach!«

»Nun, da ist nichts zu machen, junger Mann«, bemerkte herablassend der General, der sich offenbar über den Neuangekommenen freute, »da muss man sich trösten! Wir heißen Sie in unserem sozusagen Tale Josaphat willkommen. Wir sind gute Menschen; lernen Sie uns nur erst näher kennen, dann werden Sie uns schon zu schätzen wissen. Generalmajor Wasili Wasiljewitsch Perwojedow, zu Ihren Diensten.«

»Ach, nein! Nein, nein, ich kann unter keinen Umständen hier bleiben. Ich bin in der Behandlung des Dr. Schulz; wissen Sie, es bildete sich bei mir eine Komplikation; zuerst warf sich die Krankheit auf die Brust, und ich bekam Husten, aber dann erkältete ich mich: Brustschmerzen und Grippe … und dann auf einmal ganz unerwartet … vor allen Dingen ganz unerwartet …«

»Sie sagen, es sei am Anfang die Brust gewesen«, mischte sich in sanftem Ton der Beamte in das Gespräch, wie wenn er den Neuangekommenen ermutigen wollte.

»Ja, die Brust und der Schleim, aber dann hörte der Schleim auf einmal auf, und es war nur noch die Brust, und ich konnte nicht mehr atmen … und wissen Sie …«

»Ich weiß, ich weiß. Aber wenn es die Brust war, mussten Sie so schnell wie möglich sich an Dr. Eck wenden und nicht an Dr. Schulz.«

»Aber wissen Sie, ich hatte immer vor, Dr. Botkin zu nehmen … und plötzlich …«

»Na, Botkin schröpft seine Patienten gern«, bemerkte der General.

»Ach nein, er schröpft gar nicht; ich habe gehört, er sei so sorgfältig und könne alles vorhersagen.«

»Seine Exzellenz bemerkte das mit Bezug auf die Preise«, belehrte ihn der Beamte.

»Ach, nicht doch, er nimmt nur drei Rubel für einen Besuch, und er untersucht einen so genau, und seine

Rezepte ... und ich wollte es unter allen Umständen tun, weil mir das gesagt worden war ... Was meinen Sie, meine Herren, was soll ich tun: Soll ich mich an Eck wenden oder an Botkin?«

»Was? An wen Sie sich wenden sollen?«, sagte der General mit einem freundlichen Lachen, von dem sein Leichnam schütterte. Der Beamte sekundierte ihm in der Fistel.

»Mein lieber Junge, mein lieber fröhlicher Junge, wie ich dich liebe!«, kreischte Awdotja Ignatjewna ganz entzückt. »Ja, wenn man so einen neben mich gelegt hätte!«

Nein, das war mir aber doch zu stark! Und das wollte ein Toter der Neuzeit sein! Indessen beschloss ich, noch weiter zuzuhören und mich mit meinen Schlussfolgerungen nicht zu übereilen. Dieser Neuangekommene Gelbschnabel – ich erinnerte mich, wie er eine Weile vorher im Sarg ausgesehen hatte: Es war der Ausdruck eines ängstlichen Küchleins gewesen, der widerwärtigste auf der ganzen Welt! Aber was begab sich nun hierauf weiter?

Hierauf begann ein solcher Tumult, dass ich nicht einmal alles im Gedächtnis behalten habe, denn es erwachten sehr viele gleichzeitig: So erwachte ein Staatsrat und begann mit dem General ohne jeden Verzug ein Gespräch über das Projekt einer neuen Subkommission im Ministerium der ***en Angelegenheiten und über die wahrscheinliche, mit der Einrichtung der Subkommission verknüpfte Versetzung amtlicher Persönlichkeiten, ein Gespräch, durch das er das höchste Interesse des Generals erregte. Ich muss gestehen, dass auch ich selbst viel Neues erfuhr, sodass ich mich über die Wege wunderte, auf denen man manchmal in dieser Hauptstadt Neuigkeiten über die Staatsverwaltung erfahren kann. Hierauf wurde ein Ingenieur halb wach, murmelte aber noch lange vollständigen Unsinn, sodass die Unsrigen ihm nicht mit Fragen zusetzten, sondern ihn einstweilen noch still liegen und sich erholen ließen. Endlich bekundete auch die vor Kurzem unter dem Katafalk beerdigte vornehme Dame Symptome des Grabeslebens. Lebesjatnikow (denn so hieß, wie sich herausstellte, der schmeichlerische, mir verhasste Hofrat, der seinen Platz neben dem General Perwojedow hatte) war sehr erstaunt darüber, dass diesmal alle so bald erwachten, und entwickelte infolgedessen eine geschäftige Tätigkeit. Ich muss gestehen, dass auch ich mich wunderte; übrigens waren einige der Erwachten schon vor zwei Tagen begraben, wie zum Beispiel ein sehr junges Mädchen (sie war erst sechzehn Jahre alt), das immerzu kicherte, in einer widerwärtigen, sinnlichen Weise kicherte.

»Exzellenz, der Geheimrat Tarasewitsch wacht auf!«, meldete Lebesjatnikow auf einmal mit besonderer Eilfertigkeit.

»Nun? Was gibts?«, fragte auf einmal der zu sich kommende Geheimrat missmutig mit lispelnder, zischelnder Stimme; in seinem Ton lag etwas Launenhaftes, Befehlshaberisches. Ich horchte mit gespannter Aufmerksamkeit, denn in den letzten Tagen hatte ich etwas über diesen Tarasewitsch gehört, etwas im höchsten Grad Aufsehen Erregendes, Unmoralisches.

»Ich bin es, Exzellenz; vorläufig nur ich.«

»Was wünschen Sie, und was ist Ihnen gefällig?«

»Ich möchte mich nur nach Euer Exzellenz Befinden erkundigen; infolge mangelnder Gewöhnung fühlt sich hier jeder anfangs einigermaßen beengt ... General Perwojedow würde gern die Ehre haben, Euer Exzellenz Bekanntschaft zu machen, und hofft ...«

»Ich habe nie von ihm gehört.«

»Ich bitte Sie, Exzellenz, General Perwojedow, Wasili Wasiljewitsch …«

»Sind Sie General Perwojedow?«

»Nein, Exzellenz, ich bin nur der Hofrat Lebesjatnikow, Ihnen zu dienen, aber General Perwojedow …«

»Dummes Zeug! Ich ersuche Sie, mich in Ruhe zu lassen.«

»Hören Sie auf!«, hemmte endlich in würdevoller Manier General Perwojedow selbst die hässliche Eilfertigkeit seines Klienten im Grab.

»Er ist noch nicht ordentlich aufgewacht, Exzellenz; das muss man berücksichtigen; er spricht so infolge mangelnder Gewöhnung; sobald er aufgewacht sein wird, wird er es anders aufnehmen …«

»Hören Sie auf!«, sagte der General noch einmal.

Wasili Wasiljewitsch! Heda, Sie, Exzellenz!«, rief auf einmal laut und frech dicht neben Awdotja Ignatjewna eine ganz neue Stimme, die Stimme eines dreisten Lebemannes, mit modisch müder Aussprache und mit unverschämt klingender Trennung der einzelnen Silben. »Ich höre Ihnen allen schon seit zwei Stunden zu; ich liege ja hier schon drei Tage; Sie erinnern sich meiner, Wasili Wasiljewitsch? Klinewitsch; wir sind einander bei Wolokonskis begegnet, wo Sie, ich weiß nicht warum, ebenfalls Zutritt hatten.«

»Wie, Graf Peter Petrowitsch … sind Sie wirklich auch … und in so jungen Jahren … Wie leid mir das tut!«

»Auch mir selbst tut es leid, aber eigentlich ist es mir ganz egal, und ich will auch von hier aus noch alles Mögliche erreichen. Ich bin auch kein Graf, sondern

Baron, nur Baron. Wir sind so eine Art von räudigen kleinen Baronen, aus dem Lakaienstand hervorgegangen; ich spucke auf diese ganze Abstammung. Ich bin nur ein Taugenichts aus der Talmigesellschaft und gelte als liebenswürdiger Gassenjunge. Mein Vater war ein General von geringer Sorte, aber meine Mutter wurde einstmals en haut lieu empfangen. Ich habe mit dem Juden Siffel zusammen im vorigen Jahr für fünfzigtausend Rubel falsche Banknoten fabriziert und ihn dann denunziert; das ganze Geld aber hat Juliette Charpentier de Lusignan nach Bordeaux mitgenommen. Und denken Sie sich, ich war schon vollständig verlobt, mit einem Fräulein Schtschewalewskaja; es fehlten ihr noch drei Monate an sechzehn Jahren; sie besuchte noch das Institut; neunzigtausend Rubel Mitgift sollte sie bekommen. Awdotja Ignatjewna, erinnern Sie sich wohl noch, wie Sie mich vor fünfzehn Jahren, als ich noch ein vierzehnjähriger Page war, geschlechtlich verführten?«

»Ach, Sie sind das, Sie Taugenichts; na, wenn Sie auch Gott hergesandt hat, so werden Sie doch hier …«

»Sie haben ungerechterweise Ihren Nachbarn, den Kaufmann, wegen schlechten Geruches im Verdacht gehabt. Ich habe dazu geschwiegen und nur innerlich gelacht. Das bin ja ich; mich hat man deswegen schon in einem zugenagelten Sarg hergebracht.«

»Ach, Sie Ekel! Aber ich freue mich dennoch; Sie können sich gar nicht denken, Klinewitsch, Sie können sich gar nicht denken, welch ein Mangel an Leben und Esprit hier herrscht.«

»Nun ja, nun ja, und eben darum beabsichtige ich, hier etwas Neues, Originelles einzuführen. Exzellenz – ich meine nicht Sie, Perwojedow, sondern den andern –, Exzellenz, Herr Tarasewitsch, Geheimrat! So antworten Sie doch! Ich bin Klinewitsch, der Sie zur Fastenzeit zu Mademoiselle Fury führte. Hören Sie?«

»Ich höre Sie, Klinewitsch, und freue mich sehr, und Sie können mir glauben …«

»Ich glaube Ihnen keine Silbe; ich spucke darauf! Ich möchte Sie, lieber Alter, einfach abküssen, aber Gott sei Dank, ich kann es nicht. Wissen Sie wohl, meine Herren, was dieser grand-père angerichtet hat? Er ist vorgestern oder vorvorgestern gestorben, und können Sie sich das denken: In der von ihm verwalteten staatlichen Kasse hat er ein Manko von vierhunderttausend Rubeln hinterlassen. Dieses Geld war für Witwen und Waisen bestimmt, und er verwaltete aus irgendwelchem Grund die Kasse allein, sodass sie schließlich acht Jahre lang nicht revidiert worden war. Ich stelle mir lebhaft vor, was da jetzt alle für lange Gesichter machen, und wie sie seiner gedenken. Nicht wahr, eine wonnevolle Vorstellung! Ich habe mich das ganze letzte Jahr darüber gewundert, wie ein solcher siebzigjähriger Greis, mit Gicht in den Händen und in den Füßen, sich noch so viel Kraft zu Ausschweifungen hatte bewahren können, und da hatten wir nun die Lösung des Rätsels! Diese Witwen und Waisen – schon der bloße Gedanke an sie musste ihn in Glut versetzen! Ich wusste schon längst davon; ich war der Einzige, der davon wusste; mir hatte es Mademoiselle Charpentier mitgeteilt, und als ich es erfahren hatte, da richtete ich an ihn sofort (es war gerade Ostersonntag) in freundschaftlicher Form das Ersuchen: ›Gib mir fünfundzwanzigtausend Rubel, sonst findet morgen bei dir eine Revision statt.‹ Und denken Sie sich: Es fanden sich damals in seinem Besitz nur dreizehntausend, sodass er jetzt, wie ich meine, sehr zur rechten Zeit gestorben ist. Grand-père, grand-père, hören Sie?«

»Cher Klinewitsch, ich bin mit Ihnen vollständig derselben Ansicht, und Sie sind ganz unnötigerweise auf solche Einzelheiten eingegangen. Es gibt im Leben so viele Leiden und Qualen und so wenig Lohn … Ich hatte den Wunsch, endlich zur Ruhe zu kommen, und soviel ich sehe, kann man hoffen, dass sich auch von hier aus allerlei wird erreichen lassen.«

»Ich möchte darauf wetten, dass er schon Katisch Berestowa gewittert hat!«

»Wen? Was für eine Katisch?«, fragte der Alte mit einer Stimme, die vor sinnlicher Erregung zitterte.

»Aha, was für eine Katisch? Na, hier gleich links, fünf Schritte von mir, zehn Schritte von Ihnen. Sie ist schon seit vier Tagen hier, und wenn Sie wüssten, grand-père, was sie für ein Ferkelchen ist! Aus guter Familie, wohlerzogen, und – dabei doch ein Monstrum, ein Monstrum im höchsten Grad! Ich habe dort niemanden auf sie aufmerksam gemacht; ich bin der Einzige gewesen, der sie kannte … Katisch, antworte!«

»Hi-hi-hi!«, antwortete eine rissige Mädchenstimme, aber es war aus ihr wie eine Art von Nadelstich herauszuhören. »Hi-hi-hi!«

»Ist es eine klei-ne Blon-di-ne?«, stammelte der grand-père abgebrochen.

»Hi-hi-hi!«

»Ich … ich habe schon längst«, lallte der Alte, der kaum Luft bekam, »mir mit Vergnügen in meinen Träumereien so eine kleine Blondine vorgestellt … so von fünfzehn Jahren … und gerade unter solchen Umständen …«

»Ach, Sie Ungeheuer!«, rief Awdotja Ignatjewna.

»Genug!«, sagte Klinewitsch in entschiedenem Ton, »ich sehe, dass das Material ausgezeichnet ist. Wir werden uns hier unverzüglich aufs Beste einrichten. Die Hauptsache ist, die noch übrige Zeit vergnügt zu verbringen, aber was ist das für eine Zeit? Heda, Sie! Sie sind ja wohl so ein Beamter, Lebesjatnikow, nicht wahr? Ich habe gehört, dass Sie so genannt wurden!«

»Lebesjatnikow, Hofrat, Semjon Jewsjejewitsch, Ihnen zu dienen; sehr erfreut, sehr erfreut, sehr erfreut.«

»Ich spucke darauf, dass Sie erfreut sind, aber Sie wissen hier ja wohl mit allem Bescheid. Sagen Sie mal erstens (ich wundere mich darüber schon seit gestern), auf welche Weise reden wir hier eigentlich? Wir sind ja doch gestorben, aber trotzdem reden wir; wir bewegen uns auch gewissermaßen, aber trotzdem reden wir weder noch bewegen wir uns? Was ist das für ein wunderlicher Vorgang?«

»Das könnte Ihnen, wenn Sie es wünschen, Baron, Platon Nikolajewitsch besser erklären als ich.«

»Was für ein Platon Nikolajewitsch? Reden Sie nicht drum herum! Zur Sache!«

»Unser Platon Nikolajewitsch hier ist ein aus dieser Stadt stammender Doktor der Philosophie, zugleich großer Naturforscher. Er hat mehrere philosophische Bücher herausgegeben, aber schon seit drei Monaten schläft er vollständig, sodass es jetzt kaum noch möglich sein dürfte, ihn aufzurütteln. Einmal in der Woche pflegt er ein paar nicht herpassende Worte zu murmeln.«

»Zur Sache, zur Sache!«

»Er erklärt alles mit einer höchst einfachen Tatsache, nämlich damit, dass wir oben, als wir noch lebten, den dortigen Tod irrtümlich für den wirklichen Tod gehalten haben. Der Körper wird hier gewissermaßen noch einmal lebendig; die Überreste des Lebens konzentrieren sich, aber nur im Bewusstsein. So (ich verstehe nur nicht, es Ihnen zu verdeutlichen) dauert das Leben gewissermaßen infolge des Beharrungsvermögens fort. Alles ist nach seiner Ansicht irgendwo im Bewusstsein konzentriert und dauert noch zwei oder drei Monate fort, manchmal sogar ein halbes Jahr. Es gibt zum Beispiel hier einen, der schon fast ganz in Verwesung übergegangen ist, aber doch einmal alle sechs Wochen immer noch plötzlich ein allerdings sinnloses Wort murmelt, von irgendwelchem Bobok: ›Bobok, Bobok‹* – also ist doch auch in ihm noch ein Rest von warmem Leben, ein kaum wahrnehmbares Fünkchen zurückgeblieben …«

»Rechter Unsinn. Aber wie geht es denn zu, dass ich Gestank rieche, obwohl ich keinen Geruchssinn mehr besitze?«

»Das … he-he … Na, bei diesem Punkt wurden die Erklärungsversuche unseres Philosophen nun schon ziemlich nebelhaft. Gerade über den Geruchssinn bemerkte er nämlich, man rieche hier sozusagen den moralischen Gestank – he-he! Gewissermaßen den Gestank der Seele, damit man in diesen zwei, drei Monaten noch Zeit habe, sich auf sich selbst zu besinnen; das sei sozusagen eine letzte Gnadenfrist. Aber es will mir scheinen, Baron, dass das alles mystische Faselei ist, mag sie auch durch seinen Zustand sehr entschuldbar sein …«

»Nun genug; ich bin überzeugt, dass auch alles Weitere Unsinn ist. Die Hauptsache ist: noch zwei oder drei Monate Leben und am letzten Ende: Bobok. Ich mache allen den Vorschlag, diese zwei Monate möglichst angenehm zu verbringen und sich zu diesem Zweck andere Grundsätze zu eigen zu machen. Meine Herrschaften, ich schlage vor, sich über nichts zu schämen!«

»Ach ja, wir wollen uns über nichts schämen!«, erschollen viele Stimmen, und seltsamerweise darunter sogar ganz neue, nämlich von solchen, die inzwischen neu erwacht waren. Mit besonderer Bereitwilligkeit gab der nun schon vollständig zu sich gekommene In-

* Anm. d. Ü.: Bobok heißt »die Bohne«; das Verständnis wird dadurch freilich nicht gefördert.

genieur in dröhnendem Bass seine Zustimmung zu erkennen. Fräulein Katisch kicherte freudig.

»Ach, wie gern bin ich bereit, mich über nichts zu schämen!«, rief Awdotja Ignatjewna entzückt.

»Hören Sie, wenn schon Awdotja Ignatjewna gern bereit ist, sich über nichts zu schämen! …«

»Nein, nein, nein, Klinewitsch, ich habe mich geschämt, ich habe mich dort wirklich geschämt, aber hier bin ich äußerst, äußerst gern bereit, mich über nichts zu schämen!«

»Ich habe Verständnis für Ihren Vorschlag, Klinewitsch«, sagte der Ingenieur mit seiner tiefen Stimme, »das hiesige sozusagen Leben auf neuen, und zwar vernünftigen Prinzipien aufzubauen.«

»Na, darauf spucke ich! In dieser Hinsicht tun wir gut, auf Kudejarow zu warten, der gestern hergebracht ist. Wenn der aufwacht, wird er Ihnen alles erklären. Das ist mal ein Geist, ein kolossaler Geist! Morgen werden sie, glaube ich, noch einen Naturforscher herschleppen, wahrscheinlich auch einen Offizier und, wenn ich mich nicht irre, in drei, vier Tagen einen Feuilletonisten, wohl mitsamt dem betreffenden Redakteur. Übrigens hol sie der Teufel, aber es wird sich hier bei uns eine besondere Gruppe zusammenfinden, und dann wird bei uns alles ganz von selbst in Ordnung kommen. Aber inzwischen spreche ich den Wunsch aus, dass nicht gelogen werde. Das ist das einzige, was ich verlange, denn das ist die Hauptsache. Auf der Erde zu leben und nicht zu lügen ist unmöglich, denn das Leben und die Lüge sind Synonyma; na, aber hier wollen wir spaßeshalber nicht lügen. Hol's der Teufel, es macht doch etwas aus, dass man begraben ist! Wir wollen alle laut unsere Streiche erzählen und uns über nichts mehr schämen. Ich werde vor allen andern von mir erzählen. Wissen Sie, ich gehöre zu den Sinnlichen. Das alles war da oben mit morschen Stricken zusammengebunden. Weg mit den Stricken; lassen Sie uns diese beiden Monate in der schamlosesten Aufrichtigkeit verbringen! Entblößen wir uns und zeigen wir uns nackt!«

»Ja, zeigen wir uns nackt, zeigen wir uns nackt!«, riefen alle aus voller Kehle.

»Ich möchte mich furchtbar gern, furchtbar gern nackt zeigen!«, kreischte Awdotja Ignatjewna.

»Ach … ach … ach, ich sehe, dass es hier lustig zugehen wird; ich will nicht zu Dr. Eck!«

»Nein, ich müsste wieder lebendig werden; nein, wissen Sie, ich müsste wieder lebendig werden!«

»Hi-hi-hi!«, kicherte Katisch.

»Die Hauptsache ist, dass es uns niemand verbieten kann; und wenn auch Perwojedow, wie ich sehe, sich ärgert, so kann er mich doch nicht mit der Hand erreichen. Grand-père, sind Sie einverstanden?«

»Ich bin vollständig einverstanden, vollständig einverstanden, und mit dem größten Vergnügen meinerseits, aber unter der Bedingung, dass Katisch die Erste ist, die ihre Biografie erzählt.«

»Ich protestiere! Ich protestiere mit aller Energie!«, sagte General Perwojedow in festem Ton.

»Exzellenz!«, flüsterte der Taugenichts Lebesjatnikow hastig und aufgeregt im Ton angelegentlicher Überredung, »Exzellenz, das wird ja für uns besonders vorteilhaft sein, wenn wir zustimmen. Wissen Sie, dieses junge Mädchen … und dann alle diese verschiedenen argen Streiche …«

»Nun ja, allerdings, das junge Mädchen, aber …«

»Besonders vorteilhaft, Exzellenz, wahrhaftig besonders vorteilhaft! Na, wenn auch nur zur Probe; machen wir wenigstens einen kleinen Versuch …«

»Nicht einmal im Grab wird einem Ruhe gelassen!«

»Erstens, General, Sie spielen im Grab Pre-fe-rence, und zweitens spu-cken wir auf Sie!«, sagte Klinewitsch, die Silben trennend.

»Mein Herr, ich möchte Sie doch bitten, sich nicht zu vergessen!«

»Was? Sie können ja nicht zu mir herreichen; ich aber kann Sie von hier aus necken wie Juliettes Bologneserhündchen. Und erstens, meine Herren, ist er denn etwa hier noch General? Dort war er ein General, aber hier ist er ein Aas!«

»Nein, ich bin kein Aas … ich bin auch hier …«

»Hier verfaulen Sie im Sarg, und es bleiben von Ihnen nur sechs Messingknöpfe übrig.«

»Bravo, Klinewitsch, ha-ha-ha!«, schrien mehrere Stimmen.

»Ich habe meinem Kaiser gedient … ich habe einen Degen …«

»Mit Ihrem Degen können Sie Mäuse spießen, und außerdem haben Sie ihn nie gezogen.«

»Ganz gleich; ich habe einen Teil des Ganzen gebildet.«

»Was gibt es nicht alles für Teile eines Ganzen!«

»Bravo, Klinewitsch, bravo, ha-ha-ha!«

»Ich begreife nicht, was ein Degen eigentlich zu bedeuten hat«, bemerkte der Ingenieur.

»Wir werden vor den Preußen davonlaufen wie die Mäuse; sie werden uns gehörig klopfen!«, rief eine entfernte, mir unbekannte Stimme, die aber buchstäblich vor Entzücken erstickte.

»Der Degen, mein Herr, ist die Ehre!«, rief der General, aber nur ich hörte ihn. Es erhob sich ein lang dauerndes, wütendes Geschrei, Geheul und Toben, aus dem nur noch Awdotja Ignatjewnas ungeduldiges, hysterisches Kreischen herauszuhören war.

»Nur schnell, nur schnell! Ach, wann werden wir denn anfangen uns über nichts zu schämen!«

»Och-ho-ho! Meine Seele macht wahrhaftig eine Läuterungspein durch!«, ließ sich die Stimme jenes einfachen Kaufmanns vernehmen, und …

Und hier nieste ich auf einmal. Das kam ganz plötzlich und unbeabsichtigt, aber die Wirkung war eine überraschende: Alles wurde still wie auf einem Kirchhof und verschwand wie ein Traum. Eine richtige Grabesstille trat ein. Ich glaube nicht, dass sie sich vor mir schämten: Sie hatten ja beschlossen, sich über nichts zu schämen! Ich wartete etwa fünf Minuten lang, aber kein Wort, kein Laut war zu hören. Es war auch nicht anzunehmen, dass sie eine Anzeige bei der Polizei fürchteten, denn was kann die Polizei dabei tun? Unwillkürlich gelange ich zu dem Schluss, dass sie doch irgendein dem Sterblichen unbekanntes Geheimnis besitzen müssen, das sie sorgfältig vor jedem Sterblichen hüten.

»Na«, dachte ich, »ihr lieben Leutchen, ich werde euch schon mal wieder besuchen«, und mit diesen Worten verließ ich den Kirchhof.

Nein, das kann ich nicht für zulässig halten; nein, wahrhaftig nicht!

Ausschweifung an einem solchen Ort, Ausschweifung seitens verwesender Leichname, die dazu die letzten Augenblicke des Bewusstseins missbrauchen! Diese Augenblicke sind ihnen gegeben, geschenkt zu anderm Zweck, und sie … Aber die Hauptsache, die Hauptsache bleibt doch: An einem solchen Ort! Nein, das kann ich nicht für zulässig halten …

Ich werde auch die andern Klassen von Gräbern besuchen und überall horchen. Das ist es ja eben, dass man überall horchen muss und nicht nur in einer einzigen

Klasse, um sich eine richtige Vorstellung zu bilden. Vielleicht stoße ich auch auf etwas Tröstliches.

Aber zu jenen Leuten werde ich unbedingt zurückkehren. Sie haben versprochen, ihre Lebensläufe und allerlei interessante Geschichtchen zu erzählen. Pfui! Aber ich werde wieder hingehen, unter allen Umständen; das ist mir Gewissenssache!

Ich werde diese Aufzeichnungen dem Graschdanin bringen; da ist auch das Porträt eines Redakteurs ausgestellt. Vielleicht druckt er sie ab.

Die Sanfte

Eine fantastische Erzählung

Vorrede des Autors

Ich nenne diese Erzählung eine »fantastische«, obwohl ich sie für durchaus real halte. In gewisser Hinsicht ist sie aber auch wirklich fantastisch: Das Fantastische liegt hier in der Form, über die ich mich verpflichtet sehe einiges vorauszuschicken.

Es ist nämlich weder eine Erzählung noch ein Bruchstück aus einem Tagebuch. Denken Sie sich einen Mann, der vor der Leiche seiner Frau steht, einer Selbstmörderin, die sich erst vor wenigen Stunden aus dem Fenster gestürzt hat. Er ist noch ganz bestürzt und hat noch nicht Zeit gehabt, seine Gedanken zu sammeln. Er geht in seinem Zimmer auf und ab und bemüht sich, das Geschehene zu fassen, »seine Gedanken auf einen Punkt zu konzentrieren«. Er gehört obendrein zu jenen Hypochondern, die mit sich selbst sprechen. So spricht er mit sich selbst, erzählt sich den Sachverhalt, und sucht ihn sich zu *klären*. Trotz der scheinbaren Folgerichtigkeit seiner Rede widerspricht er sich einige Male wie in der Logik so auch in den Gefühlen. Er rechtfertigt sich und beschuldigt sich zur gleichen Zeit und gerät zuweilen in durchaus nebensächliche Erklärungen; neben einer gewissen Rohheit der Gedanken und des Herzens verrät er auch hier und da tiefes Gefühl. Allmählich gelingt es ihm auch wirklich, sich den Sachverhalt zu klären und seine Gedanken auf einen Punkt zu konzentrieren. Eine Reihe von Erinnerungen, die er in sich weckt, zwingt ihn schließlich, die *Wahrheit* zu sehen; und diese Wahrheit wirkt erhebend auf seinen Verstand und sein Herz. Gegen das Ende verändert sich sogar der Ton der Erzählung im Vergleich zu dem so verworrenen Anfang. Die Wahrheit zeigt sich dem Unglücklichen recht klar und eindeutig; jedenfalls glaubt er sie so zu sehen.

Das ist das Thema. Der Prozess der Erzählung dauert, selbstverständlich mit Unterbrechungen, einige Stunden, und ihre Form ist höchst verworren: Bald spricht er zu sich selbst, bald wendet er sich an einen unsichtbaren Zuhörer, gleichsam an seinen Richter. So spielt es sich auch immer in Wirklichkeit ab. Wenn ein Stenograf ihn belauscht und alle seine Worte rein mechanisch aufgezeichnet hätte, so wäre die Erzählung etwas unordentlicher und holpriger geworden, als sie bei mir ausgefallen ist; ich glaube aber, dass die psychologische Entwicklung in der gleichen Folge vor sich gegangen wäre wie bei mir. Diese Fiktion eines Stenografen, der alles aufgezeichnet hat (und dessen Aufzeichnungen ich überarbeitet habe), ist eben das, was ich an dieser Erzählung fantastisch nenne. Dieser Kunstgriff ist übrigens nicht neu: So hat ihn schon Viktor Hugo in seinem Meisterwerk »Der letzte Tag eines Gerichteten« angewandt. Hugo sagt zwar nichts von einem Stenografen, lässt aber eine noch viel größere Unwahrscheinlichkeit zu, indem er annimmt, dass der zum Tode Verurteilte die Kraft (und auch die Zeit) hat, nicht nur an seinem letzten Tag, sondern auch in seiner letzten Stunde, ja sogar in der letzten Minute Aufzeichnungen zu machen. Hätte er aber auf diese fantastische Voraussetzung verzichtet, so wäre auch das ganze Werk, das realste und wahrste von allen seinen Werken, nie zustande gekommen.

I
Wer ich war und wer sie war

Solange sie hier liegt, ist noch alles gut: Ich trete jeden Augenblick hinzu und sehe sie an; morgen wird man sie forttragen – wie werde ich dann allein bleiben können? Sie liegt jetzt im Gastzimmer auf dem Tisch; man hat zwei Kartentische zusammengeschoben; den Sarg wird man erst morgen bringen, einen weißen, mit weißem *Gros de Naples* ausgeschlagenen Sarg; eigentlich wollte ich gar nicht davon sprechen … Ich gehe immer auf und ab und will mir über alles klar werden. Seit sechs Stunden gebe ich mir die größte Mühe, kann aber noch unmöglich meine Gedanken sammeln. Die Sache ist nämlich die, dass ich immer auf und ab gehe, immer auf und ab … Die Sache war so … Ich werde alles ordentlich der Reihe nach erzählen. (Ja, die Ordnung!) Meine Herren, ich bin ja gar kein Literat, Sie sehen es ja selbst. Das ist ja auch ganz gleich. Ich will einfach so erzählen, wie ich es eben verstehe. Das ist ja gerade so entsetzlich, dass ich alles verstehe!

Das war, wenn Sie es durchaus wissen wollen, d. h. wenn ich von Anfang an erzählen soll, das war nämlich so: Sie kam ganz einfach zu mir, um ihre Sachen zu versetzen. Mit dem Geld wollte sie in der Zeitung annoncieren: Eine Gouvernante sucht eine Stelle, ginge auch nach auswärts, wäre unter Umständen bereit, auch einfach Stunden zu geben usw., usw. So war es ganz zu Anfang, und sie war für mich nur eine von den vielen, die zu mir kamen. Später begann ich sie aber von den anderen zu unterscheiden. Sie war so schmächtig, blond, von mittlerem Wuchs, im Verkehr mit mir etwas ungelenk und verlegen (ich glaube, dass sie zu jedem Fremden so gewesen ist; ich war für sie natürlich auch ein Fremder wie jeder andere, d. h.

wenn man mich als Mensch und nicht als Pfandleiher nimmt). Kaum hatte Sie das Geld in der Hand, als sie mir sofort den Rücken kehrte und ging. Und machte alles schweigend. Die anderen feilschen mit mir, zanken, wollen mehr haben; sie sprach aber nie ein Wort und nahm, was ich ihr gab … Mir scheint, ich werfe alles durcheinander … Ja: Zuerst fielen mir die Sachen auf, die sie mir brachte: silbervergoldete Ohrringe, ein kleines billiges Medaillon – lauter Gegenstände zu zwanzig Kopeken. Sie wusste auch selbst, dass ihre Sachen nicht mehr wert waren, ihrem Gesicht aber konnte ich es ablesen, dass das Zeug für sie einen viel größeren Wert hatte; das war nämlich alles, was sie noch von ihren Eltern besaß; später habe ich's erfahren. Nur einmal erlaubte ich mir, über ihre Sachen zu lächeln. D. h. ich muss Ihnen sagen, dass ich mir sonst so etwas nie erlaube. Ich benehme mich der Kundschaft gegenüber immer wie ein Gentleman: wenig Worte, höflich und streng. »Ja, streng, streng, streng …« Einmal erlaubte sie sich aber, mir die Überreste (es waren tatsächlich nur Überreste) einer alten Jacke aus Hasenfell zu bringen, und ich konnte mich nicht enthalten, eine Bemerkung fallen zu lassen, die vielleicht wie ein Scherz klang. Du lieber Himmel, wie sie da rot wurde! Sie hatte so große, blaue, verträumte Augen – wie die plötzlich aufblitzten! Sie sagte aber kein Wort, packte ihre »Überreste« ein und ging. An diesem Tag erst hatte ich auf sie mein Augenmerk gerichtet und mir so ganz gewisse Gedanken, ja ganz besondere Gedanken über sie gemacht. Ich kann mich noch auf einen anderen Eindruck besinnen; wenn Sie wollen, war es sogar der Haupteindruck, die Synthese des Ganzen. Nämlich, dass sie furchtbar jung war, so jung, dass man ihr vierzehn Jahre geben konnte. In der Tat war sie damals noch nicht volle sechzehn Jahre alt, es fehlten noch drei Monate. Übrigens wollte ich gar nicht das sagen, und nicht darin lag die Synthese, von der ich eben sprach. Am nächsten Tag kam sie wieder. Sie war inzwischen, wie ich später erfuhr, mit ihrer Pelzjacke bei den anderen Pfandleihern Dobronrawow und Moser gewesen; diese nehmen aber nur Goldsachen, wollten mit ihr gar nicht reden. Ich hatte aber von ihr schon früher einmal eine Gemme (ein ganz wertloses Ding) genommen; wunderte mich später selbst darüber, dass ich es getan hatte. Denn ich nehme ja sonst auch nichts als Gold- und Silbersachen an; hatte also bei ihr mit der Gemme eine Ausnahme gemacht. Das war eben der zweite Gedanke, den ich mir über sie machte, ich weiß es noch genau. Diesmal, nachdem sie also bei Moser gewesen war, brachte sie mir eine Zigarrenspitze aus Bernstein. Der Gegenstand war gar nicht so übel, hatte vielleicht einen Liebhaberwert, für mich aber war er ganz wertlos, denn ich nehme ja nur Goldsachen. Sie kam also nach der gestrigen *Revolte* wieder, daher empfing ich sie streng. Meine Strenge ist Trockenheit. Ich gab ihr für die Zigarrenspitze zwei Rubel, konnte mich aber nicht enthalten, ihr mit etwas gereizter Stimme zu sagen: »Ich tue es nur für Sie. Moser würde einen solchen Gegenstand gar nicht annehmen.« Die Worte *»für Sie«* betonte ich ganz besonders und gerade in einem *gewissen* Sinn. Denn ich war wütend. Als sie dieses »für Sie« hörte, wurde sie wieder rot, sagte aber kein Wort, warf mir das Geld nicht vor die Füße, sondern steckte es ein – diese Armut! Wie rot sie aber wurde! Ich sah, wie sehr ich sie verletzt hatte … Und als sie schon fort war, fragte ich mich plötzlich: War denn dieser Triumph über sie zwei Rubel wert? Ha, ha, ha! Ich kann mich noch gut erinnern, dass ich mir diese Frage sogar zweimal vorlegte: »Ob es sich lohnte?« Und ich entschied sie lachend im bejahenden Sinn. Denn das Ganze erschien mir gar zu amüsant. Es war aber kein schlechtes Gefühl. Ich tat es mit Absicht, ja, mit einer ganz bestimmten Absicht. Ich wollte sie prüfen, denn es waren mir plötzlich gewisse Gedanken in Bezug auf sie gekommen. Das war eben das dritte Mal, dass ich über sie in einem ganz bestimmten Sinn nachdachte.

… Nun, von da ab hat das Ganze begonnen. Selbstverständlich bemühte ich mich sofort, auf Umwegen alles Nähere über sie zu erfahren; wartete auch mit besonderer Ungeduld auf ihr nächstes Erscheinen. Ich hatte das bestimmte Gefühl, dass sie bald kommen würde. Als sie kam, sprach ich sie mit ausgesuchter Höflichkeit an und versuchte, sie in ein Gespräch zu ziehen. Ich habe ja eine gute Erziehung genossen, habe auch gute Manieren. Hm! Da merkte ich sofort, wie gut und sanft sie war. Die Guten und Sanften widerstreben nicht lange. Wenn sie auch nicht gleich offenherzig werden, so verstehen sie es doch nicht, einem Gespräch auszuweichen. Sie sind wortkarg, antworten kurz, aber sie antworten, und je weiter, desto mehr. Man darf nur selbst dabei nicht müde werden, wenn man bei ihnen etwas erreichen will. Von ihr selbst habe ich natürlich nichts erfahren. Das von der Annonce und alles Übrige erfuhr ich erst viel später. Damals verwendete sie ihre letzten Kopeken auf die Annoncen. Zuerst hieß es noch ganz stolz: »Gouvernante sucht Stelle, auch nach auswärts, Angebote in geschlossenen Briefen …« Später klang es viel bescheidener: »Nimmt jede Stelle, als Lehrerin, Gesellschaftsdame, Haushälterin, Krankenpflegerin, kann auch nähen usw.« Man kennt es ja! Selbstverständlich veränderte sich der Text ganz allmählich; und zuletzt, als sie schon verzweifelte, hieß es sogar: »Ohne Gehalt, gegen freie Station.« Nein, sie fand keine Stelle! Ich beschloss, sie zum letzten Mal auf die Probe zu stellen. Ich nahm plötzlich die letzte Zeitung und zeigte ihr folgende Annonce: »Junge Dame, ohne Anhang, sucht Stelle zu kleinen Kindern, am liebsten bei einem Witwer in mittleren Jahren. Kann auch in der Wirtschaft helfen.«

»Da sehen Sie's, die hat heute früh annonciert und findet bis heute Abend sicher eine Stelle. So muss man eben annoncieren!« Sie wurde wieder rot, in ihren Augen blitzte es auf, sie kehrte mir den Rücken und ging. Das gefiel mir sehr. Ich war übrigens schon damals meiner Sache sicher und fürchtete nichts mehr. Niemand anders würde ihr ihre Zigarrenspitzen abnehmen. Es war übrigens auch mit den Zigarrenspitzen schon zu Ende. Ich hatte mich nicht getäuscht. Am dritten Tag kam sie wieder, ganz bleich und aufgeregt – ich merkte sofort, dass bei ihr zu Hause etwas vorgefallen war; es war auch in der Tat etwas vorgefallen. Ich werde gleich darauf zurückkommen, will zuerst nur noch erzählen, wie es mir damals gelang, ihr zu imponieren und in ihren Augen zu wachsen. Der Entschluss dazu war mir so ganz plötzlich gekommen. Sie brachte mir nämlich dieses Mal ein Heiligenbild – da hängt es noch ... So weit war es mit ihr gekommen ... Ach, hören Sie! Hören Sie! Jetzt fange ich erst mit der Geschichte an; was ich bisher erzählte, war nicht das Richtige. Ich will mich jetzt nämlich an jedes Detail, an jede Kleinigkeit erinnern. Ich will alle meine Gedanken auf einen Punkt konzentrieren, und kann es nicht, denn diese Einzelheiten, diese nebensächlichen Details ...

Es war ein Muttergottesbild. Die Jungfrau mit dem Kind, ein altes Erbstück mit silbervergoldeten Beschlägen; wert ... nun, sechs Rubel war es wert. Ich sehe, sie hängt sehr an dem Bild, versetzt es als Ganzes, mit den Beschlägen. Ich sage ihr: »Lassen Sie doch lieber nur die

Beschläge da, das Bild können Sie gleich wieder mitnehmen, denn ein Heiligenbild zu versetzen, ist ja immerhin, wie soll ich es nur sagen …«

»Ist es Ihnen verboten, Heiligenbilder als Pfand zu nehmen?«

»Nein, verboten ist es nicht, ich meine nur, dass es vielleicht Ihnen selbst …«

»Nehmen Sie also die Beschläge ab.«

»Wissen Sie was, ich werde sie doch nicht abnehmen, sondern das Bild, wie es ist, in meinen Heiligenschrein stellen«, sagte ich nach einer Pause, »zu den anderen Heiligenbildern, unter das Lämpchen (seitdem ich mein Geschäft eröffnet habe, brennt bei mir immer das Lämpchen vor dem Heiligenschrein), und nehmen Sie ganz einfach zehn Rubel.«

»Ich brauche keine zehn Rubel, geben Sie mir nur fünf. Ich werde das Bild ganz bestimmt auslösen.«

»Zehn Rubel wollen Sie also nicht? Das Bild ist so viel wert«, fügte ich hinzu, als ich merkte, dass es in ihren Augen wieder aufblitzte.

Sie erwiderte kein Wort. Ich gab ihr fünf Rubel.

»Verachten Sie niemand. Ich bin ja selbst einmal in solcher Klemme gewesen, habe sogar noch Schlimmeres erlebt, und wenn Sie mich jetzt bei einem solchen Gewerbe sehen, so ist es doch, nach allem, was ich durchgemacht …«

»Sie wollen sich an der Gesellschaft rächen? Nicht wahr?«, unterbrach sie mich plötzlich mit ziemlich spöttischer Miene. Ihr Spott erschien mir aber recht harmlos (d. h. unpersönlich, denn damals hatte sie noch keinen Grund, mich von den anderen zu unterscheiden. In ihrer Bemerkung lag also nichts Verletzendes).

Aha – dachte ich – so eine bist du also! Zeigst deinen Charakter, gehörst also auch zu der neuen Richtung!

»Sehen Sie«, sagte ich halb scherzend und halb geheimnisvoll, »ich bin ein Teil von jener Kraft, die stets das Böse will und stets das Gute schafft.«

Sie blickte schnell mit großer Neugierde, in der etwas Kindliches lag, zu mir auf.

»Warten Sie … Was ist das für ein Ausspruch? Woher haben Sie ihn? Er kommt mir bekannt vor …«

»Zerbrechen Sie sich nicht den Kopf; mit diesen Worten stellt sich Mephistopheles dem Faust vor. Haben Sie den Faust gelesen?«

»Ja … ganz flüchtig …«

»Das heißt, Sie haben ihn gar nicht gelesen. Sie sollten ihn lesen. Ich sehe jetzt auf Ihren Lippen wieder so eine spöttische Falte. Halten Sie mich, bitte, nicht für so geschmacklos, dass ich vor Ihnen, um meine Rolle als Pfandleiher zu beschönigen, etwa als Mephistopheles auftreten will. Ein Pfandleiher bleibt immer Pfandleiher. Das wissen Sie ebenso gut wie ich.«

»Sie kommen mir so sonderbar vor … Ich habe es durchaus nicht so gemeint …«

Sie wollte wohl sagen: »Ich hätte nicht gedacht, dass ich es mit einem so gebildeten Menschen zu tun habe« – sie sagte es aber nicht, dafür wusste ich ganz bestimmt, dass sie es gedacht hatte; meine Bemerkung hatte ihr offenbar gefallen.

»Sehen Sie«, bemerkte ich, »auf jedem Gebiet kann man Gutes tun. Ich spreche natürlich nicht von mir. Was mich betrifft, so tue ich überhaupt nur Böses, allein …«

»Selbstverständlich kann man auf jedem Gebiet Gutes tun«, sagte sie und streifte mich mit einem schnellen, durchdringenden Blick. »Ja, auf jedem Gebiet«, fügte sie plötzlich hinzu.

Oh, wie erinnere ich mich noch an all diese Augenblicke! Ich möchte noch hinzufügen: Wenn diese Jugend, diese liebe Jugend etwas Kluges und Bedeutungsvolles sagen will, so kann man schon vorher in ihren Augen, die gar zu naiv und aufrichtig sind, lesen: »Siehst du, wie klug und wohldurchdacht ich jetzt spreche!« Sie tut es nicht aus Eitelkeit, wie unsereiner; man sieht es ja, dass sie alles, was sie sagt, selbst außerordentlich schätzt, daran glaubt und annimmt, dass wir es ebenso hoch schätzen wie sie. Oh, diese Aufrichtigkeit! Das ist es eben, was uns gefangen nimmt. An ihr war das ganz besonders schön!

Ja, ich weiß es noch, habe nichts vergessen! Als sie gegangen war, fasste ich meinen Entschluss ganz plötzlich. Am gleichen Tag zog ich noch die letzten Erkundigungen ein und erfuhr die »nackte Wahrheit« über ihre gegenwärtigen Verhältnisse. Das meiste von ihrer Vergangenheit wusste ich bereits durch Lukerja, die damals in Stellung bei ihnen war und die ich vor einigen Tagen bestochen hatte. Diese »nackte Wahrheit« war so schrecklich, dass ich gar nicht begreifen kann, wie sie noch überhaupt lachen und sich für die Worte des Mephistopheles interessieren konnte, wenn sie selbst in so schrecklichen Umständen lebte. Ja, diese Jugend! Gerade das dachte ich mir damals von ihr. Ich sagte es mir mit Freude und Stolz, denn ich sah darin auch eine seltene Großmut: »Ich stehe zwar selbst am Rand des Abgrunds, doch die großen Worte Goethes strahlen ewig …« Die Jugend ist eben immer großmütig, selbst da, wo es wenig am Platz ist. Das heißt, ich will ja jetzt gar nicht von der Jugend sprechen. Ich meine nur sie allein. Die Hauptsache ist, dass ich sie schon damals als die Meine betrachtete und an meiner Macht über sie nicht mehr zweifelte. Wissen Sie, es ist ein ganz wunderbares, wollüstiges Gefühl, wenn man nicht mehr zweifelt! …

Doch was erzähle ich da! Wenn ich so fortfahre, werde ich meine Gedanken nie konzentrieren können. Schneller, schneller vorwärts, das sind ja lauter Nebensächlichkeiten, oh Gott!

II
Der Heiratsantrag

Die »nackte Wahrheit«, die ich über sie erfuhr, will ich in wenigen Worten zusammenfassen: Ihre Eltern waren schon vor drei Jahren gestorben, und sie wohnte bei zwei Tanten, recht unordentlichen Frauenzimmern. Wenn ich »unordentlich« sage, ist es eigentlich viel zu mild. Die eine Tante war Witwe und hatte sechs kleine Kinder auf dem Hals; die andere war eine abscheuliche alte Jungfer. Abscheulich waren sie übrigens beide. Der Vater des Mädchens war Beamter gewesen, hatte aber als Schreiber angefangen und besaß daher nur persönlichen und keinen erblichen Adel. Mit einem Wort: Die Verhältnisse waren mir günstig. Denn ich musste in dieser Gesellschaft als ein Wesen aus einer höheren Welt erscheinen. War ich doch einmal Hauptmann bei einem glänzenden Regiment gewesen, besaß den erblichen Adel, war unabhängig usw. Was aber meine Leihkasse anbetrifft, so konnte sie den Tanten nur imponieren. Das Mädchen hatte bei den Tanten drei Jahre als Sklavin gelebt, aber trotzdem Zeit gefunden, irgendein Examen zu bestehen. Sie hatte es bestanden trotz der unbarmherzigen täglichen Arbeit, zu der sie verdammt war. Dies zeugte aber unbedingt von einem Streben nach Höherem und Edlerem! Stellte ich denn noch andere Ansprüche an eine Frau, die ich heiraten sollte? Von mir will ich hier übrigens gar nicht sprechen, zum Teufel mit mir! … Es handelt sich auch gar nicht um mich! – Sie musste die Kinder der Tante unterrichten, nähen und nicht nur Wäsche waschen, sondern auch die Dielen scheuern, und das mit ihrer schwachen Brust! Die Tanten misshandelten sie sogar und warfen ihr jeden Bissen Brot vor. Zu guter Letzt wollten sie sie einfach verhandeln. Pfui! Ich will hier die schmutzigen Einzelheiten lieber übergehen. Später hat sie es mir selbst ausführlich erzählt. Das alles beobachtete ein ganzes Jahr lang ein dicker Krämer aus der Nachbarschaft; es war kein gewöhnlicher Krämer, sondern einer mit zwei Kolonialwarengeschäften. Er hatte bereits zwei Frauen unter die Erde gebracht und suchte gerade die dritte. So hatte er sein Auge auf sie geworfen. Er sagte sich wohl: »Sie ist so still, in Armut aufgewachsen, ich aber heirate nur wegen meiner mutterlosen Kinder.« Er hatte auch wirklich Kinder. Kurz und gut – er machte sich an die Tanten heran und freite um sie. Er war aber schon in den Fünfzigern; selbstverständlich war sie entsetzt. Eben um diese Zeit fing sie an, ihre Sachen bei mir zu versetzen, um mit dem Geld die Annoncen zu bezahlen. Schließlich bat sie die Tanten, ihr nur noch eine Spanne Zeit zum Nachdenken zu lassen. Die Tanten gewährten ihr diese Spanne, eine zweite wollten sie ihr aber nicht gewähren. Sie setzten ihr noch mehr als je zu: »Wir haben selbst nichts zu beißen und sollen dich miternähren!«

Als ich an jenem Morgen meinen Entschluss fasste, war mir das alles schon bekannt. Am Abend des gleichen Tages war der Kaufmann zu ihr ins Haus gekommen und hatte ein Pfund Konfekt, so eine Tüte für fünfzig Kopeken, aus seinem Laden mitgebracht. Während er also bei ihr saß, rief ich Lukerja aus der Küche und sagte ihr, sie solle zum Fräulein gehen und ihr zuflüstern, dass ich draußen vor dem Tor stehe und ihr etwas Dringendes zu sagen hätte. Ich war mit mir sehr zufrieden. Und überhaupt war ich an diesem Tag außerordentlich zufrieden.

Sie kam vor das Tor und war ganz erstaunt, dass ich sie hatte rufen lassen. Ohne viele Umschweife erklärte ich ihr in Lukerjas Gegenwart, dass ich es für ein Glück und für eine Ehre halten würde usw. Zweitens: Sie möchte sich nicht darüber wundern, dass ich es so ganz unvermittelt und dazu noch vor dem Tor abmachen wolle. Ich sei eben ein gerader und offener Mensch und hätte die Verhältnisse genau studiert. Das von der Offenheit meines Charakters war nicht einmal gelogen. Nun, das ist doch nebensächlich. Ich sprach zu ihr nicht nur höchst anständig, wie es einem wohlerzogenen Menschen geziemt, sondern auch, was besonders wichtig war, recht originell. Ist es denn Sünde, wenn ich es offen bekenne? Ich will mich selbst richten und tue es auch. Ich muss pro und kontra reden und rede so. Auch nachher habe ich mich dessen oft mit gewisser Genugtuung erinnert, obwohl es eigentlich recht dumm ist. Ich erklärte ihr unumwunden, ohne jegliche Verwirrung, dass ich erstens nicht besonders begabt, nicht besonders klug, vielleicht auch nicht besonders gut, eigentlich ein recht billiger Egoist sei (ich erinnere mich ganz genau an diesen Ausdruck, den ich mir auf dem Weg zu ihr zurechtgelegt hatte und der mir damals besonders gut gefiel), und dass ich vielleicht auch in manchen anderen Beziehungen wenig Angenehmes an mir hätte. Ich sagte das alles nicht ohne Stolz; man weiß ja, wie man von solchen Dingen zu sprechen pflegt. Selbstverständlich hatte ich so viel Geschmack, dass ich nach der Aufzählung aller meiner Fehler nicht auch noch von meinen Vorzügen zu sprechen begann, etwa in der Form: »Dafür habe ich die und die Vorzüge.« Obwohl ich sah, dass es ihr noch recht bange zumute war, wollte ich doch nichts beschönigen; sogar im Gegenteil: Ich malte alles in besonders düsteren Farben aus. Ich sagte ihr geradeaus, dass sie bei mir zwar immer satt werden würde, aber an Toiletten, Theater und Bälle nicht einmal denken dürfe; höchstens später einmal, wenn ich mein Ziel erreicht hätte. Dieser strenge Ton riss mich förmlich hin. Ich fügte noch hinzu, ebenfalls so nebenbei, dass ich mich mit meinem Gewerbe, d. h.

mit dem Pfandleihgeschäft, nur darum befasse, weil ich dabei ein bestimmtes Ziel verfolge, und dass hier noch ein ganz besonderer Umstand mit im Spiel sei … Ich hatte ja ein Recht, so zu sprechen. Ich verfolgte ja damals wirklich so ein Ziel, und es war ja auch wirklich so ein gewisser Umstand dabei. Ich will es Ihnen offen sagen, meine Herren: Ich selbst habe ja meine Leihkasse am meisten gehasst. Wenn es auch lächerlich ist, in einem Gespräch mit sich selbst solche geheimnisvollen Phrasen zu gebrauchen, muss ich doch sagen, dass ich tatsächlich »Rache an der Gesellschaft« nahm; das ist wahr, wirklich wahr! Sie hatte also Unrecht gehabt, als sie an jenem Morgen über diese meine »Rache an der Gesellschaft« ironisierte. Das heißt, sehen Sie, wenn ich es ihr mit diesen Worten gesagt hätte: »Ja, ich nehme Rache an der Gesellschaft«, so hätte sie mir wieder ins Gesicht gelacht, wie sie am Morgen gelacht hatte, so wäre es wirklich lächerlich gewesen. Doch durch eine indirekte Anspielung, durch die geheimnisvolle Phrase war es mir wirklich gelungen, ihrer Einbildung zu imponieren. Außerdem hatte ich damals nichts mehr zu befürchten, denn ich wusste ja, dass der dicke Krämer in jedem Fall abstoßender war als ich, und dass ich, der ich sie vor dem Tor erwartete, ihr wie ein Befreier erscheinen musste. Ich war mir ja darüber ganz klar. Wenn der Mensch eine Gemeinheit tut, ist er sich darüber immer klar! War es aber auch wirklich eine Gemeinheit? Darf man einen Menschen für so etwas richten? Habe ich sie denn nicht schon damals geliebt?

Warten Sie: Selbstverständlich ließ ich kein Wort darüber fallen, dass ich ihr mit meinem Antrag eine Wohltat erweise; sogar im Gegenteil: »Sie erweisen mir eine Wohltat, und ich nicht Ihnen.« Ich sprach es sogar wörtlich so aus, was vielleicht etwas ungeschickt ausfiel, denn ich bemerkte eine flüchtige Falte auf ihrem Gesicht.

Doch im großen Ganzen hatte ich das Spiel gewonnen. Warten Sie: Wenn ich schon von diesem Schmutz sprechen soll, so will ich auch die letzte Schweinerei nicht verschweigen. Während ich so vor ihr stand, regte sich in mir plötzlich der Gedanke: Du bist schlank, gut gewachsen, wohlerzogen und schließlich, offen gesagt, ein schöner Mann. Das ging mir so durch den Kopf. Selbstverständlich gab sie mir noch unten vor dem Tor ihr Jawort, doch … doch ich muss hinzufügen: Dort unten vor dem Tor dachte sie erst lange nach, ehe sie mir das Jawort gab. Sie dachte so lange, so unendlich lange nach, dass ich sie sogar fragen wollte: »Na, wie meinen Sie?« Ja, ich habe mich sogar nicht enthalten können und sie tatsächlich mit gewisser Überlegenheit gefragt: »Na, wie meinen Sie?« Ich kann mich noch gut auf dieses »Na« besinnen.

»Warten Sie, ich überlege es mir noch.«

Sie machte dabei ein so ernstes Gesicht, ein Gesicht, dass ich darin schon damals alles hätte lesen können! Fühlte mich aber etwas gekränkt. »Schwankt sie denn wirklich«, fragte ich mich, »zwischen mir und dem Krämer?« Damals begriff ich es noch nicht! Nichts, gar nichts begriff ich damals! Bis auf den heutigen Tag habe ich nichts begriffen! Ich weiß noch, wie Lukerja mir nachgelaufen kam, mich auf der Straße anhielt und ganz außer Atem sagte: »Gott wird es Ihnen lohnen, Herr, dass Sie unser liebes Fräulein nehmen, aber sagen Sie ihr das nicht wieder, denn sie ist so stolz.«

Sie ist also stolz. Gut! Ich bevorzuge sogar die Stolzen. Die Stolzen sind sogar besonders schön, wenn … nun, wenn man an seiner Macht über sie nicht mehr zweifeln kann. Was sagen Sie dazu? Oh, ich niedriger, ungeschickter Mensch! Wie froh war ich darüber! Wissen Sie: Während sie vor dem Tor stand und sich überlegte, ob sie mir ihr Jawort geben solle, und ich mich darüber wunderte, dass sie so viel Zeit dazu brauchte, wissen Sie, da hätte ihr ja leicht der Gedanke kommen können: »Wenn ich schon einmal in dieser unglücklichen Lage bin, so wäre es vielleicht besser, von den beiden Übeln das größere zu wählen, d. h. den dicken Krämer. Dieser wird mich wenigstens in der Trunkenheit bald totprügeln!« Wie? Glauben Sie nicht auch, dass ihr dieser Gedanke hätte kommen können?

Ich verstehe aber auch jetzt nichts, ganz und gar nichts! Ich habe erst eben gesagt, dass dieser Gedanke ihr hätte leicht kommen können: »Soll ich nicht von den beiden Übeln das größere wählen, d. h. den Krämer?« Wer war aber das größere Übel – ich oder der Krämer? Der Krämer oder der Pfandleiher, welcher Goethe zitiert? Das ist ja noch eine Frage! Was für eine Frage? Auch das verstehst du nicht einmal. Die Antwort liegt vor dir auf dem Tisch, du aber sagst, es sei noch eine Frage! Zum Teufel mit mir! Es handelt sich gar nicht um mich … Was geht es mich jetzt übrigens an, ob es sich um mich oder nicht um mich handelt? Das kann ich schon gar nicht entscheiden. Das Beste ist, ich lege mich schlafen. Mein Kopf tut mir so weh …

III
Bin der edelste Mensch, glaube aber selbst nicht daran

Konnte nicht einschlafen. Wie sollte ich es auch, wenn es mir unaufhörlich im Kopf hämmert? Ich will mir ja alles klären, diesen ganzen Schmutz klären. Oh, dieser Schmutz! Aus welchem Schmutz habe ich sie da herausziehen müssen! Sie musste das doch einsehen und meine Handlungsweise zu schätzen wissen! Auch verschiedene andere Gedanken verschafften mir Genuss, z. B.

dass ich einundvierzig war, und sie kaum sechzehn. Dieses Gefühl der Ungleichheit nahm mich ganz gefangen; es war ein so süßes, wollüstiges Gefühl.

Ich wollte z. B. die Hochzeit nach englischer Manier machen, d.h. ganz ohne Gäste mit nur zwei Zeugen, von denen Lukerja der eine sein sollte, und gleich nach der Trauung in den Zug steigen; irgendwohin, z. B. nach Moskau (wo ich sogar zufällig geschäftlich zu tun hatte) reisen und uns für etwa vierzehn Tage in einem Hotel einmieten. Sie wollte es aber nicht haben, ging darauf nicht ein, und so musste ich die Tanten besuchen, sie mit großer Ehrfurcht wie Anverwandte behandeln, und in aller Form um ihre Hand anhalten. Ich tat ihr den Gefallen und gab den Tanten, was den Tanten gebührt. Ich schenkte sogar diesen Kreaturen je hundert Rubel und versprach, noch mehr zu schenken. Sie durfte natürlich davon nichts erfahren, denn das Hässliche an der Sache würde sie kränken. Die Tanten wurden sofort weich wie Butter. Dann gab es noch einen Streit wegen der Aussteuer; sie hatte nichts, buchstäblich nichts, wollte aber auch nichts haben. Mir gelang es jedoch, ihr zu beweisen, dass es ohne Aussteuer nicht ginge, also kaufte ich ihr die Aussteuer – wer hätte sie ihr denn sonst kaufen können? Doch zum Teufel mit mir. Es gelang mir, ihr noch während der Brautzeit einige von meinen Ansichten und Absichten klarzumachen, damit sie wisse, woran sie sei. Vielleicht war es auch eine Übereilung. Die Hauptsache aber war, dass sie mir schon gleich im Anfang, wie sehr sie sich auch zusammennahm, sozusagen in die Arme flog. Sooft ich abends ins Haus kam, empfing sie mich ganz begeistert, erzählte mir mit ihrer kindlichen Stimme (oh das bezaubernde Lallen der Unschuld!) von ihrer Kindheit und Jugend, von ihrem Elternhaus, von Vater und Mutter. Ich dämpfte aber ihre Ekstase sofort mit einem kalten Wasserstrahl. Darin bestand eben mein ganzer Plan. Ihr Entzücken beantwortete ich mit Schweigen, mit einem zwar wohlwollenden Schweigen, aus dem sie aber leicht hätte schließen können, dass ich ein ganz anderer Mensch als sie und eigentlich ein Rätsel sei. Auf das Letztere pochte ich ganz besonders! Vielleicht hatte ich den ganzen Brei nur darum eingebrockt, um als ein Rätsel erscheinen zu können! Die Hauptsache war Strenge. Strenge war der erste Eindruck, den ich bei ihr erwecken wollte. Mit einem Wort: Schon damals, als ich mit mir so sehr zufrieden war, hatte ich mir ein ganzes System aufgebaut. Dieses System entwickelte sich in meinem Geist ganz von selbst, ohne die geringste Anstrengung meinerseits. Ich konnte auch gar nicht anders. Ich *musste* schon aus einem gewissen, durchaus unabwendbaren Grund dieses System haben … Warum soll ich mich denn verleumden! Das System war jedenfalls richtig. Nein, hören Sie nur: Wenn Sie schon einmal einen Menschen richten, so müssen Sie doch die ganze Sachlage kennen … Hören Sie also weiter.

Wie soll ich es nur sagen? Es ist nämlich gar nicht so leicht. Wenn ich nur anfange, mich zu rechtfertigen, stoße ich gleich auf Schwierigkeiten. Sehen Sie: Die Jugend verachtet z. B. das Geld; ich verlegte aber sofort das Schwergewicht auf das Geld. Ich machte es mit solchem Nachdruck, dass sie immer schweigsamer wurde. Sie sah mich groß an, hörte mir zu und verstummte. Sehen Sie: Die Jugend ist großmütig, ich meine die gute Jugend. Sie ist großmütig und zu schnellen Entschlüssen geneigt, dafür aber wenig tolerant. Alles, was ihr nicht passt, straft sie mit Verachtung. Ich wollte ihr aber diese Unduldsamkeit austreiben, wollte ihr ganz entgegengesetzte Ansichten, einen weiten, alles begreifenden Blick anerziehen, sozusagen einimpfen. Sie verstehen doch, was ich damit sagen will? Ich will es an einem ganz einfachen Beispiel zeigen. Wie sollte ich z. B. einem solchen Wesen meine Leihkasse erklären? Natürlich brachte ich die Rede nicht so unvermittelt darauf, denn so hätte ich den Anschein erwecken können, als ob ich sie wegen der Kasse um Verzeihung bitten wollte. Ich spielte vielmehr den Stolzen und sprach zu ihr schweigend. Darauf verstehe ich mich aber ausgezeichnet. Mein Leben lang habe ich immer schweigend gesprochen, habe auch innere Tragödien schweigend erlebt. War ich ja doch auch einmal unglücklich gewesen! Alle hatten mich verstoßen, verworfen und vergessen, und kein Mensch wusste etwas davon! Dieser sechzehnjährige Fratz schnappte aber plötzlich von gemeinen Menschen gewisse Einzelheiten über mein Vorleben auf und glaubte alles zu wissen, während das Wichtigste in meiner Brust verborgen war. Solange ich mit ihr lebte, schwieg ich immer, und schwieg so vielsagend; ich schwieg bis zum gestrigen Tag. Weshalb schwieg ich denn nur? Ja, ich war eben der stolze Mensch. Ich wollte, dass sie mich selbst, ohne meine Hilfe und nicht aus den Berichten gemeiner Menschen kennenlernte, dass sie mich ergründete und mein Rätsel löste. Wenn ich sie schon einmal in mein Haus aufnahm, so sollte sie mir volle Achtung entgegenbringen. Ich wollte, dass sie mich mit gefalteten Händen anbetete für alle meine Leiden. Und ich war es wirklich wert! Oh, ich war immer stolz und wollte immer entweder alles oder gar nichts! Eben aus diesem Grund, weil ich mich nicht mit einem halben Glück begnügen kann, sondern nach dem ganzen strebe, musste ich damals so handeln. Ich sagte ihr gleichsam: »Du sollst selbst alles erraten und mich dann schätzen lernen!« Sie werden es mir doch zugeben, dass, wenn ich ihr selbst alles erklärt und vorgesagt hätte, wenn ich vor ihr Finten machen wollte, um ihre Achtung zu erlangen, so wäre es doch dasselbe, wie wenn ich sie um ein Almosen anflehte … Übrigens … übrigens, warum rede ich noch davon?

Dumm, dumm, dumm, furchtbar dumm! Ich habe ihr damals in zwei Worten ohne Umschweife und erbarmungslos (ich betone, dass es erbarmungslos war) erklärt, dass die jugendliche Großmut zwar reizend, doch keinen Heller wert sei. Und warum? Weil sie der Jugend, die sie noch nicht am richtigen Leben erprobt hat, gar zu billig zu stehen kommt; sie gehört eben zu den sogenannten »ersten Eindrücken des Seins«. Wo bleibt diese Großmut, wenn der Ernst des Lebens beginnt? Solche billige Großmut zu zeigen, ist wirklich nicht schwer. Wenn das junge Blut vor Überfluss an Lebenskraft kocht und schäumt und wenn man mit seinem ganzen Wesen nach Schönheit lechzt, ist es sogar kein Kunststück, sein Leben zu opfern. Nein, nehmen Sie dagegen eine schwierige, stille, lautlose und glanzlose Tat der Großmut, die viele Opfer kostet und keinen Tropfen Ruhm einbringt. Denken Sie sich den Fall, dass Sie, ein makelloser Mensch, gegen Verleumdungen zu kämpfen haben und von allen als Schurke behandelt werden, während Sie der ehrlichste Mensch in der Welt sind. Versuchen Sie einmal unter solchen Umständen Großmut zu zeigen! Nein, Sie werden darauf verzichten! Und ich – ich habe mein ganzes Leben lang das Kreuz einer solchen Tat getragen.

Anfangs widersprach sie mir, und noch wie! Dann aber wurde sie allmählich stiller und war schließlich ganz verstummt, sah mich nur mit ihren merkwürdig großen Augen erstaunt an und hörte mir aufmerksam zu … Außerdem … ja, außerdem bemerkte ich ein Lächeln, ein misstrauisches, stummes, nichts Gutes verheißendes Lächeln auf ihrem Gesicht. Und mit diesem Lächeln trat sie in mein Haus. Aber es ist ja wahr, wohin hätte sie denn sonst gehen können? …

IV
Lauter Pläne und Pläne

Ja, wer von uns beiden fing damals zuerst an? Keiner. Es begann ganz von selbst, vom ersten Schritt. Ich habe eben gesagt, dass ich sie vom ersten Tag an mit großer Strenge behandeln wollte; ich milderte aber diese Strenge gleich am ersten Tag. Als sie noch Braut war, hatte ich ihr erklärt, dass sie in meinem Geschäft arbeiten, also Pfänder annehmen und Geld herausgeben würde, worauf sie mir damals nichts erwiderte (wollen Sie sich, bitte, diesen Umstand genau merken!). Und noch mehr als das, sie machte sich an die Sache sogar mit großem Eifer. Meine Wohnung und Einrichtung blieben, versteht sich, unverändert. Die Wohnung bestand aus zwei Zimmern. Das eine war ein großer Saal, von dem ein Teil als Geschäftslokal abgeteilt war, und das andere diente uns als gemeinsames Wohn- und Schlafzimmer. Die Möbel waren recht ärmlich, selbst die Tanten besaßen eine schönere Einrichtung. Mein Heiligenschrein mit dem Lämpchen hängt im Saal hinter dem Verschlag, wo sich die Kasse befindet, in meinem Zimmer habe ich meinen Schrank, in dem ich auch einige Bücher verwahre, und meinen Koffer – die Schlüssel trage ich immer bei mir –, dann gibt es noch ein Bett, einige Stühle, Tische und was man sonst noch hat. Als sie noch Braut war, hatte ich ihr erklärt, dass ich ihr für unsere Beköstigung, d. h. für mich, sie und Lukerja, die ich mit übernommen hatte, täglich einen Rubel und keine Kopeke mehr geben würde: »Ich muss in den nächsten drei Jahren«, sagte ich ihr, »dreißigtausend Rubel ersparen, und das ist nur bei der größten Einschränkung möglich.« Sie widersprach nicht, aber ich erhöhte aus eignem Antrieb die Summe um dreißig Kopeken täglich. Ebenso war es mit dem Theater. Ich hatte ihr ja erklärt, dass sie auf alle Vergnügungen verzichten müsste, änderte aber diesen Beschluss dahin ab, dass ich versprach, mit ihr doch einmal im Monat ins Theater zu gehen und sogar standesgemäß im Parkett zu sitzen. Wir waren auch tatsächlich dreimal zusammen da. Wir sahen: »Die Jagd nach dem Glück«, »Pericola« und, wenn ich mich recht erinnere … zum Teufel, zum Teufel damit! Schweigend gingen wir hin und kehrten schweigend wieder heim. Warum, ja warum schwiegen wir so von Anfang an? In der ersten Zeit gab es ja gar keine Zwistigkeiten, nur Schweigen. Sie blickte mich oft so eigentümlich an. Als ich dies bemerkte, schwieg ich noch hartnäckiger als je. Allerdings hatte ich dieses Schweigen eingeführt, und nicht sie. Sie hatte sogar ein- oder zweimal versucht, diesem Zustand ein Ende zu machen, indem sie mir leidenschaftlich um den Hals fiel. Da aber diese Ausbrüche von Leidenschaft krankhaft und hysterisch waren, ich aber nach einem dauerhaften und gesunden Glück strebte, so blieb ich in solchen Fällen kühl. Hatte auch Recht: Nach solchen Szenen gab es immer am nächsten Tag Streit.

D. h. Streit gab es eigentlich nicht, es gab nur noch ein hartnäckigeres Schweigen und – immer frechere Blicke ihrerseits. »Aufruhr und Unabhängigkeit!« – das war ihr System, doch sie machte es schlecht. Ja, dieses sanfte Gesicht wurde von Tag zu Tag trotziger. Glauben Sie es mir, ich begann ihr Ekel einzuflößen, habe es genau studiert. Aber dass sie zuweilen außer sich geriet, das war außer jedem Zweifel. Wie konnte sie, die ich aus solchem Schmutz und solcher Armut herausgezogen, die noch vor Kurzem Dielen gescheuert hatte, wie konnte sie z. B. über unsere Armut die Nase rümpfen? Denn sehen Sie, es war keine Armut, es war nur Sparsamkeit. Dort, wo es am Platz war, wurde bei uns sogar ein gewisser Luxus getrieben: so z. B. mit der Wäsche, mit der Reinlichkeit. Ich war auch früher stets der Ansicht, dass der Mann eine Frau am leichtesten fesselt, wenn er reinlich ist. Sie empörte sich übrigens weniger gegen die Armut als gegen meine Sparsamkeit, die sie für übertrieben hielt: »Ja, er spricht immer von einem Ziel, das er verfolgt, zeigt einen festen Charakter.« Auf das Theater verzichtete sie plötzlich ganz von selbst. Und immer öfter zeigte sich die spöttische Falte an ihrem Mund … Und ich schwieg immer hartnäckiger und hartnäckiger.

Ich werde mich doch nicht rechtfertigen wollen!? Der wunde Punkt war eben die Leihkasse. Gestatten Sie nur: Ich wusste sehr gut, dass eine Frau, und dazu noch solch ein sechzehnjähriges Ding, gar nicht umhin kann, sich dem Mann völlig unterzuordnen. Denn die Frauen haben nichts Originelles an sich, das ist ein Axiom. Auch jetzt, auch jetzt noch halte ich es für ein Axiom! Ist denn das, was dort auf dem Tisch liegt, ein Gegenbeweis? Wahrheit bleibt immer wahr, dagegen kann selbst Mill nichts machen! Und die liebende Frau, oh, die liebende Frau! – die vergöttert sogar die Laster und die größten Schandtaten des geliebten Mannes. Er selbst kann seine Schandtaten nie so geschickt rechtfertigen, wie sie es für ihn tut. Das ist großmütig, doch nicht originell. Die Frauen gehen eben an dieser Unoriginalität zugrunde. Und was weisen Sie mir schon wieder auf den Tisch hin? Was soll das beweisen? Ist etwa das, was dort auf dem Tisch liegt, originell? Ach Gott!

Hören Sie: Ich hatte damals keinen Grund, an ihrer Liebe zu zweifeln. Fiel sie mir doch sooft um den Hals. Folglich liebte sie mich, wollte mich jedenfalls lieben. Ja, das war es eben: Sie *wollte* mich lieben, sie gab sich Mühe, mich zu lieben. Es lagen ja auch gar keine Schandtaten meinerseits vor, für die sie eine Rechtfertigung hätte suchen müssen, und das ist doch sehr wesentlich! Sie sagen, ich bin ein Pfandleiher, und alle sagen dasselbe. Was ist denn dabei? Es muss doch seinen Grund gehabt haben, dass der großmütigste Mensch zum Pfandleiher geworden ist. Denn sehen Sie, es gibt Ideen … d. h. wenn man manche Idee in Worte kleidet und laut ausspricht, so klingt sie furchtbar dumm. So dumm, dass man sich selbst ihrer schämt. Und warum? Darum. Weil wir alle so schlecht sind, dass wir die Wahrheit gar nicht vertragen können; einen andern Grund wüsste ich wirklich nicht. Ich sagte soeben: »Der großmütigste Mensch.« Das klingt lächerlich, ist aber wahr, ist die allerwahrste Wahrheit! Ja, ich hatte damals *das Recht*, mir meine Zukunft sichern zu wollen, folglich auch diese Leihkasse zu gründen. »Sie, d. h. nicht Sie, sondern die Menschen haben mich verstoßen, haben mich mit verächtlichem Schweigen aus ihrer Gemeinschaft gejagt. Meinen leidenschaftlichen Drang zu ihnen haben sie mit Beleidigungen für mein ganzes Leben beantwortet. Also habe ich das Recht, mich durch eine Mauer von ihnen abzusondern, mir diese dreißigtausend Rubel zu ersparen und mein Leben irgendwo in der Krim am Meeresstrand, zwischen Bergen und Weingärten, auf meinem eigenen Gut, das ich mir für die dreißigtausend Rubel kaufen will, zu beschließen. Vor allen Dingen aber ferne von allen, doch ohne Hass gegen sie, mit meinem Ideal in der Brust, an der Seite einer geliebten Frau und von Kindern umgeben, wenn Gott uns solche schenken wolle, zu leben und dabei den notleidenden Bauern der Gegend nach Kräften behilflich zu sein.« – Ich darf es ja jetzt, wo ich zu mir spreche, laut sagen. Was hätte es aber Dümmeres geben können, als wenn ich es ihr damals so ausgemalt hätte? Daher kam eben mein stolzes Schweigen, daher lebten wir stumm nebeneinander. Was hätte sie auch davon verstehen können? Wie hätte sie mit ihren sechzehn Jahren, »im Lenz des Lebens«, meine Leiden und meine

Rechtfertigungen begreifen können? Auf der einen Seite – übertriebene Offenheit, völlige Unkenntnis des Lebens, billige, jugendliche Überzeugungen, die Kurzsichtigkeit einer »Schönen Seele«, auf der anderen Seite – die Leihkasse; und diese gab den Ausschlag. (War ich denn übrigens ein Bösewicht? Hatte sie denn nicht gesehen, dass ich das Geschäft ehrlich führte und niemand übervorteilte?) Wie schrecklich ist doch die Wahrheit auf Erden! Dieses reizende Wesen, diese Sanfte, dieser Himmel voller Seligkeit – war mein Tyrann, der unerträgliche Marterer meiner Seele! Ich würde mich ja selbst verleumden, wenn ich das verschweigen wollte! Sie glauben vielleicht, dass ich sie nicht geliebt habe? Wer darf da behaupten, dass ich sie nicht liebte? Sehen Sie, das war eine Ironie, eine boshafte Ironie des Schicksals und der Natur! Wir sind alle verflucht, das Leben aller Menschen ist ein Fluch! (Und mein Leben erst recht!) Jetzt sehe ich ja vollkommen ein, dass ich irgendeinen Fehler gemacht habe! Irgendwie muss ich mich verrechnet haben. Mein Plan war ja so klar wie die Sonne: »Streng, stolz, bedarf keines moralischen Trotzes, ziehe es vor, meine Leiden schweigend zu tragen.« So war es ja auch, ich habe nicht gelogen, wirklich nicht gelogen! »Sie wird später selbst einmal begreifen, wie großmütig ich war, und sich sagen, dass sie meine Großmut verkannt hatte. Und wenn ihr dies einmal zum Bewusstsein kommt, wird sie mich zehnfach schätzen, vor mir in den Staub sinken und mich mit gefalteten Händen anbeten.« Das war eben mein Plan. Irgendetwas hat aber darin nicht gestimmt. Irgendetwas habe ich nicht zu tun verstanden. Doch genug, genug davon! Wen soll ich jetzt um Verzeihung bitten? Hin ist hin. Mensch, sei stolz und selbstbewusst! Nicht du bist daran schuld! … Nun, ich will die Wahrheit sagen, ich fürchte mich nicht, der Wahrheit ins Gesicht zu schauen. *Sie* ist an allem schuld, nur *sie*! …

V
Die Sanfte revoltiert

Die Zwistigkeiten begannen damit, dass es ihr plötzlich einfiel, die Pfänder, die man uns brachte, nach ihrem Gutdünken und oft über den eigentlichen Wert hinaus einzuschätzen; ein- oder zweimal ließ sie sich sogar herab, mit mir über dieses Thema zu streiten. Ich ließ mich aber nicht umstimmen. Da musste mir der Teufel diese Hauptmannswitwe schicken.

Die alte Hauptmannswitwe brachte ein Medaillon, ein Geschenk ihres verstorbenen Mannes, selbstverständlich »ein teueres Andenken«. Ich gab ihr darauf dreißig Rubel. Sie begann zu jammern und zu bitten, man möchte ihr den Gegenstand ja gut aufbewahren, sie wolle ihn unbedingt auslösen. Selbstverständlich versprach ich ihr es. Kurz und gut, nach fünf Tagen kam sie wieder und bat, man möchte ihr das Medaillon gegen ein Armband, das höchstens acht Rubel wert war, umtauschen. Selbstverständlich ging ich auf den Tausch nicht ein. Wahrscheinlich hatte sie schon damals etwas in den Augen meiner Frau gelesen, denn nach einigen Tagen kam sie wieder – ich war gerade nicht zu Hause – und meine Frau tauschte ihr das Medaillon um.

Ich erfuhr davon noch am selben Tag und sprach mit ihr darüber sanft, aber fest und vernünftig. Sie saß auf dem Bett, blickte zu Boden und spielte mit der rechten Fußspitze auf dem Teppich (es war ihre charakteristische Angewohnheit). Ein Lächeln, das nichts Gutes verhieß, spielte auf ihren Lippen; da erklärte ich ihr, ohne meine Stimme zu erheben, dass es sich um *mein* Geld handle und dass ich das Recht hätte, das Leben mit *meinen* Augen zu betrachten, und dass ich, als ich sie in mein Haus geführt, vor ihr nichts verheimlicht hätte.

Plötzlich sprang sie, am ganzen Körper zitternd, auf und begann – was glauben Sie wohl – wie wahnsinnig mit den Füßen zu stampfen. Sie war in diesem Augenblick wie ein Tier, es war wie ein Anfall von Raserei, sie war wie ein rasendes Tier. Ich war starr vor Staunen; einen solchen Auftritt hätte ich von ihr nie erwartet. Verlor aber nicht die Selbstbeherrschung, zuckte mit keiner Wimper und erklärte ihr mit derselben ruhigen Stimme wie vorhin, dass ich sie der weiteren Mitarbeit an meinem Geschäft enthebe. Sie lachte mir laut ins Gesicht und verließ die Wohnung.

Sie hatte aber gar kein Recht, die Wohnung zu verlassen: So war es noch während der Brautzeit zwischen uns abgemacht. Gegen Abend kehrte sie heim; ich sagte kein Wort.

Am nächsten Tag ging sie gleich am frühen Morgen weg, am übernächsten wieder. Ich schloss das Geschäft und begab mich zu den Tanten. Mit den Tanten hatte ich seit der Hochzeit nicht mehr verkehrt. Weder ließ ich sie über meine Schwelle, noch gingen wir zu ihnen. Es stellte sich heraus, dass sie gar nicht bei ihnen gewesen war. Die Tanten hörten mir interessiert zu und lachten mich aus: »Geschieht Ihnen recht!« Auf solchen Hohn war ich aber gefasst. Bei dieser Gelegenheit bestach ich die jüngere Tante, die unverheiratete, mit fünfundzwanzig Rubeln und versprach ihr noch weitere fünfundsiebzig. Nach zwei Tagen kam sie zu mir und meldete: »Hier ist ein Offizier, der Leutnant Jefimowitsch, Ihr früherer Regimentskamerad, im Spiel.« Ich war sehr erstaunt. Dieser Jefimowitsch hatte mir im Regiment am meisten geschadet. Vor einem Monat war der unverschämte Mensch unter dem Vorwand, etwas versetzen zu wollen, bei mir gewesen und hatte, ich weiß es noch genau, versucht, mit meiner Frau anzubandeln. Ich war damals an ihn herangetreten und hatte ihm bedeutet, er solle mit Rücksicht auf unsere früheren Beziehungen sich nie wieder unterstehen, über meine Schwelle zu treten. Dabei hatte ich mir aber nichts Besonderes gedacht, hielt ihn einfach für einen frechen Kerl. Da teilte mir aber die Tante mit, dass meine Frau mit ihm sogar schon ein Stelldichein verabredet hätte und dass eine frühere Bekannte der Tanten, eine gewisse Julia Ssamssonowna, eine Witwe, und dazu noch eine Oberstenwitwe, die ganze Sache deichsle. »Zu diesem Frauenzimmer geht Ihre Frau.«

Ich will das Bild abkürzen. Die Sache kostete mich im Ganzen etwa dreihundert Rubel, dafür war ich aber nach zwei Tagen so weit, dass mir die Möglichkeit gegeben wurde, während des Stelldicheins meiner Frau mit Jefimowitsch im Nebenzimmer hinter einer angelehnten Tür zu stehen und das erste Zwiegespräch, das die beiden unter vier Augen hatten, zu belauschen. Am Abend vorher gab es noch zwischen uns eine kurze, für mich aber allzu bedeutsame Szene.

Sie kam wieder gegen Abend heim, setzte sich aufs Bett, sah mich spöttisch an und begann wieder mit dem Füßchen auf dem Teppich zu spielen. Wie ich sie so ansah, kam es mir plötzlich zum Bewusstsein, dass sie in diesem letzten Monat, oder richtiger in den letzten vierzehn Tagen, nicht ihr gewöhnliches Wesen, nein, ein ganz fremdes, dem ihrigen entgegengesetztes Wesen gezeigt hatte. Sie war plötzlich ein ganz wildes, aggressives, ich will nicht sagen schamloses, jedenfalls aber zügelloses Geschöpf geworden, das sich nach Stürmen sehnte, sie sogar förmlich heraufbeschwor. Dabei war ihr aber ihre natürliche Sanftmut im Weg. Wenn solch ein sanftes Geschöpf zu revoltieren anfängt und sogar jedes Maß überschreitet, kann man ihm doch immer ansehen, dass es sich dabei selbst Gewalt antut und die ihm angeborene Keuschheit und Scham unmöglich ganz unterdrücken kann. Daher überschreiten solche Naturen so leicht alle Grenzen, dass man seinen Augen gar nicht traut. Dagegen wird sich eine von Natur aus verderbte Seele bei solchen Anlässen immer im Zaum zu halten wissen. Sie macht es hässlicher, doch mit erheucheltem Anstand, und maßt sich an, Ihnen damit überlegen zu sein.

»Ist es wahr, dass man Sie aus dem Regiment fortgejagt hat, weil Sie aus Feigheit einem Duell ausgewichen sind?«, fragte sie mich plötzlich mit blitzenden Augen.

»Ja, es ist wahr. Das Ehrengericht hatte mich aufgefordert, aus dem Regiment auszutreten, obwohl ich schon vorher um meinen Abschied eingekommen war.«

»Man hat Sie doch als Feigling fortgejagt?«

»Ja, so hieß es im Urteilsspruch. Ich hatte aber das Duell nicht aus Feigheit ausgeschlagen, sondern weil ich mich dem tyrannischen Urteil nicht unterwerfen wollte. Ich sollte nämlich jemand fordern, der mich gar nicht beleidigt hatte. Sie müssen wissen, dass die Auflehnung gegen solche Tyrannei und die Bereitschaft, alle Folgen dieser Auflehnung auf sich zu nehmen, einen viel größeren Mut bedeutete als jeder Zweikampf.«

Ich hatte mich eben nicht beherrschen können, und meine letzten Worte klangen wie der Versuch einer Rechtfertigung. Sie schien aber nur darauf gewartet zu haben, um über mich in meiner Erniedrigung lachen zu können.

»Ist es wahr, dass Sie sich dann drei Jahre lang wie ein Vagabund in den Straßen Petersburgs herumgetrieben haben, die Leute um zehn Kopeken angebettelt und sogar manchmal unter Billardtischen übernachtet haben?«

»Ich will noch mehr sagen: Ich habe sogar oft im Nachtasyl am Heumarkt übernachtet. Ja, es ist wahr. Nachdem ich das Regiment verlassen hatte, habe ich viel Schmach erlebt und bin tief gesunken, doch nie moralisch gesunken, denn ich selbst hasste am meisten meine Handlungen. Es war bloß ein Nachlassen meines Willens und meines Verstandes, hervorgerufen durch meine verzweifelte Lage. Nun habe ich das alles hinter mir …«

»Ja, jetzt sind Sie ja eine Persönlichkeit, ein Kapitalist!«

Es war offenbar eine Anspielung auf die Pfandkasse. Ich hatte aber meine Selbstbeherrschung wiedergewonnen. Ich sah, dass sie noch weitere erniedrigende Erklärungen von mir erwartete, tat ihr aber nicht den Gefallen. Wie gerufen klingelte in diesem Augenblick ein Kunde, und ich ging ins andere Zimmer. Später, nach einer Stunde, als sie schon zum Ausgehen angekleidet war, trat sie plötzlich vor mich hin und sagte:

»Warum haben Sie mir aber vor der Hochzeit kein Wort davon gesagt?«

Ich gab ihr keine Antwort, und sie ging fort.

Am nächsten Tag stand ich also in jenem Nebenzimmer hinter der Tür und hörte zu, wie sich mein Schicksal entschied; in der Tasche hatte ich meinen Revolver. Sie war etwas eleganter als gewöhnlich gekleidet und saß am Tisch, während Jefimowitsch sich anstrengte, im schönsten Licht zu erscheinen. Und was glauben Sie? Es kam genau so (zu meiner Ehre sei es gesagt!), es kam genau so, wie ich es unbewusst vorausgeahnt und vorausgesehen hatte. Ich weiß nicht, ob ich mich klar genug ausdrücke.

Es kam so. Ich hörte eine geschlagene Stunde zu, und eine geschlagene Stunde währte der Zweikampf zwischen einer überaus edlen und erhabenen Frau und einem verdorbenen, stumpfen Kerl, einem Salonmenschen mit niedriger Gesinnung. Und woher, fragte ich mich ganz bestürzt, woher hat nur dieses naive, sanfte, sonst so schweigsame Geschöpf alle diese Worte und Kenntnisse her? Selbst der geistreichste Lustspieldichter hätte diese Szene voller Hohn und heiliger Verachtung, die die Tugend für das Laster hat, nicht erfinden können. Wie viel Geistesblitze waren in allen ihren Worten und Bemerkungen, wie scharfsinnig waren ihre raschen Antworten, wie wahr und gerecht alle ihre Urteile? Und zugleich diese mädchenhafte Naivität! Sie lachte ihm über seine Liebeserklärungen, Gesten und Anträge ins Gesicht. Er war offenbar mit der Absicht gekommen, die Sache gleich roh anzupacken, und hatte solchen Widerstand nicht erwartet. Nun stand er wie ein begossener Pudel da. Anfangs hätte ich ja glauben können, dass es ihrerseits nur Koketterie wäre, »die Koketterie eines verderbten, aber geistreichen Geschöpfes, das auf diese Weise begehrlicher erscheinen will«. Aber nein: Die Wahrheit erstrahlte klar wie die Sonne, und alle Zweifel mussten weichen. Nur aus Hass gegen mich, in den sie sich selbst hineingeredet hatte, hatte sie sich in ihrer Unerfahrenheit zu diesem Stelldichein bewegen lassen. Als sie aber vor der Tatsache stand, gingen ihr plötzlich die Augen auf. Sie hatte in ihrer Herzensunruhe nach einer Möglichkeit gesucht, mich irgendwie, um jeden Preis zu beleidigen, und doch schreckte sie im entscheidenden Augenblick vor dem Schmutz zurück. Wie hätte auch dieser Jefimowitsch oder jemand seinesgleichen sie, die Sündenlose und Reine, die ihr Ideal im Herzen hatte, verführen können? Im Gegenteil, er rief bei ihr nur Gelächter hervor. Die ganze Wahrhaftigkeit ihres Wesens kam zum Durchbruch, und ihr Widerwille äußerte sich in Sarkasmus. Wie gesagt, dieser Hanswurst stand schließlich wie ein begossener Pudel da, war ganz kleinlaut geworden, sodass ich fürchtete, er könnte sie aus niedriger Rachsucht beleidigen. Und es sei nochmals zu meiner Ehre gesagt: Ich hörte dieser Szene fast ohne Erstaunen zu. Ich hatte gleichsam etwas mir Wohlbekanntes wiedergefunden, war nur deswegen hingegangen, um es wiederzufinden. Als ich hinging, glaubte ich im Grunde an keine der Beschuldigungen, obgleich ich mir auch den Revolver eingesteckt hatte. Das ist die ganze Wahrheit! Hätte ich von ihr überhaupt etwas anderes erwarten können? Hätte ich sie sonst geliebt, geschätzt, geheiratet? Oh, ich sah, wie sehr sie mich hasste, sah aber auch zugleich, wie unverdorben sie war. Ich machte der Szene plötzlich ein Ende, indem ich die Tür öffnete. Jefimowitsch sprang auf. Ich nahm sie bei der Hand und forderte sie auf, mit mir zu gehen. Jefimowitsch fand seine Fassung bald wieder und lachte laut auf.

»Oh, gegen die geheiligten Rechte des Gatten kann ich nichts machen, führen Sie sie nur fort! – Und wissen Sie«, rief er mir nach, »obwohl sich ein anständiger Mensch mit Ihnen nicht schlagen kann, stehe ich doch, aus Achtung für die Dame, zu Ihrer Verfügung. Wenn Sie es nur riskieren …«

»Sie hören?!«, sagte ich ihr, sie einen Augenblick auf der Schwelle zurückhaltend.

Auf dem Weg nach Hause sprach keiner von uns ein Wort. Ich führte sie am Arm, und sie ließ sich von mir führen. Sie war sogar furchtbar bestürzt und blieb es auch, als wir die Wohnung erreichten. Sie setzte sich auf einen Stuhl und heftete auf mich ihren starren Blick. Sie war ungewöhnlich bleich. Auf ihren Lippen spielte zwar ein spöttisches Lächeln, sie sah mich aber seltsam feierlich und herausfordernd an und schien ernsthaft daran zu glauben, dass ich sie sofort mit dem Revolver niederschießen würde. Ich nahm den Revolver schweigend aus der Tasche und legte ihn auf den Tisch. Sie blickte jetzt abwechselnd auf die Waffe und auf mich. (Beachten Sie, bitte, folgenden Umstand: Dieser Revolver war ihr schon bekannt. Ich hatte ihn mir noch bei der Eröffnung meiner Leihkasse angeschafft, und er war immer geladen. Als ich das Geschäft gründete, beschloss ich, mir weder große Hunde noch einen starken Diener, wie ihn z. B. Moser hat, zu halten. Denn bei mir öffnet die Köchin die Tür. Ein Leihkassenbesitzer darf aber doch nicht ganz auf Selbstschutz verzichten, daher hatte ich den geladenen Revolver. Sie zeigte schon gleich im Anfang Interesse für den Revolver, und ich musste ihr das System und die Handhabung erklären. Ich überredete sie sogar einmal, mit dieser Waffe nach einem Ziel zu schießen. Ich bitte Sie, dies alles zu beachten.) Ohne ihren verstörten Blicken weitere Beachtung zu schenken, legte ich mich halb angekleidet ins Bett. Ich fühlte mich sehr matt, auch war es schon elf Uhr geworden. Sie blieb noch etwa eine Stunde regungslos auf ihrem Stuhl sitzen. Dann löschte sie das Licht aus und legte sich, gleichfalls angekleidet, auf den Diwan, der an der Wand stand. Das war das erste Mal, dass sie sich nicht zu mir ins Bett legte. Wollen Sie sich, bitte, auch diesen Umstand merken …

VI
Eine schreckliche Erinnerung

Nun diese schreckliche Erinnerung …

Ich erwachte am Morgen so zwischen sieben und acht Uhr, als es im Zimmer schon fast hell war. Ich erwachte mit einem Ruck bei vollem Bewusstsein und schlug sofort die Augen auf. Sie stand vor dem Tisch und hielt den Revolver. Sie merkte nicht, dass ich wach war und sie beobachtete. Plötzlich sehe ich, wie sie mit dem Revolver in der Hand auf mich zugeht. Ich schloss rasch die Augen und stellte mich schlafend.

Sie kam an mein Bett und beugte sich über mich. Ich hörte jede ihrer Bewegungen. Es herrschte eine

Totenstille, und ich hörte diese Stille. Etwas durchzuckte mich, und ich schlug plötzlich, ganz gegen meinen Willen, die Augen auf. Sie blickte mir gerade in die Augen, und der Revolver war schon dicht an meiner Schläfe. Unsere Blicke begegneten sich. Wir sahen einander nur einen Bruchteil einer Sekunde an. Ich nahm meine ganze Seelenkraft zusammen und zwang mich, die Augen wieder zu schließen und sie nicht wieder zu öffnen, mich überhaupt nicht zu rühren, geschehe, was da wolle.

Es kommt ja auch wirklich vor, dass ein fest schlafender Mensch plötzlich die Augen aufreißt, sogar seinen Kopf für einen Augenblick hebt und sich im Zimmer umsieht, dann aber wieder bewusstlos in die Kissen sinkt und einschläft, ohne sich später an den ganzen Vorgang zu erinnern. Als ich, nachdem sich unsere Blicke getroffen und ich den Revolver an meiner Schläfe gefühlt hatte, meine Augen plötzlich wieder schloss und regungslos wie ein Schlafender dalag, konnte sie wirklich annehmen, dass ich schliefe und nichts gesehen hätte, umso mehr, als es doch ganz unwahrscheinlich erscheinen musste, dass einer, der das gesehen, was ich gesehen, in einem solchen Augenblick die Augen wieder geschlossen hätte.

Ja, es war durchaus unwahrscheinlich. Sie hätte aber auch die Wahrheit erraten können; auch das durchzuckte mein Hirn in diesem selben Augenblick. Welch ein Sturm von Gedanken und Empfindungen raste in diesem kurzen Augenblick in meinem Geist! Es lebe die Elektrizität des menschlichen Gedankens! In diesem Fall (sagte ich mir), wenn sie die Wahrheit erraten hat und weiß, dass ich nicht schlafe, muss ich sie schon durch meine Bereitschaft, den Tod hinzunehmen, entwaffnet haben, und ihre Hand wird den Hahn nicht abdrücken können. Ihre frühere Entschlossenheit könnte ja an diesem unerwarteten Eindruck zerschellen. Es scheint mir, dass einer, der am Rand eines Abgrunds steht, sich von diesem Abgrund angezogen fühlt. Ich glaube, dass viele Selbstmorde und Morde nur darum verübt worden sind, weil der Täter bereits den Revolver in der Hand hatte. Das ist ja auch so ein Abgrund, ein Abhang von 45 Grad, den man hinabgleiten muss, und etwas zwingt einen, den Hahn abzudrücken. Nur das Bewusstsein, dass ich alles gesehen, alles weiß und schweigend den Tod von ihrer Hand erwartete, hätte sie noch auf der steilen Fläche aushalten können.

Die Stille dauerte fort, und plötzlich fühlte ich an meiner Schläfe, an meinen Haaren die kalte Berührung des Eisens. Ich will Ihnen, wie vor Gott, bekennen: Ich hatte gar keine Hoffnung, und meine Chancen verhielten sich wie eins zu hundert. Warum ich dann den Tod so ruhig hinnahm? Darauf werde ich Sie fragen: Was für einen Wert hatte für mich noch das Leben, nachdem das von mir vergötterte Wesen den Revolver gegen mich erhoben hatte? Außerdem fühlte ich mit der ganzen Kraft meiner Seele, dass zwischen uns in diesem Augenblick ein Kampf entbrannt war, ein schrecklicher Zweikampf auf Leben und Tod, zwischen ihr und dem gestrigen Feigling, den seine Kameraden wegen Feigheit aus dem Regiment hinausgejagt hatten. Ich wusste das, und auch sie musste das wissen, wenn sie nur erraten hatte, dass ich nicht schlief.

Vielleicht habe ich in jenem Augenblick diese Gedanken gar nicht gehabt, vielleicht kommt es mir jetzt nur so vor, aber so hätte es sich doch notwendig abspielen müssen, wenn auch ohne Gedanken. Denn in meinem ganzen ferneren Leben habe ich nichts anderes getan, als in jeder Stunde daran gedacht.

Sie werden mich wieder fragen: Warum habe ich sie nicht vom Verbrechen zurückzuhalten gesucht? Ja, ich habe mir diese Frage später selbst tausendmal vorgelegt, jedes Mal, wenn ich mit einem kalten Schauer im Rücken an diesen Augenblick zurückdachte. Aber meine Seele befand sich damals in finsterster Verzweiflung. Ich ging zugrunde, ging selbst zugrunde, wie hätte ich da überhaupt noch eine andere Seele retten können? Und warum glauben Sie, dass ich damals überhaupt noch hätte jemand retten wollen? Wer kann wissen, was ich in jenen Augenblicken gefühlt habe?

Mein Bewusstsein war aber wach, es siedete förmlich in mir, die Sekunden verstrichen, und die Totenstille dauerte fort. Sie stand noch immer über mich gebeugt – und plötzlich durchzuckte mich ein Hoffnungsstrahl! Ich öffnete schnell die Augen. Sie war nicht mehr im Zimmer. Ich stand auf; ich hatte gesiegt, und sie war für immer besiegt!

Ich ging ins andere Zimmer zum Teetisch. Der Samowar wurde bei uns immer im ersten Zimmer gereicht, und sie pflegte selbst den Tee einzuschenken. Ich setzte mich schweigend an den Tisch, und sie reichte mir mein Glas. Nach etwa fünf Minuten sah ich sie an. Sie war entsetzlich bleich, noch bleicher als gestern, und sah mich unverwandt an. Und plötzlich, plötzlich, als sie merkte, dass ich sie ansah, huschte über ihre bleichen Lippen ein mattes Lächeln, und in ihren Augen regte sich eine bange Frage. »Folglich zweifelte sie noch immer und fragt sich: Weiß er's, oder weiß er's nicht? Hat er's gesehen oder nicht?« Ich blickte gleichgültig zur Seite.

Nach dem Frühstück schloss ich die Kasse, ging auf den Markt und kaufte eine eiserne Bettstelle und eine spanische Wand. Nach Hause zurückgekehrt, ließ ich das Bett mit der spanischen Wand im ersten Zimmer aufstellen.

Das Bett war für sie bestimmt, ich sagte ihr aber kein Wort davon. Auch ohne Worte begriff sie durch dieses

Bett, dass »ich alles gesehen habe und alles weiß« und dass sie darüber nicht mehr zweifeln dürfe. Abends ließ ich den Revolver wie gewöhnlich auf dem Tisch liegen. Sie legte sich schweigend in ihr neues Bett. Unsere Ehe war getrennt. – Sie war besiegt, doch nicht freigesprochen. In der Nacht begann sie zu fantasieren, und am Morgen hatte sie Nervenfieber. Sechs Wochen blieb sie liegen.

VII
EIN STOLZER TRAUM

Lukerja hat mir soeben erklärt, dass sie bei mir nicht länger bleiben wolle und gleich nach der Beerdigung der Gnädigen, fortgehen werde. Ich habe soeben fünf Minuten lang auf den Knien gebetet, obwohl ich ursprünglich die Absicht hatte, eine ganze Stunde lang zu beten. Ich muss immer denken und denken. In meinem kranken Kopf regen sich nur kranke Gedanken – das Beten wäre ja Sünde! Es ist auch merkwürdig, dass ich keine Schläfrigkeit fühle. Bei großem, allzu großem Schmerz, wenn die ersten heftigen Ausbrüche vorbei sind, will man sonst immer schlafen. Das ist ja auch ganz natürlich, sonst würden ja die Kräfte nicht ausreichen … Ich legte mich auf den Diwan, blieb aber wach …

… Sechs Wochen lang pflegten wir sie Tag und Nacht: ich, Lukerja und die gelernte Pflegerin aus dem Spital, die ich engagiert hatte. Ich sparte kein Geld, hatte sogar den Wunsch, für sie möglichst viel auszugeben. Ich ließ sie von Doktor Schröder behandeln und zahlte ihm zehn Rubel für jeden Besuch. Als sie das Bewusstsein wiedererlangt hatte, gab ich mir Mühe, ihr möglichst wenig unter die Augen zu treten. Warum spreche ich jetzt übrigens davon? Als sie das Bett verließ, setzte sie sich schweigend an einen besonderen Tisch, der in meinem Zimmer stand und den ich um jene Zeit für sie angeschafft hatte ... Ja, es ist wahr, wir schwiegen beide, d.h. wir fingen sogar später zu sprechen an, doch nur über ganz gleichgültige Dinge. Ich gab mir absichtlich Mühe, möglichst wenig zu sprechen, merkte aber sehr genau, dass sie sehr froh war, kein übriges Wort sagen zu müssen. Das erschien mir sogar sehr natürlich: »Sie ist zu sehr erschüttert, zu sehr besiegt«, sagte ich mir, »und ich muss ihr Zeit lassen, zu vergessen und sich einzuleben.« So schwiegen wir beide, ich bereitete mich aber in Gedanken jeden Augenblick auf die Zukunft vor. Ich hatte den Eindruck, dass auch sie mit den gleichen Gedanken beschäftigt war. Ich versuchte oft zu erraten, woran sie im betreffenden Augenblick denken könnte.

Ich will noch Folgendes sagen: Natürlich kann sich kein Mensch vorstellen, was ich während ihrer Krankheit durchgemacht habe. Ich stöhnte aber nur in mich hinein und verbarg sogar vor Lukerja manchen Seufzer. Ich konnte mir gar nicht vorstellen, konnte es gar nicht fassen, dass sie sterben werde, ohne alles erfahren zu haben. Als aber die Gefahr vorüber war und sie sich zu erholen begann, beruhigte ich mich, ich weiß es noch genau, ungewöhnlich schnell. Und noch mehr als das: Ich beschloss, *unsere Zukunft möglichst weit hinauszuschieben* und alles, solange es noch geht, im alten Geleis zu belassen. Ja, da geschah mit mir etwas ganz Merkwürdiges und Besonderes, ich kann es nicht anders nennen. Ich hatte den Sieg davongetragen, und es stellte sich heraus, dass schon der bloße Gedanke daran mir vollkommen genügte. So verging der ganze Winter. Ich war zufrieden wie noch nie, und dieser Zustand hielt den ganzen Winter an.

Denn sehen Sie: In meinem Leben gab es einen furchtbaren, durchaus äußeren Umstand, der mich bis dahin, d. h. bis zur Katastrophe mit meiner Frau, Tag und Nacht, jede Stunde und Minute bedrückt hatte. Ich meine die Entehrung und Ausstoßung aus dem Regiment. Kurz: Mir war eine tyrannische Ungerechtigkeit widerfahren. Allerdings war ich wegen meines unverträglichen und vielleicht auch etwas lächerlichen Charakters wenig beliebt, obgleich es oft vorkommt, dass das, was einem erhaben erscheint, was er als sein Heiligstes im Herzen bewahrt und schätzt, seiner Umgebung aus irgendeinem Grund lächerlich erscheint. Selbst in der Schule hat man mich niemals geliebt. Ich war immer und überall unbeliebt. Auch Lukerja kann mich nicht lieben. Doch der Fall im Regiment trug einen durchaus zufälligen Charakter, wenn er auch in gewisser Hinsicht die Folge meiner Unbeliebtheit war. Ich erwähne es nur, weil es nichts Bedrückenderes und Unerträglicheres geben kann, als durch einen Zufall zugrunde zu gehen, durch einen Zufall, der ebenso gut auch nicht hätte sein können, durch eine unglückliche Verkettung von Umständen, die sich ebenso gut wie eine Wolke hätte verziehen können. Für einen intelligenten Menschen ist das ganz besonders erniedrigend. Der Fall lag so:

Es war im Theater. In einer Pause ging ich ans Büfett. Der Husarenoffizier A., der plötzlich am Büfett erschien, erklärte in Gegenwart aller anwesenden Offiziere und des Publikums, im Gespräch mit zwei anderen Husaren, dass der Hauptmann unseres Regiments, Besumzew, soeben im Korridor Skandal gemacht hätte und wahrscheinlich betrunken sei. Weiter wurde darüber nicht gesprochen, denn A. hatte sich geirrt: Besumzew war gar nicht betrunken, und der Skandal war eigentlich kein Skandal. Die Husaren brachten das Gespräch auf andere Dinge, und damit schien die Sache erledigt. Doch am nächsten Tag erfuhr man von der Geschichte in unserem Regiment, und gleich hieß es, dass ich, der einzige Offizier unseres Regiments, der dabei gewesen, den Husaren, der sich verletzend über unseren Hauptmann Besumzew geäußert hatte, nicht zur Rede gestellt hätte. Warum hätte ich es auch tun sollen? Wenn er etwas gegen Besumzew hatte, so war es doch eine persönliche Angelegenheit zwischen den beiden; warum hätte ich mich da einmischen sollen? Doch unsere Offiziere fanden, dass die Angelegenheit durchaus keine persönliche wäre, sondern das ganze Regiment beträfe. Da ich aber als einziger Vertreter des Regiments zugegen gewesen, so hätte ich dadurch allen am Büfett anwesenden Offizieren und dem Publikum gezeigt, dass es in unserem Regiment Offiziere gäbe, die in Bezug auf ihre persönliche Ehre und die Ehre des Regiments wenig empfindlich seien. Ich konnte mich dieser Auffassung nicht anschließen. Man gab mir zu verstehen, dass ich alles gutmachen könnte, wenn ich mich noch nachträglich mit A. auseinandersetzen wollte. Ich wollte es aber nicht tun. Ich war aufs Höchste gereizt, und meine Weigerung klang sehr bestimmt und stolz. Gleich darauf reichte ich mein Abschiedsgesuch ein. Das ist die ganze Geschichte. Ich verließ das Regiment mit stolz erhobenem Kopf, war aber innerlich gebrochen. Meine Willenskraft und meine geistigen Kräfte waren auf einmal wie gelähmt. Da traf es sich noch, dass mein Schwager in Moskau unser ganzes Vermögen, und somit auch meinen Teil, eine allerdings nicht sehr große Summe, durchgebracht hatte. So blieb ich ohne einen Heller auf der Straße. Ich hätte ja eine Privatstelle nehmen können, tat es aber nicht. Ich konnte nicht den glänzenden Offiziersrock mit der Uniform eines Eisenbahners vertauschen. Wenn schon sinken, dann tief sinken, wenn schon Schande, dann die allergrößte Schande. Je schlimmer, desto besser: Das war meine Wahl. Nun kamen die drei Jahre, an die ich mich heute noch mit Grauen erinnere. Auch die Erinnerung an das Nachtasyl am Heumarkt gehört dazu. Vor eineinhalb Jahren starb in Moskau meine reiche alte Pate und hinterließ mir, wie den anderen Taufkindern, dreitausend Rubel. Dies entschied mein Schicksal. Ich entschloss mich, eine Leihkasse zu gründen und von ihr zu leben, ohne mich vor den Menschen erniedrigen zu müssen. So würde ich mir Geld erwerben, dann ein eigenes Heim gründen und ein neues Leben fern von alten Erinnerungen beginnen. Das war mein Plan. Dennoch quälten mich die Gedanken an meine dunkle Vergangenheit und die für immer verlorene Ehre jede Stunde und jede Minute. Um diese Zeit heiratete ich. Ob es ein Zufall war oder nicht – kann ich wirklich nicht sagen. Jedenfalls glaubte ich, als ich sie in mein Haus führte, in ihr einen Freund gewonnen zu haben. Einen Freund brauchte ich aber notwendiger als irgendetwas. Zugleich wusste ich schon damals, dass ich mir diesen Freund erst werde vorbereiten, erziehen und sogar besiegen müssen. Hätte ich denn dieser Sechzehnjährigen, die noch alle Vorurteile ihres Alters hatte, überhaupt etwas erklären können? Wie hätte ich sie z.B. ohne die zufällige Hilfe der Katastrophe mit dem Revolver überzeugen können, dass ich kein Feigling bin und dass das gegen mich ergangene Urteil der Regimentskameraden ungerecht war? Die Katastrophe kam gerade zur rechten Zeit. Indem ich dem gegen mich gerichteten Revolver standhielt, rächte ich meine ganze finstere Vergangenheit, und wenn es auch kein anderer Mensch erfuhr, so erfuhr es doch *sie*. Das bedeutete für mich alles, denn sie selbst war mein alles, die ganze Hoffnung meiner Zukunft! Sie war der einzige

Mensch, den ich an meiner Seite haben wollte. Ich wollte sie mir zu einem Freund erziehen, und eines anderen Menschen bedurfte ich nicht. Nun hatte sie die Wahrheit erfahren. Sie hatte jedenfalls eingesehen, dass sie schlecht und voreilig gehandelt hatte, als sie zu meinen Feinden überging. Dieser Gedanke entzückte mich. In ihren Augen konnte ich nicht mehr als gemeiner, höchstens noch als sonderbarer Mensch dastehen, und sogar das Letztere durfte mir, nach allem, was geschehen, gar nicht so unangenehm sein. Sonderbarkeit ist kein Laster, eher etwas, was den weiblichen Charakter zuweilen anzieht. Kurz und gut, ich bemühte mich, die Lösung der Sache möglichst hinauszuschieben, denn das, was geschehen, genügte mir vorläufig vollkommen zu meiner Beruhigung und gab eine Menge von Bildern und Material für meine Träume. Das ist eben das Gemeine, dass ich ein Träumer bin. Mir genügte das Material, von ihr aber dachte ich, dass sie noch warten könne.

So verging der Winter in ständiger Spannung und Erwartung. Ich liebte es, sie heimlich zu beobachten, wenn sie vor ihrem Tischchen saß. Sie machte irgendeine Handarbeit, flickte Wäsche, las auch manchmal abends die Bücher, die sie in meinem Schrank fand. Auch die Auswahl der Bücher, die ich besaß, musste wohl zu meinen Gunsten sprechen. Sie verließ fast nie das Haus. Täglich nach dem Essen führte ich sie in der Dämmerstunde ein wenig aus, doch während dieser kurzen Spaziergänge schwiegen wir beide ganz wie früher. Ich bemühte mich, so zu tun, als ob wir nicht schwiegen, sondern uns freundschaftlichst unterhielten, doch, wie gesagt, vermieden wir beide wie auf Verabredung überflüssige Worte. Ich tat es mit Absicht, um ihr Zeit zu lassen. Etwas ist allerdings sonderbar. Während des ganzen Winters fiel es mir kein einziges Mal auf, dass sie mich fast nie eines Blickes würdigte, während ich sie doch so gerne heimlich beobachtete. Ich glaubte, es sei ihre Schüchternheit. Denn nach der Krankheit schien sie so schüchtern, sanft und kraftlos. »Nein, warte nur«, sagte ich mir immer, »sie wird einmal plötzlich selbst zu dir kommen.«

Dieser Gedanke entzückte mich, und ich konnte ihm nicht widerstehen. Ich will dem noch hinzufügen, dass ich mich zuweilen selbst aufhetzte und meinen Geist und meinen Verstand so weit brachte, dass sich in mir so etwas wie ein feindseliges Gefühl gegen sie regte. So ging es eine geraume Zeit. Doch dieses Gefühl vermochte nicht, in meiner Seele Wurzeln zu fassen und zu einem Hass gegen sie zu reifen. Ich fühlte auch selbst, dass es eigentlich ein Spiel war. Selbst damals, als ich das Bett und die spanische Wand kaufte und auf diese Weise unsere eheliche Gemeinschaft zerriss, habe ich sie nicht ernsthaft für eine Verbrecherin halten können. Und dies nicht etwa, weil ich ihr Verbrechen leichtsinnig beurteilt hätte, sondern weil ich gleich am ersten Tag, noch bevor das Bett angeschafft war, die Absicht hatte, ihr gänzlich zu verzeihen. Es war mit einem Wort nur eine Laune von mir, denn sonst habe ich strenge moralische Anschauungen. Im Gegenteil: Sie war in meinen Augen so sehr besiegt, erdrückt, vernichtet, dass ich mit ihr manchmal Mitleid hatte, obwohl ich gestehen muss, dass der Gedanke an ihre Erniedrigung mir sogar gewisse Genugtuung verschaffte. Es war eben der Gedanke an unsere Ungleichheit, der mich so reizte …

In diesem Winter beging ich absichtlich einige gute Taten. Ich schenkte zwei Schuldnern die Schuld und gab einer armen Frau ein Darlehen ganz ohne Pfand.

Meiner Frau sagte ich aber nichts davon, denn ich tat es gar nicht, damit sie es erfahre. Doch die arme Frau kam von selbst und bedankte sich bei mir kniefällig. Auf diese Weise erfuhr sie davon; mir schien sogar, dass sie sich darüber freute.

Da kam der Frühling; es war schon Mitte April, die Winterfenster wurden herausgenommen, und die Sonne warf ihre grellen Strahlen in unsere schweigenden Zimmer. Meine Augen waren noch gleichsam verbunden, und mein Geist war blind. Diese verhängnisvolle, furchtbare Binde vor den Augen! Wie kam es nur, dass sie plötzlich fiel, dass ich plötzlich alles begriff? War es Zufall? Hatte sich die Zeit erfüllt? Oder war es ein Sonnenstrahl, der in meinem stumpf gewordenen Geist plötzlich die Ahnung erweckte? Nein, es war keine plötzlich geweckte Ahnung, sondern das Aufleben einer gewissen Ader, die bis dahin gelähmt war. Sie erbebte plötzlich, lebte auf und erleuchtete meine stumpf gewordene Seele und meinen teuflischen Hochmut. Es geschah so plötzlich und so unerwartet, dass ich, wie von einem Schlag getroffen, auffuhr. Es geschah an einem Abend, so gegen fünf Uhr nachmittags …

VIII
Die Binde fiel

Vorher noch zwei Worte. Noch vor einem Monat war mir ihre eigentümliche Nachdenklichkeit aufgefallen. Es war eben keine Schweigsamkeit mehr, es war Nachdenklichkeit. Das war mir ganz plötzlich aufgefallen. Sie saß damals über eine Näharbeit gebeugt und merkte nicht, dass ich sie beobachtete. Plötzlich fiel es mir auf, wie schmal und mager sie geworden war, wie bleich ihr Gesicht, wie blutleer ihre Lippen waren – dies alles und noch dazu ihre Nachdenklichkeit erschreckten mich mit einem Male ganz außerordentlich. Ich hatte schon früher bemerkt, dass sie manchmal, besonders nachts, so eigentümlich trocken hüstelte. Ich stand gleich auf und eilte, ohne ihr etwas davon zu sagen, zum Doktor Schröder.

Schröder kam am nächsten Tag. Sie war sehr erstaunt und blickte bald auf mich und bald auf den Arzt.

»Ich bin ja vollständig gesund«, sagte sie mit einem rätselhaften Lächeln.

Schröder untersuchte sie nicht besonders eingehend (diese Mediziner sind ja manchmal vor lauter Einbildung etwas nachlässig). Er sagte mir im Nebenzimmer, dass es noch eine Nachwirkung ihrer Krankheit sei und dass es ganz gut wäre, wenn sie in irgendein Seebad oder wenigstens in eine Sommerfrische gehen könnte. Er sagte also eigentlich nichts, außer, dass es Schwäche oder etwas Ähnliches sei. Als Schröder gegangen war, blickte sie mich ungewöhnlich ernst an und sagte plötzlich nochmals:

»Ich bin ja vollständig gesund.«

Kaum hatte sie es gesagt, als sie plötzlich über und über rot wurde, augenscheinlich vor Scham. Ja, es war augenscheinlich Scham. Oh, jetzt begreife ich es. Sie schämte sich darüber, dass ich noch ihr Mann war und für sie sorgte, als ob ich noch ihr wirklicher Mann wäre. Damals begriff ich es aber nicht und schrieb das Erröten ihrer Demut zu. (Ja, ich hatte eben noch die Binde vor den Augen!)

Nach einem Monat, an einem sonnigen Apriltag saß ich also gegen fünf Uhr in meinem Zimmer und machte Kaffee. Sie saß im anderen Zimmer an ihrem Tischchen und nähte. Plötzlich hörte ich, dass sie leise, ganz leise zu singen anfing. Diese neue Wahrnehmung machte auf mich einen geradezu erschütternden Eindruck, den ich auch heute noch nicht recht fassen kann. Bis dahin hatte ich sie fast nie singen gehört, höchstens noch in den ersten Tagen nach der Hochzeit, wo wir noch beide lustig waren, mit dem Revolver ins Ziel schossen usw. Ihre Stimme war damals stark, schön und hell. Sie sang zwar nicht ganz richtig, doch ungemein angenehm. Nun war ihr Liedchen so schwach – ich will nicht sagen, dass es melancholisch gewesen wäre (es war irgendeine Romanze). Ihre Stimme klang aber so, als ob in ihr etwas gesprungen oder gerissen wäre, als ob sie nicht die Kraft hätte, als ob das Liedchen selbst krank wäre. Sie sang ganz leise, und plötzlich, bei einem hohen Ton, brach die Stimme ab – so ein armseliges Stimmchen, es war so jämmerlich, als es abbrechen musste! Sie hüstelte, räusperte sich und begann dann wieder ganz leise und kaum hörbar zu singen …

Man wird wohl über meine Aufregung lachen, doch niemand wird je begreifen können, warum mich diese Aufregung überkam! Nein, es war noch kein Mitleid mit ihr, es war etwas ganz anderes. Zuerst, wenigstens in den ersten Minuten, stand ich dieser neuen Tatsache ganz verständnislos gegenüber. Ich war erstaunt und bestürzt, es war ein unheimliches, seltsames und krankhaftes Gefühl, beinahe etwas wie Rachsucht, das sich in mir regte: »Sie singt und dazu noch in meiner Gegenwart! Hat sie mich etwa vergessen?«

Zuerst blieb ich ganz bestürzt auf meinem Platz sitzen, sprang dann plötzlich auf, nahm meinen Hut und ging, ohne noch recht zu wissen, was ich tun wollte, hinaus. Lukerja reichte mir meinen Mantel.

»Sie singt?«, fragte ich sie unwillkürlich. Lukerja verstand mich nicht und sah mich ganz blöde an; ich war ihr wohl auch wirklich unverständlich.

»Singt sie heute zum ersten Mal?«

»Nein, wenn Sie nicht zu Hause sind, singt sie öfters«, antwortete Lukerja.

Ich kann mich noch genau auf alles besinnen. Ich ging die Treppe hinunter, trat auf die Straße und ging aufs Geratewohl. Ich ging bis zur nächsten Ecke und starrte gerade vor mich hin. Leute gingen vorüber, stießen mich an, ich sah und hörte nichts. Ich rief eine Droschke herbei und sagte dem Kutscher, er solle mich zur Polizeibrücke fahren; warum, weiß ich nicht. Ich gab aber gleich diese Absicht auf und schenkte dem Kutscher zwanzig Kopeken.

»Das ist dafür, dass ich dich umsonst anrief«, sagte ich ihm, indem ich ihm ganz sinnlos und verstört ins Gesicht lachte. In meinem Herzen stieg plötzlich ein unsagbares Wonnegefühl auf.

Ich kehrte um und begab mich mit beschleunigten Schritten nach Hause. In meiner Seele klang wieder der gesprungene, traurige, abgerissene Ton. Mir stockte der Atem. Die Binde fiel, sie fiel von meinen Augen. Wenn sie in meiner Gegenwart zu singen begonnen hatte, so hatte sie mich vergessen – das war es, was ich plötzlich so klar vor Augen sah und was mich so erschreckte. So fühlte mein Herz. Doch das Wonnegefühl erfüllte meine Seele und besiegte die Angst.

Oh die Ironie des Schicksals! Dieses Wonnegefühl war doch in meiner Seele den ganzen Winter über gewesen, etwas anderes als dieses Gefühl hätte in ihr ja gar nicht wohnen können; wo war ich selbst diesen Winter über gewesen? Ob ich überhaupt mit meiner Seele eins gewesen war? Ich lief eilig die Treppe hinauf. Ob ich stürmisch oder schüchtern ins Zimmer trat, weiß ich nicht mehr. Ich weiß nur noch, dass der ganze Fußboden unter mir schwankte, als werde ich von Wellen getragen. Als ich ins Zimmer trat, saß sie noch immer auf ihrem früheren Platz, den Kopf über dic Näharbeit gebeugt; sie sang aber nicht mehr. Sie streifte mich mit einem gleichgültigen Blick. Es war eigentlich kein Blick, sondern eine rein mechanische Geste, so wie wenn irgendein Gleichgültiger ins Zimmer tritt.

Ich ging direkt auf sie zu und setzte mich dicht neben sie. Ich sah wohl wie ein Wahnsinniger aus. Sie warf mir einen schnellen Blick zu und schien erschreckt. Ich ergriff ihre Hand, ich weiß nicht mehr, was ich ihr sagte, d.h. was ich ihr sagen wollte, denn ich konnte ja nicht einmal vernünftig reden. Meine Stimme riss und wollte mir nicht gehorchen. Ich wusste ja auch gar nicht, was ich ihr sagen sollte. So saß ich, um Atem ringend, neben ihr.

»Wollen wir ein wenig sprechen … weißt du … sag doch irgendwas!«, lallte ich plötzlich ganz dumm. Wie hätte ich da auch etwas Vernünftiges sagen können? Sie zuckte wieder zusammen, sah mich an und prallte, außer sich vor Angst, von mir zurück. Plötzlich nahmen ihre Augen den Ausdruck von Strenge und Erstaunen an. Ja, es war ein ganz eigentümliches strenges Erstaunen. Sie sah mich mit großen Augen an. Von dieser Strenge, diesem strengen Erstaunen war ich wie zermalmt. »Du willst noch Liebe? Liebe?«, fragten mich ihre erstaunten Blicke. Sie schwieg, doch ich las in ihrem Blick alles, alles. Alles erzitterte in mir, und ich stürzte zu ihren Füßen. Ja, ich lag wirklich vor ihren Füßen. Sie sprang rasch auf, aber ich hielt sie mit ungewöhnlicher Kraft an beiden Händen fest.

Ich begriff vollkommen meine Verzweiflung, oh, ich begriff sie! Und doch – Sie werden es kaum glauben – und doch war mein Herz von einem so unbeschreiblichen Wonnegefühl erfüllt, dass ich glaubte, es würde brechen. Ganz berauscht küsste ich ihr die Füße. Ja, ich war glücklich, grenzenlos, unendlich glücklich, obwohl ich mir dabei auch meiner Verzweiflung voll bewusst war. Ich weinte, stammelte etwas, konnte aber nichts sagen. Schrecken und Erstaunen wurden bei ihr von einer Besorgnis verdrängt, von einer bangen Frage abgelöst. Sie sah mich so sonderbar, sogar wahnsinnig an, wollte endlich alles begreifen und lächelte. Sie schämte sich sehr, dass ich ihr die Füße küsste, und zog sie immer zurück. Ich küsste aber dann die Stelle, wo ihre Füße gestanden hatten. Sie sah es und begann plötzlich vor Scham zu lachen. (Wissen Sie, wie es klingt, wenn man vor Scham lacht?) Sie bekam einen hysterischen Anfall, ich sah, wie ihre Hände zuckten, doch ich dachte nicht daran und flüsterte in einem fort, dass ich sie liebe, dass ich nicht aufstehen würde: »Lass mich dein Kleid küssen … Lass mich dich mein Leben lang anbeten …« Ich weiß nicht mehr, kann mich auf nichts mehr besinnen – plötzlich schluchzte sie auf und erbebte am ganzen Leib. Es war ein schrecklicher hysterischer Anfall. Ich hatte sie zu sehr erschreckt.

Ich trug sie auf ihr Bett. Als der Anfall vorüber war, setzte sie sich auf, ergriff meine Hände und sagte: »Lassen Sie, quälen Sie sich nicht, beruhigen Sie sich!« Sie war furchtbar traurig, schien ganz vernichtet und weinte in einem fort. Den ganzen Abend ging ich nicht von ihrer Seite. Ich sagte ihr immer, dass ich mit ihr in ein Seebad, nach Boulogne reisen wolle, und zwar sofort, in vierzehn Tagen, dass mir der seltsam gesprungene Ton in ihrer Stimme aufgefallen sei, dass ich die Leihkasse schließen und an Dobronrawow verkaufen würde, dass nun ein neues Leben beginnen würde. Vor allen Dingen aber müssten wir sofort nach Boulogne reisen! Sie hörte mir erschrocken zu. Ihre Angst schien immer zu wachsen. Ich kümmerte mich aber nicht um ihre Angst, hatte nur den einen unbezwingbaren Wunsch, vor ihren Füßen zu liegen, die Stelle auf dem Boden, wo ihre Füße gestanden, zu küssen, zu ihr zu beten. »Ich werde von dir nichts mehr verlangen«, wiederholte ich immer wieder, »du brauchst mir nichts mehr zu antworten, brauchst mich überhaupt nicht mehr zu beachten, lass mich nur auf dich von einem Winkel aus schauen, behandle mich wie dein Eigentum, wie dein Hündchen …« Sie weinte.

»*Und ich hatte schon gedacht, sie würden mich ganz in Ruhe lassen*«, entfuhr es ihr plötzlich ganz unwillkürlich – so unwillkürlich, dass sie vielleicht selbst gar nicht merkte, wie sie es sagte. Und doch war es das Wichtigste, das Verhängnisvollste, was ich von ihr an diesem Abend zu hören bekam, eigentlich das Einzige, was ich vollkommen begriff. Diese Worte durchbohrten mir förmlich das Herz, sie erklärten mir alles! Doch solange ich sie bei mir, vor meinen Augen hatte, gab ich noch immer die Hoffnung nicht auf, war noch immer unsagbar glücklich. Ich hatte sie an diesem Abend furchtbar ermüdet, ich sah es vollkommen ein, glaubte aber immer, dass es mir gleich gelingen würde, alles gutzumachen. Als die Nacht kam, war sie ganz erschöpft. Ich bat sie, sie möchte doch einschlafen, und sie schlief auch wirklich sofort ein. Ich erwartete, dass sie fantasieren würde. Sie fantasierte auch wirklich, doch nicht zu heftig. In der Nacht stand ich jeden Augenblick auf, ging leise in Pantoffeln an ihr Bett und betrachtete sie. Wie ich das arme kranke Wesen auf dem schmalen eisernen Bett, das ich ihr für drei Rubel gekauft hatte, liegen sah, rang ich die Hände. Ich kniete vor ihr nieder, wagte aber nicht, während sie schlief (also gegen ihren Willen!), ihre Füße zu küssen. Ich versuchte zu beten, sprang aber immer gleich wieder auf. Lukerja kam einige Male aus der Küche und sah mich ganz verwundert an. Ich sagte ihr, sie möchte sich endlich hinlegen; morgen würde aber »etwas ganz Neues« beginnen.

Auch ich selbst glaubte blind, wahnsinnig, fanatisch daran. Ich war vor Freude ganz berauscht! Ich wartete nur auf den Morgen. Trotz aller warnenden Symptome glaubte ich nicht an die Möglichkeit eines Unglücks.

Obwohl die Binde gefallen war, hatte ich den gesunden Menschenverstand noch nicht ganz wiedererlangt, und dieser Zustand hielt noch lange an, bis auf den heutigen Tag! Wie hätte ich damals auch vernünftig denken können. Sie war ja noch am Leben, sie lag vor mir, und ich stand vor ihr. »Morgen wird sie erwachen, ich werde ihr alles sagen, und sie wird alles einsehen!« So stellte ich es mir damals vor, so klar und so einfach; und darum war ich auch so berauscht! Am meisten aber berauschte mich der Gedanke an die Reise nach Boulogne. Aus irgendeinem Grund glaubte ich, dass Boulogne die Rettung sei, dass Boulogne alles lösen würde. Mit wahnsinniger Spannung wartete ich auf den Morgen.

IX
Begreife es nur zu gut

Das Ganze war ja erst vor einigen Tagen, vor fünf Tagen, vor nur fünf Tagen, am vergangenen Dienstag! Nein, nein, wenn sie doch nur einen Augenblick gewartet hätte, ich hätte gewiss all die finsteren Wolken zerstreut! Hatte sie sich denn nicht gänzlich beruhigt? Denn am nächsten Tag hörte sie mir schon zu, wenn auch etwas verlegen, so doch mit einem Lächeln auf den Lippen … Die ganze Zeit über, die ganzen fünf Tage war sie verlegen oder sie schämte sich … Es war auch Furcht dabei, sogar große Furcht. Ich will es ja nicht bestreiten, will nicht wie ein Wahnsinniger widersprechen. Sie fürchtete sich vor mir, wie hätte sie sich aber auch nicht fürchten sollen? Wir waren ja seit so langer Zeit einander fremd geworden, hatten uns voneinander so gänzlich entwöhnt, und plötzlich dieser unerwartete Ausbruch … Ich achtete aber nicht auf ihre Furcht, ich war von dem Neuen, das in der Zukunft leuchtete, ganz geblendet! Es ist ja wahr, es ist zweifellos wahr, dass ich da einen Fehler begangen habe. Vielleicht sogar viele Fehler. Gleich am Morgen, als wir beide erwachten, gleich am frühen Morgen (es war am Mittwoch) beging ich einen großen Fehler: Ich wollte sie gleich zu meinem Freund machen. Ich habe mich zu sehr beeilt, habe unüberlegt gehandelt, doch die Beichte war notwendig; es war auch viel mehr als das, was man so Beichte nennt! Ich sagte ihr solche Dinge, die ich auch vor mir mein Leben lang verheimlicht hatte. Ich sagte ihr so gerade heraus, dass ich den ganzen Winter nur daran gedacht hatte, dass sie mich liebte, dass ich an ihrer Liebe überhaupt nicht zweifelte. Ich erklärte ihr, dass die Leihkasse nur eine Folge meiner gesunkenen Willenskraft sei, meine eigene Idee von Selbstgeißelung und Selbstverherrlichung. Ich erklärte ihr, dass ich damals am Büfett tatsächlich wie ein Feigling gehandelt hätte, was meiner übertriebenen Empfindlichkeit zuzuschreiben sei. Die Umgebung, das Publikum am Büfett hätten mich verwirrt. Ich hätte mich gefragt, ob es nicht lächerlich wirken würde, wenn ich so plötzlich vortreten wollte? Ich fürchtete mich nicht vor dem Duell, sondern vor der Möglichkeit, lächerlich zu erscheinen … Später hätte ich es aber nicht eingestehen wollen und mich und alle anderen damit gequält, auch sie hätte ich damals gequält, hätte sie überhaupt nur darum geheiratet, um sie quälen zu können. Ich sprach überhaupt fast die ganze Zeit wie im Fieber. Sie fasste mich sogar an den Händen und bat mich, aufzuhören: »Sie übertreiben … Sie quälen sich …« Und dann begann sie wieder zu weinen und bekam beinahe wieder den Anfall. Sie bat mich in einem fort, ich möchte nicht mehr davon sprechen und überhaupt nicht mehr daran denken.

Ich hörte aber gar nicht oder fast gar nicht auf ihre Bitten. Ich dachte ja an den Frühling, an die Reise nach

Boulogne! Dort strahlte die Sonne, unsere neue Sonne! Nur davon sprach ich zu ihr. Wenn ich die Leihkasse geschlossen und alle Geschäfte Dobronrawow übergeben hätte, wollte ich mein ganzes Vermögen, so sagte ich ihr, an Arme verschenken und mir nur die dreitausend Rubel, die ich einst von meiner Pate bekommen hatte und die mein Grundkapital waren, behalten. Mit diesem Geld würden wir eben die Reise nach Boulogne machen, dann aber nach Hause zurückkehren und ein neues arbeitsvolles Leben beginnen. Dabei blieb es, d. h. sie erwiderte nichts darauf. Sie lächelte nur. Sie lächelte wohl mehr aus Zartgefühl, um mich nicht zu verletzen. Ich sah ja, dass ihr diese Auseinandersetzungen über unsere Zukunft lästig waren. Glauben Sie nur nicht, dass ich so dumm und egoistisch gewesen wäre, dass ich es nicht hätte bemerken können. Ich sah alles haarscharf und wusste alles besser als irgendjemand. Ich war mir ja meiner verzweifelten Lage voll bewusst!

Ich sprach immer von mir und von ihr. Auch von Lukerja. Ich erzählte ihr auch, dass ich geweint hatte … Oh, ich brachte ja die Rede auch auf andere Dinge und bemühte mich, über gewisse Dinge zu schweigen. Mitunter wurde sie sogar lebhafter und hörte mir interessiert zu. Ich kann mich noch so gut daran erinnern! Warum sagen Sie mir, ich sei blind gewesen, hätte in meiner Verblendung nichts gesehen? Wäre nur das eine nicht geschehen, hätte noch alles gut werden können. Erzählte sie mir ja doch vor drei Tagen, was sie in diesem Winter alles gelesen hatte, und lachte so herzlich, als sie sich an die Szene aus dem Gil Blas mit dem Erzbischof von Granada erinnerte. Wie herzlich, wie kindlich klang ihr Lachen! So hatte sie in ihrer Brautzeit gelacht – es war ja nur ein kurzer Augenblick! – wie froh war ich da! Und wie bestürzt! Hatte sie ja doch in diesem Winter noch so viel Gemütsruhe und Glück gefunden, um über diese Szene lachen zu können! Folglich hatte sie sich schon früher etwas beruhigt, hatte wirklich geglaubt, dass ich sie in Ruhe lassen würde. »Ich hatte ja schon gedacht, dass Sie mich ganz in Ruhe lassen würden« – das hatte sie am Dienstag gesagt. Oh, diese Worte sind wirklich eines sechzehnjährigen Mädchens würdig! Sie hatte wirklich geglaubt, dass alles so bleiben würde. Sie an ihrem Tisch und ich an meinem Tisch, und so bis zum sechzigsten Lebensjahr! Und da komme ich daher, mache meine Gattenrechte geltend, und der Gatte braucht Liebe! Oh dieses Missverstehen, oh meine Blindheit!

Es war ja auch ein Fehler, dass ich sie mit so entzückten Augen betrachtete. Ich hätte mich beherrschen sollen, denn mein Entzücken erschreckte sie. Ich nahm mich ja auch wirklich zusammen und küsste ihr nicht mehr die Füße. Kein einziges Mal zeigte ich ihr, dass … nun, dass ich ihr Gatte war – ich dachte überhaupt nicht daran, ich wollte sie ja nur anbeten! Aber ich konnte ja nicht immer schweigen, ich musste doch etwas sprechen! Ich sagte ihr plötzlich, dass mir die Unterhaltung mit ihr großen Genuss bereite, dass ich sie für unvergleichlich gebildeter und geistig entwickelter halte als mich selbst. Sie errötete wieder und sagte verlegen, dass ich übertreibe. Da konnte ich mich schon gar nicht beherrschen und sagte ihr dummerweise, wie entzückt ich neulich gewesen war, als ich, hinter der Tür stehend, ihrem Zweikampf zugehört hatte, dem Zweikampf der Unschuld mit dem rohen Kerl, wie sehr mich ihr feiner Verstand, ihr sprühender Witz und zugleich ihre kindliche Naivität entzückt hätten. Sie zuckte zusammen und stammelte wieder etwas von Übertreibung. Plötzlich wurde aber ihr Gesicht finster, sie bedeckte es mit den Händen und begann zu schluchzen … Nun konnte ich mich schon gar nicht mehr beherrschen. Ich fiel wieder vor ihr hin, begann ihre Füße zu küssen, und wieder folgte darauf ein hysterischer Anfall wie am Dienstag. Das war gestern Abend. Und am nächsten Morgen …

Am nächsten Morgen? Wahnsinniger, dieser Morgen war doch heute, ganz vor Kurzem!

Hören Sie aufmerksam zu: Als wir uns heute früh (also nach dem gestrigen Anfall) am Teetisch trafen, war ich über ihre Ruhe ganz erstaunt … Ja, so war es! Ich hatte aber die ganze Nacht für die Folgen des Gestrigen gefürchtet. Plötzlich tritt sie auf mich zu, stellt sich vor mich hin, faltet die Hände (es ist ja erst heute früh passiert!) und sagt, dass sie eine Verbrecherin sei, dass sie es sehr wohl wisse, dass ihr Verbrechen sie den ganzen Winter gequält hätte und sie noch jetzt quäle … dass sie meine Großmut nur zu gut schätze … »Ich werde Ihnen eine treue Gattin sein, ich werde Sie achten …« Da sprang ich wie wahnsinnig auf und schloss sie in meine Arme! Ich küsste sie, bedeckte mit Küssen ihr Gesicht, küsste ihre Lippen, wie ein Gatte seine Frau nach langer Trennung küsst. Und warum bin ich nur heute weggegangen, wenn auch nur für zwei Stunden … um unsere ausländischen Pässe zu holen? … Oh mein Gott! Wäre ich doch nur um fünf Minuten früher zurückgekommen! … Und nun steht diese Volksmenge vor unserem Haustor, und alle sehen mich so sonderbar an … Oh Gott!

Lukerja sagt – (diese Lukerja will ich jetzt um keinen Preis fortlassen, sie weiß alles, sie war den ganzen Winter dabei, hat alles gesehen, wird mir alles erzählen können) – Lukerja sagt, dass sie, als ich fortgegangen war, also nur etwa zwanzig Minuten vor meiner Rückkehr, zur gnädigen Frau in unser Schlafzimmer hineingegangen war, um etwas, ich weiß nicht mehr was, zu fragen. Da hatte sie gesehen, dass das Heiligenbild (das bewusste Muttergottesbild) aus dem Schrein herausgenommen war und auf dem Tisch stand. Die gnädige

Frau stand aber davor und sah so aus, als ob sie erst eben gebetet hätte. »Was machen Sie da, gnädige Frau?« – »Es ist nichts, Lukerja, geh nur.« – »Wart, Lukerja.« – Sie ging auf sie zu und küsste sie. – »Sind Sie jetzt glücklich, gnädige Frau?« – »Ja, Lukerja.« – »Sie hätten ja schon längst den Herrn um Verzeihung bitten müssen, gnädige Frau … Gott sei Dank, dass Sie sich endlich ausgesöhnt haben.« – »Es ist gut, Lukerja. Geh jetzt, Lukerja.« Bei diesen Worten lächelte sie so sonderbar, dass Lukerja nach zehn Minuten wieder ins Zimmer kam, um nach ihr zu sehen: »Sie steht an die Wand gelehnt und den Kopf in die Hand gestützt. So steht sie nachdenklich da. Und ist so sehr in Gedanken versunken, dass sie gar nicht merkt, dass ich im Nebenzimmer stehe und sie betrachte. Ich sehe, wie sie lächelt. Sie steht da, denkt an etwas und lächelt. Ich beobachtete sie eine Weile, drehte mich dann leise um und ging hinaus; sie kam mir so sonderbar vor. Plötzlich höre ich, dass ein Fenster geöffnet wird. Ich gehe sofort wieder zurück und sage: ›Es ist so frisch draußen, gnädige Frau, dass Sie sich nur nicht erkälten!‹ Und plötzlich sehe ich, wie sie auf das Fensterbrett steigt. Sie steht im offenen Fenster ganz aufgerichtet, mit dem Rücken zu mir, hält in den Händen das Heiligenbild. Das Herz steht mir still, ich schreie: ›Gnädige Frau! Gnädige Frau!‹ Sie hört es, will sich wohl noch zu mir umkehren, kehrt sich aber nicht um, sondern macht einen Schritt nach vorne, drückt sich das Heiligenbild noch fester an die Brust und – stürzt aus dem Fenster!«

Ich weiß nur noch, dass sie, als ich vor dem Haus ankam, noch warm war. Den tiefsten Eindruck machte auf mich, dass alle auf mich sahen. Anfangs schrien sie, plötzlich wurden alle still und machten mir Platz. Da sah ich sie mit dem Heiligenbild liegen. Ich erinnere mich nur noch ganz dunkel, dass ich schweigend zu ihr trat und sie lange anstarrte. Alle umringten mich und sprachen etwas zu mir. Lukerja war auch dabei, ich habe sie aber nicht gesehen. Ich kann mich nur noch an einen Kleinbürger erinnern, der mir immer zurief: »Nur eine Handvoll Blut ist ihr aus dem Mund geflossen, nur eine Handvoll! …« Und er zeigte auf einen Pflasterstein mit einigen Blutspuren. Mir scheint, ich habe das Blut mit dem Finger berührt, habe mir den Finger mit Blut befleckt, betrachtete darauf den Finger (das Letztere weiß ich noch genau); er rief mir aber noch fortwährend zu: »Eine Handvoll, eine Handvoll!«

»Was, eine Handvoll?«, schrie ich wütend auf. Man sagt, ich habe mich mit erhobenen Händen auf ihn gestürzt …

Es ist wahnsinnig! Ein Missverständnis! Unglaublich! Unmöglich!

X
Nur fünf Minuten zu spät

Oder etwa nicht? Halten Sie es für wahrscheinlich? Können Sie sagen, dass es möglich wäre? Wozu, warum starb diese Frau?

Oh, glauben Sie mir, ich verstehe es vollkommen, doch wozu sie gestorben ist – ist immer noch eine Frage. Sie erschrak vor meiner Liebe und fragte sich ernstlich: Soll ich sie annehmen, oder soll ich sie nicht annehmen? Sie hat die Frage nicht ertragen können und den Tod vorgezogen. Ja, ich weiß, ich weiß es, brauche mir nicht mehr den Kopf darüber zu zerbrechen. Sie hatte mir zu viel versprochen, und sie erschrak, dass sie es nicht würde halten können – das ist ja vollkommen klar. Hier gibt es einige ganz furchtbare Motive.

Denn die Frage – wozu ist sie gestorben? – steht noch immer offen. Diese Frage klopft, hämmert in meinem Hirn. Ich hätte sie auch wirklich ganz in Ruhe gelassen, wenn sie ernsthaft gewollt hätte, dass ich sie in Ruhe ließ. Sie glaubte aber selbst nicht daran, das ist es eben! Nein, nein, ich lüge, das war gar nicht der Grund. Einfach weil sie mir gegenüber ehrlich sein müsste. Wenn sie mich schon lieben wollte, so müsste sie mich mit ihrem ganzen Herzen, mit ihrem ganzen Wesen lieben, und nicht so, wie sie den Kaufmann geliebt hätte. Da sie aber zu keusch war, zu rein, um mich so zu lieben, wie es dem Kaufmann genügt hätte, so wollte sie mich nicht betrügen. Sie wollte mich nicht betrügen, wollte mir nicht statt ihrer ganzen Liebe nur eine halbe oder nur eine viertel Liebe geben. Menschen ihrer Art sind eben zu ehrlich, das ist die Sache! Ich wollte ihr ja einmal einen weiten, alles begreifenden Blick anerziehen, wissen Sie es noch? Ein seltsamer Gedanke …

Eins möchte ich gerne wissen: Ob sie mich geachtet hat? Ich weiß nicht, hat sie mich geachtet oder nicht? Ich glaube es nicht. Es ist doch merkwürdig: Während des ganzen Winters ist mir kein einziges Mal der Gedanke gekommen, dass sie mich verachtet! Ich war sogar vom Gegenteil überzeugt und blieb es bis zu jenem Augenblick, als sie mich mit strengem Erstaunen anblickte. Ja, mit strengem Erstaunen. Da begriff ich nämlich, dass sie mich verachtete. Ich begriff es endgültig und für alle Ewigkeit! Ach, hätte sie mich doch verachtet, meinetwegen das ganze Leben lang verachtet, nur leben, leben sollte sie! Erst vor Kurzem, erst heute früh ging sie noch herum und sprach noch. Ich kann gar nicht begreifen, wie sie sich aus dem Fenster stürzen konnte! Wie hätte ich es auch nur fünf Minuten vorher erwarten können? Ich rief Lukerja. Jetzt lasse ich die Lukerja um keinen Preis fortgehen, um keinen Preis!

Wir hätten uns ja noch verständigen können. Wir waren im Winter einander so fremd geworden, hätten wir uns aber denn nicht wieder aneinander gewöhnen können? Warum in aller Welt hätten wir nicht ein neues gemeinsames Leben beginnen können? Ich bin ja großmütig, und sie ist es auch – da wäre ja der Berührungspunkt! Nur noch einige Worte, nur noch einige Tage – höchstens zwei Tage – und sie würde alles begreifen können.

Mich bedrückt am meisten der Gedanke, dass es nur ein Zufall, ein gewöhnlicher, barbarischer, blinder Zufall war! Das ist doch wirklich ärgerlich! Um fünf Minuten, um nur fünf Minuten bin ich zu spät gekommen! Wäre ich fünf Minuten früher zurückgekehrt, so wäre der Augenblick wie eine Wolke vorübergegangen, und sie hätte sich nie wieder daran erinnert. Und schließlich hätte sie einmal alles begreifen müssen. Und jetzt – diese leeren Zimmer, und ich bin wieder allein. Der Pendel an der Uhr tickt, ihn rührt nichts, ihm tut nichts leid. Ich bin so ganz allein, habe niemanden – das ist mein Unglück!

Ich gehe immer auf und ab. Ich weiß, ich weiß, Sie brauchen es mir gar nicht zu sagen. Es erscheint Ihnen wohl lächerlich, dass ich es auf einen Zufall schiebe, dass ich mich über die fünf Minuten beklage? Aber es ist doch zu augenscheinlich! Bedenken Sie doch bloß: Sie hat nicht einmal ein paar Zeilen hinterlassen, einen Zettel mit den wenigen Worten: »Niemand ist an meinem Tod schuld«, wie ihn eben alle Selbstmörder hinterlassen. Hat sie denn gar nicht daran gedacht, dass Lukerja Unannehmlichkeiten haben könnte: »Sie war ja allein dabei, folglich hat sie sie selbst zum Fenster hinausgestoßen!« Man hätte sie auch wirklich auf die Polizei gebracht, wenn nicht zufällig vier Zeugen aus den Fenstern des Seitengebäudes und vom Hof aus gesehen hätten, wie sie, mit dem Heiligenbild in der Hand, auf dem Fensterbrett gestanden und sich hinabgestürzt hatte. Das ist doch ein reiner Zufall, dass es die Menschen gesehen haben. Nein, es war ja nur ein Augenblick, wo sie sich keine Rechenschaft gab … Ein plötzlicher fantastischer Einfall! Was ist denn dabei, dass sie vor dem Heiligenbild gebetet hat? Das heißt ja noch nicht, dass sie mit dem Entschluss, in den Tod zu gehen, betete. Der ganze Augenblick hat vielleicht nur irgendwelche zehn Minuten gedauert. Als sie an der Wand stand, den Kopf in die Hand gestützt und lächelte – in diesem Augenblick vielleicht hatte sie den Entschluss gefasst. Der Gedanke durchzuckte plötzlich ihr Gehirn, ihr Kopf schwindelte, und sie hat nicht widerstehen können.

Das war ja ein augenscheinliches Missverständnis – Sie mögen sagen, was Sie wollen. Mit mir ließe es sich noch leben. Und vielleicht war es Blutarmut? Vielleicht war einfach ihre Blutarmut, die ihre Lebensenergie erschöpft hatte, die Ursache? Müde war sie geworden im Winter, das war es …

Ich bin zu spät gekommen!!!

Wie schmächtig sie im Sarg ist, wie spitz ihr Näschen! Die Wimpern liegen wie kleine Pfeile. Wie merkwürdig sie doch gefallen ist – nichts hat Sie sich zerschlagen, kein Glied gebrochen! Nur diese eine »Handvoll Blut«. Das heißt etwa einen Dessertlöffel voll. Innere Erschütterung. Ein sonderbarer Gedanke kommt mir eben. Wäre es möglich, sie nicht zu beerdigen? Denn wenn man sie fortträgt, so … Oh nein, es ist fast unmöglich, dass man sie fortträgt! Und doch weiß ich ganz gut, dass man sie fortbringen muss – ich bin gar nicht verrückt, ich fantasiere nicht. Im Gegenteil: Mein Verstand war noch nie so klar und so wach wie jetzt. Wie ist es mir aber jetzt: Ich bin wieder allein im Haus, in meinen beiden

Zimmern, wieder ganz allein mit den Pfändern. Ich fantasiere, das ist ja Fieberwahn! Ich habe sie zu Tode gequält, das ist es!

Was gelten mir jetzt eure Gesetze? Was brauche ich eure Sitten, Gebräuche, euer Leben, euren Staat, eure Religion? Soll mich nur euer Richter richten, bringt mich nur vor euer Gericht, vor euren öffentlichen Gerichtshof – ich werde doch immer sagen, dass ich nichts anerkenne. Der Richter wird mir zurufen: »Schweigen Sie, Offizier!« Ich werde ihm darauf laut erwidern: »Du hast ja gar nicht die Macht, dass ich dir gehorche! Warum hat ein blindes Naturgesetz das zerbrochen, was mir am teuersten war? Was brauche ich noch jetzt eure Gesetze? Ich trete aus eurer Gemeinschaft aus!« Oh, mir ist alles gleich!

Sie ist blind, sie ist blind und tot und kann nichts hören! Du weißt gar nicht, mit welch einem Paradies ich dich umgeben hätte. Das Paradies war in meiner Seele, ich hätte es um dich gepflanzt! Gut, du hättest mich nicht geliebt – das hätte ja noch nichts ausgemacht. Alles wäre ja so geblieben, wie du es wolltest. Ich hätte dich in Ruhe gelassen. Würdest mich wie einen Freund behandeln, würdest mir alles erzählen – da würden wir uns beide freuen und lachen und uns freudig in die Augen blicken. Und so würde unser Leben dahinziehen. Und solltest du einen anderen lieb gewinnen – auch das wäre mir recht. Du würdest mit ihm gehen und lachen, und ich würde auf der anderen Straßenseite gehen und euch mit den Augen begleiten … Oh, alles wäre mir recht, alles, wenn sie nur noch einmal die Augen öffnen wollte! Für einen Augenblick, für nur einen Augenblick! Wenn sie mich wieder so anblicken wollte wie vorhin, als sie vor mir stand und schwur, dass sie mir ein treues Weib sein würde! Mit einem einzigen Blick würde ich ihr alles sagen können!

Oh Natur! Oh blinde Gesetze! Die Menschen sind einsam auf Erden – das ist eben das Unglück! »Gibt's da im Feld noch eine lebende Seele?«, fragte der fahrende Held im alten russischen Lied. Auch ich, der ich kein Held bin, rufe in die Ferne hinaus, doch niemand antwortet mir. Man sagt, dass die Sonne das Weltall belebt. Seht euch doch nur die Sonne an, wenn sie aufgeht. Ist sie nicht eine Leiche? Alles ist tot. Überall liegen Tote. Die Menschen sind einsam, und um sie herum ist Schweigen – das ist die Erde! »Menschen, liebet einander« – wer hat das gesagt! Wessen Gebot ist das? Der Pendel tickt gefühllos, ekelhaft. Zwei Uhr nachts. Ihre Schuhchen stehen vor ihrem Bett, warten auf sie … Nein, in allem Ernst, wenn man sie morgen fortträgt, was soll ich da anfangen?

Der Traum eines lächerlichen Menschen*

Eine fantastische Erzählung

I

Ich bin ein lächerlicher Mensch. Man nennt mich jetzt einen Verrückten. Das würde eine Rangerhöhung sein, wenn ich nicht für die Leute immer noch ebenso lächerlich bliebe wie vorher. Aber jetzt ärgere ich mich nicht mehr darüber; jetzt sind sie mir alle lieb, und sogar wenn sie über mich lachen – und dann sind sie mir eigentümlicherweise sogar besonders lieb. Ich würde selbst mit ihnen lachen, nicht sowohl über mich als aus Liebe zu ihnen, wenn mir nicht bei ihrem Anblick so traurig ums Herz würde. Traurig deswegen, weil sie die Wahrheit nicht kennen; ich aber kenne die Wahrheit. Ach, was für ein drückendes Gefühl ist es, der Einzige zu sein, der die Wahrheit kennt! Aber sie haben dafür kein Verständnis. Nein, sie haben dafür kein Verständnis.

Früher grämte ich mich sehr darüber, dass ich ein lächerlicher Mensch zu sein schien. Oder vielmehr nicht schien, sondern war. Ich bin immer lächerlich gewesen und weiß das; vielleicht war ich es schon von meiner Geburt an. Vielleicht wusste ich schon als Siebenjähriger, dass ich lächerlich war. Dann besuchte ich die Schule,

* Anm. d. Ü.: Aus dem »Tagebuch eines Schriftstellers«, April 1877.

dann die Universität, und merkwürdig: Je mehr ich lernte, umso mehr erkannte ich, dass ich lächerlich bin. Sodass schließlich mein ganzes Universitätsstudium für mich gewissermaßen nur die Bedeutung hatte, mir in dem Maße, wie ich mich in dasselbe vertiefte, zu beweisen und klarzumachen, dass ich lächerlich bin. Ähnlich wie in der Wissenschaft ging es mir auch im Leben. Mit jedem Jahr wuchs und befestigte sich in mir eben dieses selbe Bewusstsein meiner lächerlichen Erscheinung in jeder Beziehung. Von allen und immer wurde über mich gelacht. Aber keiner von ihnen wusste oder ahnte, dass, wenn ein Mensch auf der Welt mehr als alle andern meine Lächerlichkeit erkannte, dieser Mensch ich selbst war, und eben dies war für mich das Kränkendste, dass sie das nicht wussten. Aber daran war ich selbst schuld: Ich war immer so stolz, dass ich das nie und um keinen Preis jemandem gestehen wollte. Dieser Stolz wuchs in mir mit den Jahren, und wenn es sich so gefügt hätte, dass ich mir erlaubt hätte, irgendwem, mochte es sein wer es wollte, zu gestehen, dass ich lächerlich sei, so würde ich, wie ich glaube, sogleich, noch an demselben Abend mir aus meinem Revolver eine Kugel vor den Kopf geschossen haben. Oh, wie litt ich in meiner Knabenzeit unter der Furcht, ich könnte mich nicht beherrschen und würde es auf einmal meinen Kameraden selbst gestehen! Aber seit ich anfing, ein junger Mann zu werden, änderte sich das: Obgleich ich mit jedem Jahr meine schreckliche Eigenschaft immer deutlicher erkannte, so wurde ich doch aus irgendwelchem Grund etwas ruhiger. Ich sage: Aus irgendwelchem Grund, weil ich bis auf den heutigen Tag nicht im Stande bin anzugeben, woher es eigentlich kam. Vielleicht daher, dass in meiner Seele ein furchtbarer Gram über einen Umstand heranwuchs, der unendlich viel höher war als mein ganzes Ich: Es war das nämlich die Überzeugung, die sich bei mir herausgebildet hatte, dass auf der Welt überall alles ganz egal ist. Ich hatte dies schon vor sehr langer Zeit geahnt, aber die volle Überzeugung stellte sich im letzten Jahr ganz plötzlich ein. Ich fühlte auf einmal, dass es mir ganz egal sein würde, ob die Welt existierte oder es nirgends etwas gäbe. Ich begann mit meinem ganzen Wesen zu merken und zu fühlen, dass es um mich herum nichts gab. Anfangs schien es mir immer, dass es wenigstens vorher vieles gegeben habe, aber dann erriet ich, dass es vorher ebenfalls nichts gegeben habe, sondern mir das nur aus irgendwelchem Grund so vorgekommen sei. Allmählich gelangte ich zu der Überzeugung, dass es auch niemals etwas geben werde. Damals hörte ich auf einmal auf, mich über die Menschen zu ärgern, und begann, sie fast gar nicht mehr zu bemerken. Wirklich, das äußerte sich sogar in den geringsten Kleinigkeiten; es passierte zum Beispiel nicht selten, dass ich, wenn ich auf der Straße ging, mit den Leuten zusammenstieß. Und nicht etwa infolge tiefen Nachdenkens: Worüber hätte ich denn auch nachdenken sollen? Ich hatte damals ganz aufgehört nachzudenken: Mir war alles egal. Und wenn ich wenigstens schwierige Fragen zu lösen versucht hätte, aber ich gab mich mit keiner solchen ab, und doch: Wie viele gab es ihrer? Aber mir war alles egal, und die schwierigen Fragen entfernten sich sämtlich aus meinem Gesichtskreis.

Und siehe da, nach diesen Vorgängen da erkannte ich die Wahrheit. Ich erkannte die Wahrheit im vorigen November, genau am dritten November, und seit der Zeit erinnere ich mich an jeden Augenblick meines Lebens. Es war an einem trüben, ganz trüben Abend; er war so trübe, wie er überhaupt nur sein kann. Ich kehrte damals zwischen zehn und elf Uhr abends nach Hause zurück, und wie ich mich erinnere, ging mir gerade der Gedanke durch den Kopf, dass es gar nicht trüber sein könne. Selbst in rein physischer Hinsicht. Es hatte den ganzen

Tag über geregnet, und das war ein ganz kalter, hässlicher Regen gewesen, sogar, wie ich mich erinnere, ein grimmiger Regen mit einer ausgesprochenen Feindseligkeit gegen die Menschen, aber da hörte er nach zehn Uhr auf einmal auf, und es begann eine furchtbare Feuchtigkeit, feuchter und kälter als zur Zeit des Regens, und von allen Dingen ging eine Art Dampf aus, von jedem Stein auf der Straße und aus jeder Quergasse, wenn man von der Straße aus ganz tief, so weit wie nur möglich, in sie hineinblickte. Es kam mir auf einmal der Gedanke, dass, wenn überall das Gas ausginge, das angenehmer sein würde; mit der Gasbeleuchtung fühle sich das Herz nur noch trauriger, weil diese das alles sichtbar mache. Ich hatte an diesem Tag fast nichts zu Mittag gegessen und hatte vom Beginn des Abends an bei einem Ingenieur gesessen, und bei ihm waren auch noch zwei Freunde gewesen. Ich hatte immerzu geschwiegen und war ihnen wohl recht langweilig vorgekommen. Sie redeten über irgendeinen strittigen Gegenstand und wurden dabei auf einmal sogar hitzig. Aber eigentlich war ihnen die Sache ganz egal, das sah ich, und dass sie hitzig wurden, war nur so äußerlich. Ich sprach ihnen das denn auch ganz unvermittelt aus: »Meine Herren«, sagte ich, »die Sache ist Ihnen ja doch ganz egal.« Sie fühlten sich nicht beleidigt, sondern lachten alle über mich. Das kam daher, dass ich es ohne jeden Vorwurf gesagt hatte, einfach weil es mir selbst ganz egal war. Sie sahen nun ein, dass es mir ganz egal war, und wurden ganz vergnügt.

Als ich auf der Straße an das Gas dachte, blickte ich zum Himmel hinauf. Der Himmel war furchtbar dunkel, aber man konnte deutlich zerrissene Wolken unterscheiden und zwischen ihnen abgrundtiefe schwarze Flecke. Auf einmal bemerkte ich in einem dieser Flecke ein Sternchen und begann aufmerksam nach ihm hinzusehen. Das tat ich deshalb, weil dieses Sternchen mir einen Gedanken eingab: Ich beschloss, mir in dieser Nacht das Leben zu nehmen. Ich hatte das schon zwei Monate vorher fest beschlossen, mir trotz meiner Armut einen schönen Revolver gekauft und ihn gleich an jenem Tag geladen. Aber nun waren schon zwei Monate vergangen, und er lag immer noch im Kasten, aber alles war mir dermaßen egal, dass ich mir schließlich vornahm, einen Augenblick abzuwarten, wo mir nicht alles so egal sein würde – warum ich so verfuhr, das weiß ich nicht. Und auf diese Weise hatte ich diese zwei Monate hindurch jede Nacht, wenn ich nach Hause zurückkehrte, gedacht, dass ich mich erschießen würde. Ich wartete immer auf den betreffenden Augenblick. Und da gab mir nun dieses Sternchen den Gedanken ein, und ich beschloss, dass es unbedingt in dieser Nacht geschehen solle. Aber warum das Sternchen mir den Gedanken eingab, das weiß ich nicht.

Und siehe da, als ich zum Himmel aufblickte, da fasste mich plötzlich dieses kleine Mädchen an den Ellbogen. Die Straße war schon leer und fast kein Mensch auf ihr zu sehen. In der Ferne schlief ein Droschkenkutscher auf seinem Gefährt. Das kleine Mädchen war etwa acht Jahre alt; sie hatte keinen Mantel, sondern nur ein dürftiges Kleidchen und ein kleines Tüchelchen und war ganz durchnässt; namentlich aber bemerkte ich ihre nassen, zerrissenen Schuhe und erinnere mich ihrer auch jetzt. Sie fielen mir ganz besonders in die Augen. Sie begann auf einmal mich am Ellbogen zu zupfen und mich zu rufen. Sie weinte nicht, sondern stieß nur abgerissene Worte hervor, die sie nicht ordentlich aussprechen konnte, da sie am ganzen Leib in leisem Fieberschauer zitterte. Sie war aus irgendwelchem Grund in Angst und schrie verzweifelt: »Mein Mamachen! Mein Mamachen!« Ich wendete mich einen Augenblick nach ihr um, sagte jedoch kein Wort und setzte meinen Weg fort; sie aber lief mir nach und zupfte mich, und in ihrer Stimme lag jener Klang, der bei sehr geängsteten Kindern die höchste Verzweiflung bedeutet. Ich kenne diesen Klang. Obgleich sie die Worte nicht zu Ende sprach, verstand ich doch, dass ihre Mutter irgendwo im Sterben lag oder sich mit ihnen dort irgendetwas anderes Schreckliches zugetragen hatte und sie aus dem Haus gelaufen war, um jemanden zu rufen, irgendwelche Hilfe für ihre Mutter zu finden. Aber ich folgte ihr nicht; im Gegenteil kam mir auf einmal der Gedanke, sie wegzujagen. Zuerst sagte ich ihr, sie solle sich einen Schutzmann suchen. Aber sie faltete auf einmal bittend die Händchen, lief schluchzend und atemlos immer neben mir her und wich nicht von mir. Und da stampfte ich mit den Füßen und schrie sie an. Sie rief nur: »Ach, Herr, ach, Herr! …« aber plötzlich verließ sie mich und rannte, so schnell sie nur konnte, über die Straße hinüber; dort war ein anderer Passant sichtbar geworden, und sie lief offenbar von mir zu ihm hin.

Ich stieg nach meinem fünften Stock hinauf. Ich wohne bei Mietern, welche möblierte Zimmer vermieten. Ich habe ein ärmliches, kleines Zimmer mit einem halb runden Dachfenster. Das Meublement: ein mit Wachstuch bezogenes Sofa, ein Tisch, auf dem meine Bücher liegen, zwei Stühle und ein bequemer Lehnstuhl, alt, sehr alt, aber so ein richtiger Großvaterstuhl. Ich setzte mich hin, zündete eine Kerze an und überließ mich meinen Gedanken. Nebenan, in dem Nachbarzimmer, das von dem meinigen nur durch eine dünne Zwischenwand getrennt ist, dauerte das wüste Treiben noch fort. Es war schon seit mehr als zwei Tagen im Gange. Dort wohnte ein pensionierter Hauptmann, und bei ihm war Besuch, etwa sechs Menschen niedrigen Standes; sie tranken Branntwein und spielten mit alten Karten Stoß* In der

* Anm. d. Ü.: Ein Hasardspiel.

vorhergehenden Nacht hatte es Prügelei gegeben, und ich weiß, dass zwei von ihnen sich längere Zeit bei den Haaren gehabt hatten. Die Wirtin wollte sich schon beklagen, aber sie fürchtete sich gewaltig vor dem Hauptmann. Von sonstigen Untermietern ist bei uns nur noch eine kleine, magere Dame von auswärts vorhanden, mit drei kleinen Kindern, die schon bei uns krank geworden sind. Sie und die Kinder fürchten sich vor dem Hauptmann bis zum Ohnmächtigwerden und zittern und bekreuzen sich die ganze Nacht über; ja, das kleinste Kind hat vor Angst sogar schon einen Krampfanfall bekommen. Dieser Hauptmann hält, wie ich genau weiß, manchmal die Passanten auf dem Newski-Prospekt an und bittet um Almosen. Zum Militärdienst wird er nicht wieder angenommen, aber merkwürdigerweise (und im Hinblick darauf erzähle ich dies eben) hat er in dem ganzen Monat, seit er bei uns wohnt, bei mir keinerlei Gefühl des Ärgers erregt. Einer näheren Bekanntschaft mit ihm bin ich allerdings gleich von vornherein ausgewichen, und auch ihm selbst wurde die Unterhaltung mit mir schon beim ersten Mal langweilig, aber mochten sie auch hinter der Zwischenwand ein noch so großes Geschrei verüben, und mochten ihrer dort auch noch so viele anwesend sein – mir war das immer ganz egal. Ich sitze die ganze Nacht auf und höre diese Menschen wirklich nicht; bis zu dem Grad vergesse ich sie. Ich durchwache ja jede Nacht bis zum Morgengrauen und treibe das so schon ein Jahr lang. Ich sitze die ganze Nacht am Tisch im Lehnstuhl und tue nichts. Bücher lese ich nur bei Tag. Ich sitze da und denke nicht einmal etwas; ich sitze eben bloß; allerlei Gedanken gehen mir durch den Kopf, und ich lasse sie nach ihrem Belieben gewähren. Die Kerze brennt in der Nacht vollständig herunter. Ich setzte mich still an den Tisch, nahm den Revolver heraus und legte ihn vor mich hin. Ich erinnere mich, dass, als ich ihn hinlegte, ich mich fragte: »Ja?« und mir mit aller Bestimmtheit antwortete: »Ja.« Das hieß also: Ich werde mich erschießen. Ich wusste, dass ich mich in dieser Nacht bestimmt erschießen würde, aber wie lange ich bis dahin noch am Tisch sitzen würde, das wusste ich nicht. Und ich hätte mich auch sicherlich erschossen, wäre nicht jenes kleine Mädchen gewesen.

II

Sehen Sie, wenn mir auch alles egal war, so fühlte ich doch zum Beispiel den Schmerz. Hätte mich jemand geschlagen, so würde ich Schmerz empfunden haben. Ebenso auch in geistiger Hinsicht: Hätte sich etwas sehr Trauriges ereignet, so würde ich Mitleid empfunden haben, ebenso wie damals, als mir noch nicht im Leben alles egal war. Ich hatte auch soeben Mitleid empfunden: Einem Kind würde ich doch unbedingt geholfen haben. Warum hatte ich denn aber dem kleinen Mädchen nicht geholfen? Infolge eines Gedankens, der damals in meinem Kopf entstanden war: Als sie mich zupfte und rief, da trat mir auf einmal eine Frage entgegen, und ich konnte sie nicht beantworten. Es war eine müßige Frage, aber ich ärgerte mich. Ich ärgerte mich infolge der Schlussfolgerung, dass, wenn mein Entschluss feststehe, meinem Leben in dieser Nacht ein Ende zu machen, mir eigentlich alles in der Welt jetzt in höherem Grad als sonst je egal sein müsse. Warum fühlte ich denn nun auf einmal, dass mir nicht alles egal war und ich das kleine Mädchen bemitleidete? Ich erinnere mich, dass ich großes Mitleid mit ihr hatte; ich empfand davon sogar einen seltsamen, zu meiner Lage ganz und gar nicht passenden Schmerz. Ich verstehe es allerdings nicht, diese meine damalige momentane Empfindung besser wiederzugeben, aber die Empfindung dauerte auch zu Hause fort, als ich mich schon an den Tisch gesetzt hatte, und ich war in einer so gereizten Stimmung wie seit lange nicht. Eine Überlegung knüpfte sich an die andere. Es war mir klar, dass, wenn ich ein Mensch und noch keine Null war und mich einstweilen noch nicht in eine Null verwandelt hatte, dass ich dann lebte und folglich im Stande war, zu leiden, mich zu ärgern und über meine Handlungen Scham zu empfinden. Nun gut. Aber wenn ich mich zum Beispiel nach zwei Stunden tötete, was hatte ich dann mit diesem kleinen Mädchen zu tun, und was ging mich dann das Schamgefühl und überhaupt alles in der Welt an? Ich verwandle mich in eine Null, in eine absolute Null. Und musste denn das Bewusstsein, dass ich alsbald völlig aufhören würde zu existieren und somit auch nichts anderes mehr existieren würde, musste nicht dieses Bewusstsein die Wirkung haben, das Gefühl des Mitleides mit dem kleinen Mädchen und das Gefühl der Scham über die begangene Gemeinheit aufzuheben? Ebendeshalb hatte ich ja mit den Füßen gestampft und das unglückliche Kind mit grimmiger Stimme angeschrien, weil ich gleichsam zu mir sagte: Ich empfinde nicht nur kein Mitleid, sondern ich kann sogar jetzt eine unmenschliche Gemeinheit begehen, da in zwei Stunden alles erloschen sein wird. Können Sie es glauben, dass ich sie darum anschrie? Ich bin jetzt beinah überzeugt davon. Es war mir klar, dass das Leben und die Welt gleichsam von mir abhingen. Ich kann es auch so ausdrücken: Die Welt war jetzt einzig und allein für mich gemacht; wenn ich mich erschoss, so hörte auch die Welt wenigstens für mich auf zu existieren. Um gar nicht einmal davon zu reden, dass es vielleicht wirklich nach meinem Tod für niemanden mehr etwas gab und die ganze Welt, sobald mein Bewusstsein erlosch, sogleich wie eine Vision, wie ein bloßes Attribut meines Bewusstseins mit erlosch und verschwand, denn vielleicht waren diese ganze Welt und alle diese Menschen lediglich ich selbst allein. Ich erinnere mich, dass, während ich so dasaß und nachdachte, ich alle diese neuen Fragen, die sich eine nach der andern herandrängten, nach einer andern Seite herumdrehte und etwas ganz Neues ersann. So zum Beispiel trat mir ein seltsamer Gedanke entgegen: Wenn ich früher auf dem Mond oder auf dem Mars gelebt und dort die schmählichste, ehrloseste Tat begangen hätte, die man sich nur vorstellen kann, und dort für diese Tat in einer Weise beschimpft und entehrt worden wäre, wie man es höchstens manchmal in einem ängstlichen Traum zu empfinden und sich vorzustellen vermag, und wenn ich dann, auf die Erde versetzt, die Erinnerung an das auf dem andern Himmelskörper Getane bewahrte und außerdem wüsste, dass ich dorthin niemals und unter keinen Umständen zurückkehren werde: Würde mir dann, wenn ich von der Erde aus nach dem Mond hinblickte, alles ganz egal sein oder nicht? Würde ich über meine Tat Scham empfinden oder nicht? Die Fragen waren müßig und überflüssig, da der Revolver schon vor mir lag und ich mit meinem ganzen Wesen wusste, dass »es« bestimmt geschehen werde, aber sie machten mir den Kopf warm, und ich wurde ganz wütend. Ich hatte die seltsame Vorstellung, ich könne jetzt nicht eher sterben, ehe ich nicht über dies und das ins Klare gekommen sei. Kurz, dieses kleine Mädchen rettete mich, denn infolge dieser Fragen verschob ich das Erschießen. Bei dem Hauptmann war unterdessen auch alles ruhig geworden: Sie hatten mit dem Kartenspiel aufgehört, schickten sich an, sich schlafen zu legen, brummten aber einstweilen noch und schimpften einander in müder, lässiger Weise. Und da schlief ich plötzlich ein, was mir vorher noch nie begegnet war; ich schlief am Tisch, im Lehnstuhl ein.

Ich schlief vollständig ohne es zu merken ein. Die Träume sind bekanntlich sehr seltsame Dinge: Manches tritt einem mit erschreckender Deutlichkeit vor Augen, mit kunstvoll feiner Ausarbeitung der Einzelheiten, während man über anderes hinwegspringt, als wenn man es gar nicht bemerkte, zum Beispiel über Raum und Zeit. Die Träume lenkt, glaube ich, nicht der Verstand, sondern der Wille, nicht der Kopf, sondern das Herz, aber doch, was für verschmitzte Dinge hat manchmal mein Verstand im Traum angegeben! Es gehen mitunter mit ihm im Traum ganz unbegreifliche Dinge vor. Mein Bruder ist zum Beispiel vor fünf Jahren gestorben. Ich sehe ihn mitunter im Traum: Er nimmt an meinen Angelegenheiten lebhaften Anteil, wir führen darüber eifrige Gespräche, aber dabei weiß ich und erinnere ich mich während der ganzen Dauer des Traums vollkommen, dass mein Bruder gestorben und begraben ist. Wie geht es nun zu, dass ich mich nicht darüber wundere, dass er, obwohl er tot ist, sich doch neben mir befindet und eifrig mit mir redet? Warum erhebt mein Verstand dagegen keinerlei Einspruch? Aber genug davon! Ich komme jetzt zu meinem Traum. Ja, mir träumte damals dieser Traum, am dritten November! Die Leute necken mich jetzt damit, dass es ja nur ein Traum gewesen sei. Aber ist es denn nicht ganz egal, ob es ein Traum war oder nicht, wenn dieser Traum mir die Wahrheit verkündet hat? Denn wenn man einmal die Wahrheit erkannt und gesehen hat, so weiß man ja, dass sie die Wahrheit ist, und dass es keine andere gibt und keine andere geben kann, ob man nun schläft oder wacht. Na, mag es auch nur ein Traum gewesen sein, meinetwegen, aber dieses Leben, das Sie so lobpreisen, wollte ich durch Selbstmord auslöschen, und mein Traum, mein Traum – oh, er hat mir ein neues, großes, erneuertes, starkes Leben offenbart!

Hören Sie nun!

III

Ich habe gesagt, dass ich einschlief, ohne es zu merken, und ich hatte sogar die Empfindung, als führe ich fort über dieselben Gegenstände nachzudenken. Auf einmal träumte mir, dass ich den Revolver nahm und ihn im Sitzen gerade auf mein Herz richtete – auf das Herz, nicht auf den Kopf; und doch hatte ich mir vorher vorgenommen gehabt, mich unbedingt in den Kopf zu schießen, und zwar speziell in die rechte Schläfe. Nachdem ich die Waffe gegen meine Brust gerichtet hatte, wartete ich eine oder zwei Sekunden, und meine Kerze, der Tisch und die Wand begannen auf einmal vor meinen Augen sich zu bewegen und zu schwanken. Ich gab so schnell wie möglich den Schuss ab.

Im Traum fällt man manchmal von einer Höhe hinab, oder man wird ermordet oder geschlagen, aber man fühlt niemals einen Schmerz, es müsste denn sein, dass man sich selbst tatsächlich irgendwie am Bett stößt; dann fühlt man einen Schmerz und erwacht fast immer infolgedessen. So war es auch in meinem Traum: Einen Schmerz fühlte ich nicht, aber ich hatte die Empfindung, als ob mit meinem Schuss alles in mir erschüttert und alles auf einmal erloschen und es rings um mich herum furchtbar dunkel geworden sei. Ich war anscheinend blind und stumm geworden, und so lag ich nun auf etwas Festem, ausgestreckt, auf dem Rücken, sah nichts und konnte nicht die geringste Bewegung machen. Um mich herum wurde gegangen und geschrien; der Hauptmann sprach in tiefem Bass, die Wirtin in ihrem Diskant – und auf einmal wieder eine Unterbrechung, und da trug man mich schon im geschlossenen Sarg. Und ich fühlte, wie der Sarg schaukelte, und dachte darüber nach, und plötzlich überraschte mich zum ersten Mal der Gedanke, dass ich ja gestorben war, vollständig gestorben, dass ich das wusste und nicht bezweifelte, dass ich nicht sah und mich nicht bewegte, aber dabei doch fühlte und dachte. Indessen söhnte ich mich bald damit aus, nahm, wie im Traum gewöhnlich, die Wirklichkeit ohne Widerspruch hin.

Und siehe, da ließ man mich in eine Gruft hinab und schüttete Erde darauf. Alle gingen weg; ich war allein, ganz allein. Ich bewegte mich nicht. Wenn ich mir früher im Wachen vorgestellt hatte, wie ich begraben werden würde, so hatte ich mit dem Begriff des Grabes immer nur die Empfindung der Feuchtigkeit und Kälte verbunden. So auch jetzt: Ich fühlte, dass mir sehr kalt war, namentlich an den Zehenspitzen, aber weiter fühlte ich nichts.

Ich lag, und merkwürdig: Ich erwartete nichts, sondern nahm es ohne Widerspruch hin, dass ein Toter nichts zu erwarten hat. Aber es war feucht. Ich weiß nicht, wie viel Zeit verging – eine Stunde oder einige Tage oder viele Tage. Aber da fiel plötzlich auf mein linkes geschlossenes Auge ein durch den Sargdeckel hindurchgesickerter Wassertropfen; ihm folgte nach einer Minute ein anderer, darauf nach einer Minute ein dritter, und so weiter und so weiter, immer in Abständen von einer Minute. Ein starker Unwille entbrannte plötzlich in meinem Herzen, und auf einmal fühlte ich in ihm einen physischen Schmerz: »Das ist meine Wunde«, dachte ich, »das ist von dem Schuss; da sitzt die Kugel …« Die Tropfen aber fielen immer noch jede Minute, und gerade auf mein geschlossenes Auge. Und ich rief auf einmal, nicht mit der Stimme (denn ich konnte mich nicht bewegen), sondern mit meinem ganzen Wesen zu dem, nach dessen Herrscherwillen das alles mit mir vorging:

»Wer du auch sein magst, aber wenn du bist, und wenn etwas Vernünftigeres existiert als das, was sich jetzt vollzieht, so lass dieses Vernünftigere auch hier stattfinden. Wenn du mich aber für meinen unvernünftigen Selbstmord durch die Garstigkeit und Sinnlosigkeit eines weiteren Daseins strafst, so wisse, dass keine Qual, die mir zuteilwerden mag, jemals der Geringschätzung wird gleichkommen können, die ich schweigend empfinden werde, und wenn die Qual Millionen Jahre dauern sollte! …«

So rief ich und verstummte dann. Fast eine ganze Minute lang dauerte das tiefe Schweigen, und es fiel sogar noch ein Tropfen herunter, aber ich wusste, ich wusste und glaubte mit unerschütterlicher Festigkeit, dass sich jetzt sofort alles sicherlich ändern werde. Und siehe da, auf einmal tat sich mein Grab auf. Das heißt, ich weiß nicht, ob es durch Aufgraben geöffnet wurde, aber ich wurde von einem dunklen, mir unbekannten Wesen ergriffen, und wir befanden uns plötzlich im Weltenraum. Ich wurde auf einmal wieder sehend: Es war tiefe Nacht, und noch niemals, noch niemals hatte es eine solche Dunkelheit gegeben! Wir flogen im Weltenraum schon fern von der Erde dahin. Ich fragte den, der mich trug, nach nichts; ich wartete und war stolz. Ich gab mir selbst die Versicherung, dass ich mich nicht fürchtete, und wollte bei dem Gedanken, dass ich mich nicht fürchtete, beinahe vergehen vor Entzücken. Ich erinnere mich nicht, wie lange wir so flogen, und habe keine Vorstellung davon: Es geschah alles so wie immer im Traum, wenn man sich über Raum und Zeit und über die Gesetze des Daseins und der Vernunft hinwegsetzt und nur bei denjenigen Punkten verweilt, von denen das Herz träumt. Ich erinnere mich, dass ich auf einmal in der Dunkelheit einen kleinen Stern erblickte. »Ist das der Sirius?«, fragte ich; ich konnte mich nicht beherrschen, obgleich ich eigentlich nach nichts fragen wollte. »Nein, das ist jener selbe Stern, den du zwischen den Wolken sahst, als du nach Hause zurückkehrtest«, antwortete mir das Wesen, das mich trug. Ich wusste, dass es eine Art von Menschenantlitz hatte. Seltsamerweise liebte ich dieses Wesen nicht; ja, ich empfand sogar eine tiefe Abneigung gegen dasselbe. Ich hatte ein vollständiges Nichtsein erwartet und mich in dieser Voraussetzung ins Herz geschossen. Und nun befand ich mich in den Händen eines Wesens, das allerdings kein menschliches Wesen war, aber doch war, existierte. »Also gibt es auch jenseits des Grabes ein Leben!«, dachte ich mit der seltsamen Leichtfertigkeit des Traums, aber das eigentliche Wesen meines Herzens blieb im tiefsten Grund unverändert. »Und wenn ich denn«, dachte ich, »von Neuem sein und wieder nach jemandes unwiderstehlichem Willen leben muss, so will ich mich nicht besiegen und erniedrigen lassen!« – »Du weißt, dass ich mich vor dir fürchte, und verachtest mich wohl deswegen?«, sagte ich auf einmal zu meinem Gefährten. Ich vermochte diese erniedrigende Frage, die ein Bekenntnis einschloss, nicht zurückzuhalten und fühlte im Herzen meine Erniedrigung wie einen Nadelstich. Er antwortete nicht auf meine Frage, aber ich fühlte plötzlich, dass ich nicht verachtet, nicht verlacht und nicht einmal bemitleidet wurde, und dass unser Weg ein unbekanntes, geheimnisvolles Ziel hatte, das zu mir allein in Beziehung stand. Die Angst wuchs in meinem Herzen. Stumm, aber unter Qualen teilte sich mir etwas von meinem schweigsamen Gefährten mit und durchdrang mich gewissermaßen. Wir flogen in dunklen, unbekannten Räumen. Schon längst sah ich die dem Auge bekannten Gestirne nicht mehr. Ich wusste, dass es in den himmlischen Räumen Sterne gibt, von denen die Strahlen erst in Tausenden, ja Millionen von Jahren zur Erde gelangen. Vielleicht durchflogen wir schon diese Räume. Ich erwartete etwas mit einer furchtbaren Unruhe, die mein Herz marterte. Und auf einmal erschütterte mich ein bekanntes und im höchsten Grad angenehmes Gefühl; ich erblickte auf einmal unsere Sonne! Ich wusste, dass das nicht unsere Sonne sein konnte, von der unsere Erde geboren ist, und dass wir uns von unserer Sonne in einer unendlichen Entfernung befanden, aber ich erkannte auf irgendwelche Weise mit meinem ganzen Wesen, dass dies eine vollständig ebensolche Sonne war wie die unsrige, ihre Wiederholung, ihre Doppelgängerin. Ein angenehmes, wonniges Gefühl des Entzückens erfüllte meine Seele: Die verwandte Kraft des Lichts, eben jenes Lichts, welches mich geboren hatte, fand ihren Widerhall in meinem Herzen und erweckte es zu neuem Leben, und ich empfand zum ersten Mal seit meinem Begräbnis in mir wieder Leben, das frühere Leben.

»Aber wenn das die Sonne ist, wenn das eine ganz ebensolche Sonne ist wie die unsrige«, rief ich, »wo ist denn dann die Erde?« Und mein Gefährte wies auf einen kleinen Stern hin, der in der Dunkelheit mit smaragdenem Glanz schimmerte. Wir flogen gerade auf ihn zu.

»Sind solche Wiederholungen im Universum wirklich möglich, ist das wirklich ein Naturgesetz? Und wenn das dort die Erde ist, ist es dann wirklich eine ebensolche Erde wie die unsrige … eine ganz ebensolche unglückliche, arme, aber doch teure und ewig geliebte Erde, die eine ebensolche qualvolle Liebe zu sich sogar bei ihren undankbarsten Kindern erweckt wie die unsrige?«, rief ich, zitternd vor unbezwinglicher, enthusiastischer Liebe zu jener heimischen früheren Erde, die ich verlassen hatte. Das Bild der armen Kleinen, gegen die ich mich so hässlich benommen hatte, schimmerte vor meinem geistigen Blick auf.

»Du wirst alles sehen«, antwortete mein Gefährte, und eine Art von Traurigkeit war aus dem Klang seiner

Stimme herauszuhören. Aber wir näherten uns schnell dem Planeten. Er wuchs vor meinen Augen; ich unterschied schon den Ozean, die Umrisse Europas, und auf einmal flammte das seltsame Gefühl einer großen, heiligen Eifersucht in meinem Herzen auf: »Wie kann es nur eine derartige Wiederholung geben, und wozu? Ich liebe nur jene Erde, die ich verlassen habe, und auf der Spritzflecken meines Bluts zurückgeblieben sind, als ich Undankbarer durch einen Schuss in mein Herz mein Leben auslöschte; und ich kann nur sie lieben. Niemals, niemals habe ich aufgehört, sie zu lieben, und sogar in jener Nacht, als ich mich von ihr trennte, habe ich sie vielleicht mit größerer Qual geliebt als je. Gibt es auch auf dieser neuen Erde Qualen? Auf unserer Erde können wir nur mit Qualen und nur durch Qualen lieben! Wir verstehen nicht anders zu lieben und kennen keine andere Liebe. Mich verlangt nach Qual, um zu lieben. Es verlangt mich, ich dürste in diesem Augenblick danach, nur jene Erde, die ich verlassen habe, unter Tränenströmen zu küssen; ich will kein Leben auf einer andern Erde; ich lehne ein solches ab! …«

Aber mein Gefährte hatte mich schon verlassen. Ich befand mich plötzlich, ohne dass ich selbst bemerkt hätte wie, auf dieser andern Erde im hellen Licht eines paradiesisch schönen, sonnigen Tages. Ich glaube, ich stand auf einer jener Inseln, die auf unserer Erde den griechischen Archipel bilden, oder irgendwo am Gestade des Festlands, das an diesem Archipel liegt. Oh, alles war ganz so wie bei uns, aber alles schien zu strahlen wie an einem Festtag, wie wenn endlich ein großer, heiliger Triumph erreicht wäre. Das freundliche, smaragdgrüne Meer plätscherte leise an den Ufern und küsste sie mit offensichtlicher, beinah bewusster Liebe. Hohe, schöne Bäume standen da im vollen Schmuck ihrer Blüte, und ihre zahllosen Blättchen bewillkommneten mich (davon bin ich überzeugt) mit ihrem leisen, freundlichen Rauschen und schienen Worte der Liebe zu sprechen. Der Rasen leuchtete von bunten, duftenden Blumen. Kleine Vögel flogen scharenweise in der Luft umher, setzten sich mir ohne Furcht auf die Schultern und auf die Hände und schlugen mich fröhlich mit ihren allerliebsten, flatternden Flügelchen. Und endlich erblickte und erkannte ich die Menschen dieser glücklichen Erde. Sie kamen von selbst zu mir, umringten mich und küssten mich. Diese Kinder der Sonne, diese Kinder ihrer Sonne, oh wie schön waren sie! Niemals hatte ich auf unserer Erde eine solche Schönheit beim Menschen gesehen. Höchstens bei unseren Kindern in ihren ersten Lebensjahren könnte man einen entfernten, wiewohl nur schwachen Schimmer dieser Schönheit finden. Die Augen dieser glücklichen Menschen leuchteten in klarem Glanz. Ihre Gesichter strahlten von Verstand und einer schon zur völligen Beruhigung gelangten Erkenntnis, aber diese Gesichter waren heiter; aus den Stimmen und den Worten dieser Menschen klang eine kindliche Freude heraus. Oh, sofort, beim ersten Blick auf ihre Gesichter, verstand ich alles, alles! Das war die nicht durch den Sündenfall entweihte Erde; auf ihr lebten sündlose Menschen; sie lebten in einem ebensolchen Paradies wie das, in welchem nach den Überlieferungen der ganzen Menschheit auch unsere sündigen Ureltern ursprünglich gelebt hatten, nur mit dem Unterschied, dass die ganze Erde hier überall ein und dasselbe Paradies war. Diese Menschen umdrängten mich mit fröhlichem Lachen und liebkosten mich; sie führten mich in ihre Wohnungen, und jeder von ihnen wollte mich beruhigen. Oh, sie befragten mich nach nichts, sondern wussten, wie mir schien, schon alles und wünschten so schnell wie möglich den Ausdruck des Leidens von meinem Gesicht zu verscheuchen.

IV

Ich sage noch einmal: Na, mag es auch nur ein Traum gewesen sein! Aber die Empfindung der Liebe dieser unschuldigen Menschen ist mir für alle Zeit verblieben, und ich fühle, dass ihre Liebe sich auch jetzt von dort auf mich ergießt. Ich selbst habe diese Menschen gesehen, sie kennengelernt, mich von ihrem Wesen überzeugt, sie lieb gewonnen und nachher um sie gelitten. Oh, ich begriff sofort, sogar damals schon, dass ich sie in vieler Hinsicht überhaupt nicht verstehen würde; mir als modernem russischem Fortschrittler und garstigem Petersburger schien es zum Beispiel unerklärlich, dass sie, die doch so viel wussten, unsere Wissenschaft nicht besaßen. Aber ich begriff bald, dass ihr Wissen durch andere Einsichten genährt und zur Vollkommenheit gebracht wurde als bei uns auf der Erde, und dass ihre Bestrebungen ebenfalls ganz andere waren. Sie wünschten nichts und waren in ihren Seelen ruhig; sie strebten nicht nach Erkenntnis des Lebens in der Weise, wie wir es zu erkennen streben, denn ihr Leben hatte bereits einen vollen Inhalt. Aber ihr Wissen war tiefer und höher als bei unserer Wissenschaft, denn unsere Wissenschaft sucht zu erklären, was das Leben eigentlich ist; sie strebt selbst danach, es zu erkennen, um andere zu lehren, wie sie leben sollen; jene aber wussten auch ohne Wissenschaft, wie sie zu leben hatten, und das begriff ich, aber ihr Wissen konnte ich nicht begreifen. Sie wiesen auf ihre Bäume hin, und ich vermochte den Grad von Liebe, mit dem sie sie betrachteten, nicht zu begreifen: Sie redeten von ihnen gerade so, als ob es ihnen ähnliche Wesen wären. Und wissen Sie, vielleicht irre ich mich nicht, wenn ich sage, dass sie mit ihnen sprachen! Ja, sie kannten die Sprache der Bäume, und ich bin überzeugt, dass auch diese die Sprache der Menschen verstanden. Von der gleichen Art war auch ihr Verhältnis zu der ganzen übrigen Natur, zu den Tieren, welche friedlich mit ihnen zusammenlebten, sie nicht anfielen und sie liebten, da sie durch die Liebe derselben überwunden waren. Sie wiesen auf die Sterne hin und sagten zu mir etwas von diesen, was ich nicht begreifen konnte, aber ich bin überzeugt, dass sie auf irgendeine Weise mit den himmlischen Sternen in Verbindung standen, nicht nur durch ihre Gedanken, sondern auf irgendwelchem lebendigen Weg. Oh, diese Menschen trachteten nicht danach, dass ich sie verstehen möchte; sie liebten mich auch ohne das, aber andrerseits wusste ich, dass auch sie mich niemals verstehen würden, und darum redete ich mit ihnen fast gar nicht von unserer Erde. Ich küsste nur vor ihren Augen jene Erde, die sie bewohnten, und bezeigte ihnen selbst ohne Worte meine hohe Verehrung, und sie sahen das und ließen es geschehen, dass ich es tat, und schämten sich nicht darüber, dass ich sie deswegen verehrte, weil sie selbst mich so sehr liebten. Sie grämten sich nicht um meinetwillen, wenn ich ihnen manchmal unter Tränen die Füße küsste, mir freudig im Herzen bewusst, mit wie starker Liebe sie die meinige erwiderten. Mitunter fragte ich mich erstaunt, wie es zuging, dass sie während der ganzen Zeit einen solchen Menschen, wie ich, nicht kränkten und kein einziges Mal in einem solchen Menschen, wie ich, ein Gefühl der Eifersucht und des Neides erweckten. Oftmals fragte ich mich, wie es zuging, dass ich, so ein Prahler und Lügner, zu ihnen nicht von meinen Kenntnissen sprach, von denen sie sicherlich keinen Begriff hatten, und nicht den Wunsch hegte, sie in Erstaunen zu versetzen, sei es auch nur aus Liebe zu ihnen. – Sie waren ausgelassen und fröhlich wie Kinder. Sie schweiften in ihren schönen Hainen und Wäldern umher; sie sangen ihre schönen Lieder; sie nährten sich von leichter Kost, von den Früchten ihrer Bäume, dem Honig ihrer Wälder und der Milch der sie liebenden

Tiere. Für ihre Nahrung und für ihre Kleidung wendeten sie nur wenig und nur leichte Arbeit auf. Es gab bei ihnen Liebe, und es wurden Kinder geboren, aber niemals bemerkte ich bei ihnen Ausbrüche jener grausamen Wollust, die fast allen Menschen auf unserer Erde eigen ist, allen und jedem, und die die einzige Quelle fast aller Sünden unserer Menschheit ist. Sie freuten sich über die Kinder, die sich bei ihnen einstellten, wie über neue Teilnehmer an ihrer Glückseligkeit. Es gab unter ihnen keine Streitigkeiten und keine Eifersucht, und sie begriffen nicht einmal, was das war. Ihre Kinder waren die Kinder aller, da alle eine einzige Familie bildeten. Es gab bei ihnen fast gar keine Krankheiten, obgleich es den Tod bei ihnen gab; sondern ihre Greise verschieden so sanft, als ob sie einschliefen, von Menschen, die ihnen Lebewohl sagten, umgeben, sie segnend, ihnen zulächelnd und selbst von deren heiterem Lächeln geleitet. Trauer und Tränen habe ich dabei nicht gesehen; es zeigte sich dabei nur eine bis zum Entzücken gesteigerte Liebe, aber dieses Entzücken war ein ruhiges, vollbefriedigtes, kontemplatives. – Man konnte denken, dass sie mit ihren Verstorbenen sogar noch nach deren Tod in Verbindung standen, und dass die Gemeinschaft, in der sie mit ihnen während des Erdenlebens gestanden hatten, durch den Tod nicht aufgehoben wurde. Sie verstanden mich kaum, als ich sie nach dem ewigen Leben fragte, waren aber von diesem offenbar so fest überzeugt, dass das für sie keine Streitfrage bildete. Sie hatten keine Tempel, standen aber in einer Art von steter, lebendiger, ununterbrochener Gemeinschaft mit dem Universum; sie hatten keinen Glauben, aber dafür das feste Wissen, dass, sobald ihre irdische Freude zu den Grenzen der irdischen Natur gelangt sei, für sie eine noch größere Steigerung der Beziehungen zum Universum eintrete. Sie erwarteten diesen Augenblick mit Freude, aber ohne Ungeduld, ohne sich mit Schmerz nach ihm zu sehnen, sondern sie schienen ihn schon in ihren Herzen zu ahnen und machten einander von diesen Ahnungen Mitteilung. Wenn sie abends hingingen, um sich schlafen zu legen, sangen sie gern harmonische, wohlklingende Chorlieder. In diesen Liedern gaben sie alle ihre Gefühle wieder, die der scheidende Tag in ihnen erregt hatte, priesen ihn und nahmen von ihm Abschied. Sie priesen die Natur, die Erde, das Meer, die Wälder. Sie verfassten gern Lieder aufeinander und lobten einander wie Kinder; das waren ganz einfache Lieder, aber sie kamen aus dem Herzen und fanden den Weg zum Herzen. Und nicht nur in den Liedern priesen sie einander, sondern auch ihr ganzes Leben füllten sie, wie es schien, damit aus, dass sie einander liebten und bewunderten. Es war eine Art von wechselseitiger, allgemeiner, gemeinschaftlicher Verliebtheit. Manche ihrer triumphierenden, begeisterten Lieder blieben mir überhaupt fast unverständlich. Obwohl ich die Worte verstand, konnte ich doch nie in ihren ganzen Sinn eindringen. Der Sinn blieb für meinen Verstand unfassbar; dafür drang er mir tief ins Herz, und zwar immer mehr und mehr. Ich sagte ihnen oft, ich hätte das alles früher schon längst geahnt; diese ganze Freude und Herrlichkeit habe sich mir schon auf unserer Erde durch eine süße Sehnsucht kundgetan, die sich zeitweilig bis zu unerträglichem Leid gesteigert habe; ich hätte sie alle und ihre Herrlichkeit in den Träumen meines Herzens und in den Fantasien meines Verstands geahnt; ich hätte auf unserer Erde oft nicht ohne Tränen in die untergehende Sonne blicken können. Mit meinem Hass gegen die Menschen unserer Erde sei immer ein Gefühl des Grams verbunden gewesen: Ich hätte mich gefragt, warum ich sie nicht hassen könne, ohne sie zu lieben; warum ich nicht umhin könne ihnen zu verzeihen, aber bei meiner Liebe zu ihnen doch Gram empfände; warum ich sie nicht hassend lieben könne? Sie hörten mich an, und ich sah, dass sie sich das, was ich sagte, nicht vorstellen konnten, aber ich bedauerte nicht, es ihnen gesagt zu haben: Ich wusste, dass sie meinen Gram um diejenigen, die ich verlassen hatte, in seiner ganzen Größe begriffen. Ja, wenn sie mich mit ihrem freundlichen, von Liebe erfüllten Blick ansahen, wenn ich fühlte, dass im Verkehr mit ihnen auch mein Herz ebenso unschuldig und rechtschaffen wurde wie die ihrigen, dann bedauerte ich es nicht, dass ich sie nicht verstand. Ich konnte kaum atmen vor der Empfindung der Fülle des Lebens, und ich betete schweigend für sie.

Oh, alle lachen mir jetzt ins Gesicht und versichern mir, solche Einzelheiten, wie ich sie jetzt wiedergäbe, könne man nicht einmal träumen; ich hätte in meinem Traum nur eine einzige Empfindung gehabt, die durch mein eigenes Herz in seinem irren Fantasieren hervorgerufen worden sei; die Einzelheiten aber hätte ich selbst erst nach dem Erwachen erdacht. Und als ich ihnen gestand, dass es vielleicht wirklich so zugegangen sei – oh Gott, was schlugen sie da für ein Gelächter auf, und zu welcher Heiterkeit verhalf ich ihnen! Oh ja, allerdings hatte mich nur die eine Empfindung jenes Traums überwältigt, und nur sie allein hatte sich in meinem wunden, blutenden Herzen erhalten; die wirklichen Bilder und Formen meines Traums aber, das heißt diejenigen, die ich tatsächlich gerade während des Träumens sah, waren von einer so vollkommenen Harmonie, von einer so bezaubernden Schönheit und Wahrheit, dass ich nach dem Erwachen nicht im Stande war, sie durch unsere schwachen Worte zu verkörpern; sie vergingen und verschwanden daher notwendigerweise in meinem Geist, und ich war infolgedessen wirklich vielleicht selbst unbewussterweise gezwungen, die Einzelheiten nachher dichterisch zu rekonstruieren, wobei ich sie allerdings entstellte, namentlich da ich leidenschaftlich wünschte, sie so schnell wie möglich und wenigstens einigermaßen wiederzugeben. Aber andrerseits, wie kann man sich weigern mir zu glauben, dass alles sich so verhielt? Vielleicht war es noch tausendmal besser, schöner, freudevoller, als ich es schildere? Mag es ein Traum gewesen sein, aber es war doch nicht möglich, dass das alles nicht gewesen sein sollte. Wissen Sie, ich werde Ihnen ein Geheimnis sagen: Vielleicht war das alles überhaupt kein Traum! Denn dort begab sich etwas Derartiges, etwas so erschreckend Wahrhaftiges, dass man es gar nicht hätte bloß träumen können. Mag auch mein Herz den Traum erzeugt haben, aber war denn mein Herz allein im Stande, jenen schrecklichen wahren Vorgang zu erzeugen, der sich dann mit mir zutrug? Wie hätte ich allein diesen ausdenken oder mit dem Herzen träumen können? Konnten etwa mein kleinliches Herz und mein launenhafter, wertloser Verstand sich zu einer solchen Offenbarung der Wahrheit emporschwingen? Oh, urteilen Sie selbst: Ich habe es bisher verschwiegen, aber jetzt will ich auch diese Wahrheit aussprechen. Die Sache ist die, dass ich … sie alle verdarb!

V

Ja, ja, es endete damit, dass ich sie alle verdarb! Wie sich das vollziehen konnte, das weiß ich nicht, aber an die Sache selbst erinnere ich mich deutlich. Der Traum durchflog Jahrtausende und hinterließ bei mir nur eine Gesamtempfindung. Ich weiß nur, dass die Ursache des Sündenfalls ich war. Wie eine garstige Trichine, wie ein Pestatom, das ganze Reiche infiziert, so infizierte auch ich mit mir diese ganze vor meiner Ankunft so glückliche, sündlose Erde. Sie lernten lügen und gewannen die Lüge lieb und erkannten die Schönheit der Lüge. Oh, das begann vielleicht ganz harmlos, mit Scherz, mit Koketterie, mit verliebtem Spiel, wirklich vielleicht mit einem Atom, aber dieses Atom Lüge drang in ihre Herzen ein und gefiel ihnen. Darauf entstand schnell Sinnlichkeit; die Sinnlichkeit erzeugte Eifersucht, die Eifersucht Grausamkeit … Oh, ich weiß nicht, ich erinnere mich nicht, aber bald, sehr bald floss das erste Blut: Sie staunten und erschraken und begannen sich voneinander zu trennen und abzusondern. Es bildeten sich Vereinigungen, aber diese richteten nun schon ihre Spitze gegeneinander. Es fingen Vorwürfe und Beschuldigungen an. Sie lernten die Scham kennen und erhoben die Scham zu einer Tugend. Es bildete sich der Begriff der Ehre heraus und erhob in jeder Vereinigung seine Fahne. Sie begannen die Tiere zu quälen, und die Tiere entfernten sich von ihnen in die Wälder und wurden ihre Feinde. Es begann der Streit um die Trennung, um die Absonderung, um die Persönlichkeit, um das Mein und Dein. Sie fingen an in verschiedenen Sprachen zu reden. Sie lernten das Leid kennen und gewannen das Leid lieb; sie dürsteten nach Qual und sagten, die Wahrheit lasse sich nur durch Qual erreichen. Damals erschien bei ihnen auch die Wissenschaft. Als sie schlecht geworden waren, fingen sie an von Brüderlichkeit und Humanität zu reden und verstanden diese Ideen. Als sie Verbrecher geworden waren, erfanden sie die Gerechtigkeit und schrieben sich ganze Gesetzbücher, um die Gerechtigkeit aufrechtzuerhalten, und stellten, um die Gesetzbücher zu sichern, die Guillotine auf. Sie erinnerten sich kaum noch an das, was sie verloren hatten, und wollten nicht einmal daran glauben, dass sie jemals unschuldig und glücklich gewesen seien. Sie spotteten sogar über die Vorstellung von diesem ihrem früheren Glück und nannten sie ein Hirngespinst. Sie konnten sich nicht einmal von der Art und Weise dieses Glücks ein Bild machen, aber es begab sich etwas Seltsames und Wunderliches: obwohl sie jeden Glauben an das frühere Glück verloren hatten und dieses ein Märchen nannten, begehrten sie doch dermaßen von Neuem unschuldig und glücklich zu sein, dass sie sich vor dem Wunsch ihres Herzens wie Kinder hinwarfen, diesen Wunsch vergötterten, ihm Tempel erbauten und anfingen zu ihrer eigenen Idee, zu ihrem eigenen »Wunsch« zu beten; und während sie von der Unmöglichkeit der Erfüllung und Verwirklichung dieses Wunsches vollkommen überzeugt waren, vergötterten sie ihn doch gleichzeitig unter Tränen und beugten die Knie vor ihm. Und doch, wenn es sich hätte begeben können, dass sie zu dem verlorenen Zustand der Unschuld und des Glücks zurückgekehrt wären, und wenn jemand ihn ihnen von Neuem gezeigt und sie gefragt hätte, ob sie zu ihm zurückkehren wollten – so hätten sie diese Frage bestimmt verneint. Sie antworteten mir: »Mögen wir auch Lügner, Bösewichte und Ungerechte sein, wir wissen das und weinen darüber und quälen uns deswegen selbst, und wir martern und bestrafen uns vielleicht sogar mehr, als es jener barmherzige Richter tun wird, der uns richten wird, und dessen Namen wir nicht kennen. Aber wir haben die Wissenschaft, und durch sie werden wir die Wahrheit von Neuem finden, aber dann werden wir sie mit Bewusstsein aufnehmen. Das Wissen steht höher als das Gefühl, die Erkenntnis des Lebens höher als das Leben. Die Wissenschaft wird uns Weisheit geben; die Weisheit wird die Gesetze aufdecken; die Kenntnis der Gesetze des Glücks aber steht höher als das Glück.« So redeten sie zu mir, und nach solchen Worten liebte jeder sich selbst mehr als alle andern, und sie konnten überhaupt nicht anders handeln. Jeder war mit solcher Eifersucht auf die Wahrung seiner Persönlichkeit bedacht, dass er sich mit aller Kraft bemühte, die Persönlichkeit der anderen zu erniedrigen und klein zu machen; und darein setzte er seine Lebensaufgabe. Es kam die Sklaverei auf; es kam sogar eine freiwillige Sklaverei auf: Die Schwachen ordneten sich willig den Stärksten unter und bedangen sich dabei nur aus, dass diese ihnen helfen sollten, noch Schwächere, als sie selbst waren, zu unterdrücken. Es traten Gerechte auf, die zu diesen Menschen kamen und mit Tränen zu ihnen von ihrem Stolz, von dem Verlust des rechten Maßes und der Harmonie und von dem Verlust der Scham redeten. Man spottete über sie oder steinigte sie. Heiliges Blut floss auf den Schwellen der Tempel. Dafür aber erschienen Leute, die sich eine Art und Weise auszudenken versuchten, wie alle sich wieder so vereinigen könnten, dass ein jeder, ohne dass er aufzuhören brauchte sich selbst mehr als alle andern zu lieben, gleichzeitig keinen andern störe und auf diese Art alle wie in einer einträchtigen Gesellschaft zusammenlebten. Ganze Kriege entstanden infolge dieser Idee. Alle Kriegführenden glaubten zu gleicher Zeit fest, dass die Wissenschaft, die Weisheit und der Trieb der Selbsterhaltung die Menschen endlich dazu zwingen würden, sich zu einer einträchtigen, vernünftigen Gesellschaft zu vereinigen; und darum bemühten sich einstweilen zur Beschleunigung der Sache die »Weisen«, möglichst schnell alle »Unweisen«, die ihre Idee nicht begriffen, auszurotten, damit sie dem Triumph der Idee nicht hinderlich wären. Aber der Trieb der Selbsterhaltung wurde bald schwächer; es traten stolze, sinnliche Männer auf, die geradezu alles oder nichts forderten. Um alles zu erlangen, griffen sie zur Übeltat, und wenn es ihnen nicht glückte, zum Selbstmord. Es entstanden Religionen mit dem Kultus des Nichtseins und der Selbstvernichtung zum Zweck der ewigen Ruhe im Nichts. Endlich wurden diese Menschen bei ihrer sinnlosen Bemühung müde, und auf ihren Gesichtern erschien der Ausdruck des Leidens, und diese Leute verkündeten, das Leiden sei Schönheit, denn nur im Leiden liege Sinn. Sie besangen das Leiden in ihren Liedern. Ich ging händeringend unter ihnen umher und weinte über sie, aber ich liebte sie vielleicht noch mehr als früher, wo auf ihren Gesichtern noch kein Ausdruck des Leidens lag und sie so unschuldig und so schön waren. Ich liebte ihre von ihnen entweihte Erde noch mehr als zu der Zeit, wo sie ein Paradies war, und nur weil auf ihr das Leid erschienen war. Ach, ich hatte immer Leid und Gram geliebt, aber nur für mich, für mich, aber über sie weinte ich, da ich sie bemitleidete. Die Arme nach ihnen ausstreckend, beschuldigte, verfluchte und verachtete ich in meiner Verzweiflung mich selbst. Ich sagte ihnen, ich sei es, der dies alles angerichtet habe, ich allein; ich hätte ihnen Sittenverderbnis, Ansteckung und Lüge gebracht! Ich flehte sie an, mich ans Kreuz zu schlagen; ich unterwies sie, wie man ein Kreuz macht. Ich vermochte nicht, ich hatte nicht die Kraft, mich selbst zu töten, aber ich wollte von ihnen Qualen empfangen; ich dürstete nach Qualen; ich dürstete danach, in diesen Qualen mein Blut bis auf den letzten Tropfen zu vergießen. Aber sie lachten nur über mich und hielten mich schließlich für einen Halbverrückten. Sie verteidigten mich, indem sie sagten, sie hätten nur das empfangen, was sie sich selbst gewünscht hätten, und alles, was jetzt bestände, habe sich mit innerer Notwendigkeit so gestaltet. Zuletzt erklärten sie mir, ich würde ihnen gefährlich, und sie würden mich ins Irrenhaus setzen, wenn ich nicht schwiege. Da drang der Gram mit solcher Gewalt in meine Seele, dass mein Herz sich zusammenzog und ich sterben zu müssen glaubte … nun, und da erwachte ich.

Es war schon Morgen; das heißt, hell geworden war es noch nicht, aber es war zwischen fünf und sechs Uhr. Ich kam zum Bewusstsein in jenem selben Lehnstuhl; meine Kerze war ganz heruntergebrannt; beim Hauptmann schliefen alle, und ringsum herrschte eine Stille, wie sie in unserer Wohnung nur selten vorkam. Das Erste, was ich tat, war, dass ich im höchsten Erstaunen aufsprang; noch nie war mir etwas Ähnliches begegnet, nicht einmal, was unbedeutende Einzelheiten betraf: Zum Beispiel war ich noch nie so in meinem Lehnstuhl eingeschlafen. Dann, während ich dastand und meine Gedanken sammelte, sah ich plötzlich vor mir meinen geladenen, schussfertigen Revolver schimmern, aber im nächsten Augenblick stieß ich ihn von mir! Oh, jetzt hatte ich das Leben nötig, das Leben! Ich hob die Arme in die Höhe und rief die ewige Wahrheit an, aber Tränen erstickten meine Stimme; Begeisterung, unermessliche Begeisterung erhob mein ganzes Wesen. Ja, leben und – verkündigen! Oh, ein Verkündiger zu werden, beschloss ich gleich in jenem Augenblick, und zwar natürlich fürs ganze Leben! Ich werde hingehen, um zu verkündigen; ich will verkündigen – was? Die Wahrheit, denn ich habe sie gesehen; ich habe sie mit meinen Augen gesehen; ich habe ihre ganze Herrlichkeit gesehen!

Und seitdem verkündige ich nun! Ich füge hinzu: Ich liebe alle, die über mich lachen, mehr als alle Übrigen. Warum ich das tue, das weiß ich nicht und kann ich nicht erklären, aber mag es meinetwegen so sein! Sie sagen, ich ginge auch jetzt schon fehl, und wenn ich jetzt schon so fehlginge, was werde dann erst in Zukunft geschehen? Um die reine Wahrheit zu sagen: Ich gehe fehl, und vielleicht wird es in Zukunft noch schlimmer werden. Sicherlich werde ich noch mehrmals fehlgehen, bis ich gefunden haben werde, wie man verkündigen muss, das heißt mit welchen Worten und mit welchen Taten, denn das richtig auszuführen, ist sehr schwer. Ich sehe ja auch jetzt das alles sonnenklar, aber hören Sie: Wer geht denn nicht fehl? Und dabei gehen doch alle nach ein und demselben Ziel; wenigstens streben alle nach ein und demselben Ziel, von dem Weisen bis zu dem gemeinsten Räuber, nur auf verschiedenen Wegen. Das ist eine alte Wahrheit, aber neu ist dabei dies: Ich kann gar nicht so sehr fehlgehen. Denn ich habe die Wahrheit gesehen; ich habe sie gesehen und weiß, dass die Menschen schön und glücklich sein können, ohne dass sie darum die Fähigkeit, auf der Erde zu leben, verloren zu haben brauchen. Ich will und kann nicht glauben, dass das Böse der normale Zustand der Menschen sei. Alle lachen jedoch nur über diesen meinen Glauben. Aber wie kann sich jemand weigern, mir zu glauben: Ich habe ja die Wahrheit gesehen – nicht dass ich sie mit dem Verstand erfunden hätte, sondern ich habe sie gesehen, wirklich gesehen, und ihre lebende Gestalt hat meine Seele auf ewig erfüllt. Ich habe sie in so vollendeter Totalität gesehen, dass ich nicht glauben kann, sie wäre bei den Menschen ein Ding der Unmöglichkeit. Und wie soll ich denn eigentlich fehlgehen? Ich werde ein wenig seitwärts geraten, gewiss, sogar öfters, und werde vielleicht sogar mit ungeeigneten Worten reden, aber nicht auf lange: Die lebende Gestalt dessen, was ich gesehen habe, wird mich immer begleiten und mich immer wieder auf den richtigen Weg bringen und meine Schritte lenken. Oh, ich bin mutig, ich bin frisch; ich werde hingehen, ich werde hingehen, und wäre es auch auf tausend Jahre. Wissen Sie, ich wollte es sogar anfangs verheimlichen, dass ich sie alle verdorben habe, aber das wäre ein Fehler gewesen – gleich der erste Fehler! Aber die Wahrheit flüsterte mir zu, dass ich im Begriff sei zu lügen, und bewahrte mich und hielt mich auf rechter Bahn. Aber wie das Paradies herzustellen sei, das weiß ich nicht, weil ich nicht verstehe, es mit Worten darzustellen.

Nach meinem Traum sind mir die richtigen Worte abhandengekommen. Wenigstens die wichtigsten Worte, die notwendigsten. Aber mag das auch sein, ich werde hingehen und werde immer reden, unermüdlich, denn ich habe es doch mit meinen Augen gesehen, wenn ich auch nicht verstehe, das Gesehene mit Worten wiederzugeben. Aber gerade das können die Spötter nicht begreifen: »Er hat geträumt«, sagen sie, »hat fantasiert, eine Halluzination gehabt.« Ach so ein Gerede! Ist denn das weise? Und sie sind so stolz! Ein Traum? Was ist denn ein Traum? Ist nicht unser Leben ein Traum? Ja, ich will noch mehr sagen: Angenommen auch, dass sich das nie verwirklichen wird und das Paradies unmöglich ist (das sehe ich ja auch schon selbst ein!) – nun, so werde ich meine Lehre dennoch verkündigen. Aber dabei wäre es doch so einfach: An einem einzigen Tag, in einer einzigen Stunde könnte alles mit einem Mal in Ordnung kommen! Die Hauptsache ist: Liebe die andern wie dich selbst; das ist die Hauptsache, das ist alles, weiter ist nichts mehr nötig: Dann wirst du sofort wissen, was du zu tun hast. Und dabei ist das ja nur eine alte Wahrheit, die billionenmal wiederholt und gelesen, aber doch den Menschen nicht in Fleisch und Blut übergegangen ist! »Die Erkenntnis des Lebens steht höher als das Leben, die Kenntnis der Gesetze des Glücks höher als das Glück«, das ist die Anschauung, die bekämpft werden muss! Und ich werde sie bekämpfen. Wenn nur alle wollen, dann wird alles sogleich in Ordnung kommen.

Aber jenes kleine Mädchen habe ich ausfindig gemacht … Und ich werde hingehen! Ich werde hingehen!

Quellen

Der ehrliche Dieb (1848)
Aus: F. M. Dostojewski: *Die Wirtin und andere Novellen.* Übertragen von Hermann Röhl. Leipzig: Insel 1921. [Sämtliche Romane und Novellen, Band 4.]

Ein schwaches Herz (1848)
Aus: F. M. Dostojewski: *Der Spieler und anderes.* Übertragen von Alexander Eliasberg und Karl Noetzel. Berlin: Knaur o. J. [1927].

Ein kleiner Held (1849)
Aus: F. M. Dostojewski: *Ein kleiner Held. Onkelchens Traum. Zwei Novellen.* Übertragen von Hermann Röhl. Leipzig: Insel 1921. [Sämtliche Romane und Novellen, Band 6.]

Das Krokodil (1865)
Aus: F. M. Dostojewskij: *Der Fall Korniloff und andere Erzählungen.* Übertragen von Karl Noetzel. München: Goldmann 1967.

Bobok (1873)
Aus: F. M. Dostojewski: *Die Wirtin und andere Novellen.* Übertragen von Hermann Röhl. Leipzig: Insel 1921. [Sämtliche Romane und Novellen, Band 4.]

Die Sanfte (1876)
F. M. Dostojewski: *Die Sanfte.* Übertragen von Alexander Eliasberg. Leipzig: Insel 1914.

Der Traum eines lächerlichen Menschen (1877)
Aus: F. M. Dostojewski: *Die Wirtin und andere Novellen.* Übertragen von Hermann Röhl. Leipzig: Insel 1921. [Sämtliche Romane und Novellen, Band 4.]

Orthografie und Interpunktion wurden auf neue deutsche Rechtschreibung umgestellt.